图书在版编目（CIP）数据

贸易与就业/张建武等著 . —北京：中国社会科学出版社，
2022.12

ISBN 978 - 7 - 5227 - 1124 - 9

Ⅰ.①贸…　Ⅱ.①张…　Ⅲ.①贸易发展—研究—中国
②就业—研究—中国　Ⅳ.①F722.9②D669.2

中国版本图书馆 CIP 数据核字（2022）第 230942 号

出 版 人	赵剑英
责任编辑	王　衡
责任校对	王　森
责任印制	王　超

出　　版	中国社会科学出版社
社　　址	北京鼓楼西大街甲 158 号
邮　　编	100720
网　　址	http://www.csspw.cn
发 行 部	010 - 84083685
门 市 部	010 - 84029450
经　　销	新华书店及其他书店

印　　刷	北京明恒达印务有限公司
装　　订	廊坊市广阳区广增装订厂
版　　次	2022 年 12 月第 1 版
印　　次	2022 年 12 月第 1 次印刷

开　　本	710×1000　1/16
印　　张	18.5
插　　页	2
字　　数	258 千字
定　　价	98.00 元

前　　言

就业是生产资料与劳动力相结合。在商品经济社会，贸易是商品或服务的交易、买卖，是价值的实现过程，同时，也是使用价值的转移过程。就业总量和质量的大小高低，决定着产出的总量和质量。就业是财富和价值的创造过程，贸易是价值的实现过程，价值的实现离不开价值的创造，二者也是统一的，价值的创造是价值实现的基础和前提。

贸易是交换，是从物物交换到以货币为媒介的交换，是不同使用价值的物的交换，而这些物是由不同的劳动创造的，本质是劳动与劳动的交换。商品的不同种类，也是劳动的具体形式不同；商品价值的高低，由生产商品的劳动量决定，即无差别的人类劳动。商品的使用价值不同，即使使用价值相同，抽象劳动却是不同的，如同样都是交通工具的汽车，却有着不同的价值量。劳动的本质相同，劳动的量与质不同。因此，贸易是劳动产品的贸易，但本质上是不同的劳动之间的交换。

伴随着生产力的发展，分工不断深化，生产的能力不断地增长，贸易与交换的总量日益增长，贸易的形式与内容也在不断更新。从历史来看，除了奴隶、鸦片等非人道的贸易外，其他的贸易可以说都是极大地促进了人类的福利增长，也促进了人本身的发展。从政治经济学的角度来看，贸易与交换是价值实现的过程，同时也是劳动和就业者的社会价值的实现过程，通过交换劳动者的个人或私人的劳动成为社会的劳动。

从贸易与交换的发展来看，也有力地促进了劳动分工的发展，提高了生产的效率，生产、投资与消费变得越来越全球化，物品越来越丰富，伴随着生产率的提高，生产的成本也在不断降低，而人类总的福利水平不断地提高了。但是，在这个过程中，生产的能力在迅速提高，不同利益主体间的竞争同时也在加剧，必然会导致一部分国家和地区在这个过程中衰落，一部分国家锐意进取和改革，选对方向与道路，在全球化过程中得到迅速发展，获得更多的利益。

本书一是从历史的维度来考察贸易与就业关系，自从有了私有制以来，交换就存在了，伴随着剩余产品的增多，交换的规模与种类日益发达，间接地对劳动力的供给与需求也产生了深刻的影响。二是从现实来考察贸易的发展对就业的影响。三是从未来贸易发展来对贸易与就业的关系进行分析。

早在商周就有了海外货物贸易的萌芽，春秋战国得到迅速发展，秦汉时期逐渐形成一定的规模和模式，到了唐宋时期达到鼎盛，这是我国最为古老的海上航线。陆上丝绸之路起源于西汉，汉武帝派张骞出使西域开辟的以首都长安（今西安）为起点，经甘肃、新疆，到中亚、西亚，并连接地中海各国的陆上通道。通过海上与陆上丝绸之路将中国的造纸、印刷、火药、指南针、养蚕丝织技术、丝绸产品、茶叶、瓷器等传送到了世界各地。同时，中外商人通过丝绸之路，将中亚的汗血马、葡萄，印度的佛教、音乐，西亚的乐器、天文学，美洲的棉花、烟草等输入中国。通过贸易促进了中国与西方物质、文化等方面的交流，增进了东西方国家人民的物质与精神的福利。另外再从经济学的意义来讲，贸易与交换的不断发展，也促进了劳动分工、产业分工体系的不断细化，资源的配置不断优化，生产的效率不断提高，产出不断增长，对劳动力的质量与数量的需求也在不断提高。

但是，在世界贸易发展史中，也有些贸易暴露出人性恶和野蛮的一面，如西方资本主义国家在发展中的奴隶贸易、毒品贸易、人口贩卖等所谓的贸易。这些贸易是直接失去了正义与道德的贸易，这些就不是贸易，是偷盗、掠夺。而中国就曾经深受国外列强的鸦片、人口贩卖等之苦。

从政治经济学的相关原则出发，贸易与就业属于经济问题，研究的对象生产关系，是人与人之间在生产中所形成的关系，贸易表面上是不同所有者之间的物与物的交换关系，是使用价值的转移，实质上是劳动者之间的劳动的量与质的交换。但是，在不同的制度下，体现的生产关系不同，在资本主义制度下，贸易是剩余价值的实现过程，也是劳动者与资本家不平等的交换。而在社会主义社会，以公有制为主体，贸易是建立在平等的基础上的，财富是作为社会共同所有的，交换与贸易作为发展社会生产力的手段，而不是最终目的，作为交换与贸易所获得的财富，也只是社会的共同所有。

本书研究贸易与就业之间的关系，贸易的发展对收入、劳动供给与需求、工资、劳动力流动等的影响机理。贸易的发展，或在一定程度上，市场需求的深化，对劳动者的技能、创新力都有不同的要求，贸易发展的本身促进了劳动分工和人类自身的发展，不论是物物交换，还是现代的贸易交换方式，都是人类整体福利的增长。

贸易的竞争一方面提升了技术水平、劳动生产率等，另一方面也会产生一些国家和地区在贸易竞争中失败而失去自己的经济控制。贸易是物与物之间的交换，通过贸易反映不同国家和地区之间的人与人之间的社会关系，狭义的是生产关系，广义的是包括经济、社会、政治等关系。在私有制关系下，贸易是剩余价值的实现过程，而在公有制关系下，贸易是劳动者共同价值的实现。事实上，在贸易发展的过程中，不同的经济利益主体间矛盾与冲突不断发生，导致人类之间的关系也会不和谐，通过贸易并不能解决依靠占有生产资料而占有他人劳动成果的问题，也不能从根本上解决贫富差距、剥削等问题。不同的利益主体之间的竞争，最终的结果是优胜劣汰，差距是自然存在的。贸易交换的背后，是凝结在交换的商品中的人类抽象劳动的竞争，是劳动的质与量的竞争，最终只有好的才能留下来。因此，贸易可以看作竞争与选择的一种方式，如果不改变私人占有，变为社会共同占有，那么不同利益主体之间竞争所产生的两极分化现象始终会存在。按目前的这种贸易方式，技术的创新速度在加快，生产效率在提高，全球化的进程在加快，市场规模在不断扩大，新产品在不断出现，全球生产力水平在不断提高，只会加快生产资料私人占有下的贫富差距的扩大，加快财富的集中，加剧不同利益主体间的矛盾，加剧全球范围的社会化大生产与个体利益间的矛盾，最终只能通过共产主义来解决这个矛盾。因此，贸易的发展是实现共产主义的重要方式。

另外，由衷感谢广东省科技厅软科学（299－X5122182）、广东外语外贸大学农民工市民化理论与政策研究（299－X5122182）、广东省哲学社会科学规划 2021 年度一般项目"粤港澳大湾区劳动力供求对区域经济增长的影响机制和对策研究"（GD21CYJ26）、国家自然科学基金项目和广东省教育厅重大培育项目"对外贸易结构调整对劳动力市场的影响机制与政策研究"（71673063）（2016WZDXM027）、广东省哲学社科普通高校创新强校工程青年创新人才项目"全球化对收入分配的影响机制与政策研究"（2019WQNCX162）、广东外语外贸大学研究生科研创新项目"人口流动、产业集聚与区域融合——基于城市群空间外部性的视角"（22GWCXXM－016）的研究资助。在研究的过程中，司京艳、李婵、蔡萍等同学也参与了部分章节和内容的初稿撰写。最后，本书引用了他人文献，在此对原作者表示衷心的感谢。

目　　录

第一章　贸易与就业的理论

国际贸易在推动经济增长的同时，对贸易进口国和出口国的就业也产生了重大影响。关于贸易和就业的理论研究可以追溯到 18 世纪，此时正是西方资本主义大发展时期，西方大部分学者依托国际贸易理论来阐述贸易与就业的关系，其中影响最大的是赫克歇尔—俄林—萨缪尔森理论（H－O－S 模型）和凯恩斯主义的贸易乘数学说等理论。随后，自 20 世纪初期起，国外学者开始从理论和实证两个层面探讨国际贸易对就业的影响。新中国成立初期，受西方国家的长期封锁，在对外贸易发展方面较为薄弱。国内关于贸易与就业的研究起步于 20 世纪 80 年代，此时正是改革开放起步阶段，当 2001 年中国加入世界贸易组织（WTO）后，关于贸易与就业方面的研究得到了快速发展。初期的研究主要是分析贸易对就业总量的影响，随着中国经济发展进入新常态后，经济转型升级过程中的结构性就业问题逐渐凸显，因此越来越多的学者开始关注贸易对就业结构的影响。总体上看，进入改革开放后，关于中国对外贸易与就业的相关研究主要集中于贸易对就业总量的影响，但中国进入经济新常态后，学者更多地关注贸易对就业结构的影响，并且研究方法也从侧重理论分析转变为更多地运用理论与实证相结合的分析方式，为我国贸易与就业的相关研究拓展了思路。

第一节　贸易与就业的理论沿革

从现有的理论文献来看，贸易与就业的经典理论，主要包括古典贸易理论、新古典贸易理论、国际贸易新理论、贸易保护主义理论、内生经济增长理论等。

一　古典贸易理论

古典贸易理论基于劳动价值学说，从生产成本出发提出绝对优势学说和比较优势学说，并对国际贸易发生的原因及影响做出了说明，成为许多学者分析贸易与就业关系的基础。古典贸易理论建立在充分就业假设基础之上，认为提高贸易开放水平会促进专业化分工，从而引起劳动力在不同行业间的流动（袁冬梅等，2018）。

（一）绝对优势理论

英国古典经济学家亚当·斯密（1776）在《国民财富的性质和原因的研究》（以下简称《国富论》）中提出绝对优势理论。绝对优势是指一国在生产某一产品中耗费的劳动成本绝对低于另一国，则此国在生产该产品上占有绝对优势，从而可以出口，反之则进口。由于绝对优势实际上是在比较同一产品的生产成本，因此绝对优势理论也被称为"绝对成本说"。亚当·斯密认为由于自然禀赋和后天的有利条件不同，各国至少有一种产品成本低于其他国家而具有绝对成本优势，那么如果每个国家都充分利用这种绝对有利的生产条件进行专业化生产，并通过国际贸易换回其他国家具有绝对优势的产品，则双方都可以从贸易中获得各自的利益。亚当·斯密虽然没有直接分析贸易与就业的关系，但是不少学者认为他在《国富论》中的一些论述以及贸易在各地区的劳动分工的理论隐含了贸易与就业之间的联系。杨玉华（2007）认为亚当·斯密对国际贸易对就业的影响持有积极的态度，认为国际贸易不仅提高了生产率，增加了国民财富，也增加了就业，因为亚当·斯密提出的"在利润均等或几乎均等的情况下，每个人自然会运用他的资本来给国内产业提供最大的援助，使本国尽量多的居民获得收入和就业机会"实际上就是从"经济人"的逐利本性解释了贸易增加收入和就业机会的原因。

亚当·斯密的绝对优势理论指明经济主体之间的利益关系并非像重商主义强调的非赢即输，而是可能实现"正和博弈"，通过参与国际分工同时增加国内居民财富和就业机会（毛学峰和刘晓昀，2005），该理论为后继的国际贸易理论的提出奠定了基础。但亚当·斯密的绝对优势理论的适用前提是双方存在绝对优势，当一方所有产品的生产成本都处于绝对优势或绝对劣势地位时，难以确认是否仍存在分工和贸易。

（二）比较优势理论

英国另一位古典经济学家大卫·李嘉图（1817）继承和发展了亚当·斯密的劳动价值论，他在《政治经济学及赋税原理》的第一章"价值论"中便提出"一件商品的价值，或所能换得的他种商品的数量，乃定于生产所必要的相对劳动量，非定于劳动报酬的多寡"，基于价值量与劳动量的关系，逐步建立比较优势理论，也进一步丰富了古典经济学的内容。李嘉图指出，决定国际贸易和专业化分工的基础不是绝对劳动成本，而是两个国家产品生产的相对劳动成本。比较优势理论认为，国际贸易的基础是自然禀赋和生产技术的相对差别（而非绝对差别），以及由此产生的相对成本差别。每个国家都应根据"两利相权取其重，两弊相权取其轻"的原则，集中生产并出口其具有"比较优势"的产品，进口其具有"比较劣势"的产品，则两个国家都可以从国际贸易中获利，比较优势也被称为 2×2×1 模型。

绝对优势理论在人类历史上第一次论证了贸易互利性原理，而比较优势理论进一步将贸易分工互利性原理一般化和普遍化（张二震，2003），为世界更大范围地进行自由贸易奠定了理论基础。但李嘉图的比较优势理论只考虑了两种产品、两个国家和一种生产要素，前提假设要求严格，一旦放宽了前提假设，将无法得出同样成立的结论，存在一定的局限性（王晓英，2002）。

关于李嘉图的比较优势理论对国内就业发展的影响，部分学者认为李嘉图的观点更多地推动了国际贸易的发展，对国内的就业发展没有直接影响（毛学峰和刘晓昀，2005；杨玉华，2007）。而另一部分学者基于比较优势理论进行推论，发现一国在国际贸易中选择专门生产并出口其具有比较优势的产品，进口其具有比较劣势的产品，将促进社会的专业化分工，使得生产要素在国际间更具流动性，提高了劳动生产率，增加了商品总供给和总需求，最终促进就业和社会财富的增长（伍先斌，2002）。

二 新古典贸易理论

20 世纪 30 年代，在西方资本主义国家的经济大危机后，一批学者指出比较优势的形成除了劳动要素的投入外，还涉及资本、自然资源等要素禀赋。新古典贸易理论在假设市场完全竞争、规模收益不变以及充分就业的前提下，从要素禀赋、要素投入与收益等方面解释发达国家和发展中国家产业间分工与贸易问题（原磊和邹宗森，2018），其核心理论是由瑞典经济学家赫克歇尔及其学生俄林提出的要素禀赋理论。而后经过萨缪尔森等的补充和发展，要素价格均等化定理、斯托尔帕—萨缪尔森定理、里昂惕夫之谜、放宽充分就业假设的 H－O 模型拓展等重要理论与问题相继被提出，这些理论是研究者分析国际贸易与就业关系的基石。

（一）"赫克歇尔—俄林"要素禀赋理论

1919 年，瑞典经济学家赫克歇尔（Eli Heckscher）在《外贸对收入分配的影响》一文中首次提出要素禀赋观点。而后赫克歇尔的学生俄林（Bertil Ohlin）继承和发展了老师的观点，并结合李嘉图的比较优势理论、穆勒的相互需求理论（1848）和生产费用理论、供求均衡理论，在 1933 年正式出版的《区域贸易和国际贸易》一书中正式系统性提出要素禀赋理论，该理论也被称为"赫克歇尔—俄林模型"（以下简称 H－O 模型）。

要素禀赋理论，也称 2×2×2 模型，即假定只有两个国家、两种商品 X 和 Y、两种生产要素 K 和 L，生产要素只在一国范围内自由流动，在国际间不能自由流动；假定两个国家的商品市场和要素市场都实现完全竞争，两国在两种商品的生产上保持规模收益不变，两国具有相同的技术水平、要素密集度、消费者偏好、资源能够充分利用。假设 A 国劳动丰裕，生产劳动密集型产品 X，在国际贸易中出口产品 X，进口产品 Y。B 国资本丰裕，生产资本密集型产品 Y，在国际贸易中出口产品 Y，进口产品 X。在封闭条件下，A、B 两国不同的资源禀赋带来了不同的供给能力，引起了相对价格差异，进而促进贸易的发生。当实行自由贸易后，一个国家会出口密集使用其丰裕要素的产品，进口密集使用其稀缺要素的产品。这就是赫克歇尔—俄林模型，它认为要素的禀赋差异是国际贸易发生的根本原因，同一种商品在不同国家的价格不同，商品将从价格低的国家流向价格高的国家。因此在 H－O 理论框架下，劳动力资源丰富的国家因为劳动力成本较低，生产劳动力密集型产品更具有比较优势，将出口劳动密集型产品，进口资本密集型产品。

中国是个劳动力丰富的国家，拥有 7 亿多劳动力，大力发展劳动密集型产业，出口劳动力密集型产品，有助于增加就业。加入 WTO 后，推进贸易自由化可为劳动力密集型产业提供更大的发展空间（毛学峰和刘晓昀，2005）。要素禀赋理论为发展中国家参与国际分工和解释贸易与就业关系提供了重要的理论依据，其充分就业的前提假设却与发展中国家国情不符。根据要素禀赋理论，凭借丰富的劳动力要素，中国的就业将受益于对外贸易。自中国加入 WTO 后，2001—2010 年贸易开放度从 38.37% 增加至 51.16%，对外贸易对中国相对充裕的劳动力就业可能会产生明显的推动作用。①

基于 H－O 理论对国际贸易的跨部门就业效应做出了预测，即国际贸易将导致进口竞争部门收缩，出口部门扩张，劳动力将从进口替代部门流向出口拉动增长的行业和部门（杨玉华，2007）。从现实的情况来看，改革开放初期，中国拥有充裕的劳动力资源，而珠三角地区作为改革开放的前沿阵地，外商直接投资的迅速增加带动了大量剩余劳动力。值得注意的是，珠三角地区的外贸部门工人工资水平并不高，20 世纪90 年代中后期，工人工资在过去十多年间涨幅不明显，此时外贸出口却一直在增长，前来珠三角地区就业的人数也一直不断增加，可见对外贸易发展对推动就业总量具有显著影响，但外贸出口部门解决的就业更多的是农村剩余劳动力的就业，而不是城镇部门的劳动力就业。究其原因，是因为改革首先从农村开始，一方面，国家废除了延续二十多年的人民公社集体经营制度，开始实行家庭联产承包责任制。这一制度极大地激发了农民的生产积极性，使农业生产持续地高速增长，农业部门开始出现大量的剩余劳动力；另一方面，限制劳动力流动和转移的各种政策逐渐放松或取消，这部分剩余劳动力则流入城市和沿海发达地区（郭熙保，2002）。1978—1999 年，中国约有 1.5 亿农民转移到非农业部门。

（二）"赫克歇尔—俄林—萨缪尔森"的要素价格均等说

要素价格均等化定理是要素禀赋理论的重要发展。俄林在研究国际贸易对要素价格的影响时，提出在开放经济中，不同国家拥有的生产要

① 中国城镇登记失业率从 2001 年的 3.6% 增长至 2012 年年末的 4.1%（冯其云和朱彤，2012），这一现象对传统的国际贸易理论观点提出了质疑。城镇登记失业率提高的原因很多，贸易对城镇登记失业率的贡献如何，需要进一步研究。

素自然禀赋并不相同，生产要素和商品的国际移动将使生产要素价格差异不断缩小，最终使要素价格趋于均等，但生产要素价格完全相同是几乎不可能的，这只是一种趋势。1941 年，萨缪尔森用数理方法对这一个观点进行了分析和论证，认为要素价格均等化不只是一种趋势，更是一种必然，国际贸易将使不同国家间同质生产要素的相对和绝对收益必然相等。尽管要素价格均等化定理没有在贸易实践中得到广泛的实现，但这并不否认该定理的理论贡献和政策意义，以及定理在长期内的有效性（谢莉娟和吴中宝，2009）。因此，要素价格均等说也被称为 H－O－S 定理。后续研究者大多沿袭 H－O－S 定理的理论逻辑研究国际贸易对就业的影响。

为了说明发展中国家的贸易与就业的关系，安妮·克鲁格（1995）在理论上对赫克歇尔—俄林—萨缪尔森要素禀赋模型进行了拓展，将原有的两个国家、两种商品和两种生产要素的模型扩展为 M 个国家、N＋1 种商品和三种生产要素的贸易模型。安妮·克鲁格指出贸易与就业之间主要有两种影响机制，第一种影响机制取决于影响出口产品和进口替代产品生产的劳动密集程度。如果进口替代产业转化为出口产品的产业，其生产具有更高的劳动密集度，则这些产业会增加劳动力的需求，促进就业。第二种影响机制是发展中国家国内生产要素市场的扭曲。实行进口替代发展战略的国家往往高估汇率，相当于对进口资本品进行无形补贴，刺激国内企业增加资本投入，减少劳动的投入。但当实行开放贸易战略（出口促进为主的贸易策略）后，资本市场的扭曲程度会降低，资本品的价格会接近国际价格，劳动力价格降低，刺激国内企业增加劳动的使用，从而促进本国就业。

但理论与现实也存在一定的矛盾。根据 H－O 理论和 H－O－S 理论，在自由贸易中，发展中国家大多是出口非熟练劳动力生产的产品和资源型产品，使非熟练劳动力的工资提高，并进口熟练劳动力生产的产品，使熟练劳动力的工资下降，从而导致熟练劳动力和非熟练劳动力相对工资差异缩小,进而使工资倾向于均等化。20 世纪 90 年代以来,中国、墨西哥、南非等发展中国家熟练劳动力工资和就业得到不同程度的改善,导致了熟练劳动力与非熟练劳动力工资差距增大的现象,具体如中国的熟练劳动力与非熟练劳动力工资比从 1995 年的 1.17 上升到了 2000 年的 1.64,年均增速约 9%,同新古典贸易理论的预测不相符,引起了学者的关注(潘士远,2007;喻美辞和熊启泉,2012)。

(三) 斯托尔帕—萨缪尔森定理

1941 年,斯托尔帕和萨缪尔森从动态的角度将 H – O 模型推广到了对要素所有者收入分配的影响上,提出"斯托尔帕—萨缪尔森"定理,即 S – S 定理,认为贸易将引起收入分配的变化,即如果某商品的相对价格上升,该商品密集使用的生产要素的实际价格或报酬也将提高,而使另一种生产要素的实际价格或报酬相对下降。这表明,国际贸易虽然能够提高整个国家的福利水平,但并非对所有人有利,该国丰富要素所有者的实际收入将提高,而稀缺要素所有者的实际收入将减少,国际贸易会对一国要素收入分配格局产生实质性的影响。因此,S – S 定理也为国际贸易和劳动者工资不平等之间关系的研究奠定了理论基础。斯托尔帕—萨缪尔森定理的提出也使许多学者关注贸易对不同技能或不同行业的劳动者影响效应的差异,大量的理论和实证研究表明,贸易开放对国家内部不同产业结构、不同区域间劳动者的影响具有差异(周申和何冰,2017)。据中国经济发展特征事实,对外贸易对我国就业的影响具有显著的区域性差异:出口对全国及各地区的就业均为显著的正向效应,而进口的就业效应则在中部地区、东部地区与西部地区分别呈现不同的影响(冯其云和朱彤,2012)。

在国际贸易对工资影响的理论研究中,也发现了同 S – S 定理不一致的情况。Jones(1997)基于 H – O 模型,研究了在两种要素、多种商品情形下,国际贸易、技术进步同收入分配之间的关系,指出技术进步会带来劳动密集型产品价格的下降，但实际工资会上涨。根据 S－S 定理，贸易自由化将使收入集中于一个国家的丰富要素，则发展中国家的非熟练劳动力将从中受益，但广泛的实证研究发现了很多相反的情况，越来越多的发展中国家虽然劳动力资源丰富，但非熟练劳动力的收入并没有因贸易的发展而得到提高；相反，熟练劳动力的收入水平却不断提高，收入差距不断扩大（Arbache，2001；Marjit 和 Acharyya，2002；Goldberg 等，2005）。Davis（1996）的研究对这一矛盾的现象做出了解释，他发现在全球范围内拥有丰富劳动力的国家，如果在本地内拥有丰富的资本，其工资可能会随着贸易自由化而降低，基于此研究结论率先指出假如世界上的要素禀赋差异太大进而无法使要素价格均等化的前提条件成立，则关于贸易自由化对收入分配影响的传统经济学观点存在完善空间。Goldberg 等（2005）指出在中短期内，低技能劳动的收入会因为贸易自由化而降低，收入差距扩大。

（四）里昂惕夫之谜及投入产出法

1951 年，里昂惕夫（Leontief）基于美国 1947 年的贸易数据检验了 H－O 模型的适用性，通过利用投入—产出法计算和对比分析了美国在出口品和进口替代品中投入的劳动力和资本份额，研究发现美国出口劳动密集型商品且进口资本密集型商品，此结论与 H－O 定理完全相反，因此被称为"里昂惕夫之谜"。里昂惕夫创立的投入产出法充分考虑了各生产部门之间的投入产出关系，成为学者分析国际贸易就业效应的基础性方法之一，在关于中国对外贸易与就业关系的实证研究中经常出现。以周申为代表的学者用投入产出法对中国对外贸易与就业的影响进行了多次分析，周申和杨传伟（2006）采用投入产出法，从总体和分行业两个视角研究了不同贸易伙伴对中国就业的差异化影响。周申和李春梅（2006）采用投入产出法建立了贸易结构变化影响就业的偏差分析模型，发现 1992—2003 年中国工业制成品贸易结构变化对就业产生了不利影响。周申和廖伟兵（2006）运用投入产出法对中国

1997—2004 年的服务贸易就业效应进行了分析，发现 1997—2000 年服务出口促进效应和服务进口就业替代效应呈下降趋势，而 2001—2004 年呈稳步上升趋势，服务贸易度对就业的净影响较小，但总体有利于就业，且服务贸易的就业效应大于工业贸易。在就业结构方面，周申、李可爱和鞠然（2012）开始关注贸易结构与就业结构变动的关系，使用投入产出法和偏差分解法对我国 1993—2007 年工业制成品贸易结构变化的就业效应进行了经验分析，研究发现研究期间内偏向资本技术密集型产品的贸易结构变动不利于就业，并导致我国的就业结构偏向熟练劳动力。

（五）里昂惕夫之谜的解释

里昂惕夫之谜的发现极大地震动了西方经济学界，引发了一系列"里昂惕夫之谜"的解释热潮，进而补充和发展了 H – O 理论，推动了国际贸易理论的创新和发展。

1. 技术差距理论

里昂惕夫本人对里昂惕夫之谜的解释是，美国之所以会出口劳动密集型产品，进口资本密集型产品的原因在于各国劳动生产率差异很大，美国的劳动生产率高于其他国家。他指出，"美国的劳动生产率可能是其他国家的三倍"，这意味着，在美国同样数量的劳动力可以与更多的资本结合，得到更多的产出。波斯纳（Posner，1961）、胡弗鲍尔（Hufbauer，1966）等在此基础上，提出"技术差距理论"，把技术作为独立于劳动和资本的第三种生产要素，影响国际贸易。因为技术变动包含了时间的因素，技术差距理论被看作 H – O 理论的动态扩展。

2. 人力资本理论

基辛（Kessing，1965）、舒尔茨（Schultz，1960）等把熟练劳动—人力资本的概念引入国际贸易的分析中，认为人力资本方面的差异是造成国际贸易的原因之一。基辛推翻了 H – O 理论中关于劳动力同质的假设，根据 1960 年美国人口普查的资料，将全美国企业的劳动力分为熟练劳动和非熟练劳动，他指出，美国出口的是熟练劳动密集型产品，而不是一般劳动密集型产品。而从人力资本的角度上说，美国劳动力比其他国家劳动力含有更多的人力资本（体现在人身上的技能和生产知识的存量），这也对美国的出口结构产生了影响。美国表面上出口了劳动密集型产品，但实质上，这些产品是一种形式上的技术密集型产品。

3. 贸易保护理论

H－O 理论假设存在完全竞争市场，两国之间没有关税或其他贸易壁垒，这是一个现实中很难实现的假设，各国政府为了本国的利益，建立了各种关税和非关税贸易壁垒，实行贸易保护主义，美国也不例外。克拉维斯（Kravis）研究发现，美国受贸易保护最严密的产业就是劳动密集型产业，这就影响了美国的贸易模式，降低了劳动密集型产品的进口。

4. 要素密集度逆转

在 H－O 理论中，认为某种商品的生产在每个国家的生产函数都是相同的，在 A 国是劳动密集型产品，在 B 国也是；在 A 国如果是资本密集型产品，那么在 B 国也是资本密集型产品。但现实中，却不是这样的，因为生产技术的不一致，在发展中国家可能是以密集的劳动生产的产品，在发达国家却有可能以密集的资本生产。比如小麦在中国这种劳动力丰裕的国家，是以劳动密集型的方式生产，而在美国已实现机械化（资本密集型）的生产。这就是要素密集度的逆转，机械化的生产，给美国的小麦生产带来了巨大的产能，出口的小麦在其他国家是劳动密集型产品，在美国确是资本密集型产品，一旦发生要素密集度逆转，H－O 理论并不成立。

除了上述的各种解释之外，里昂惕夫之谜解释还有"自然资源说""需求偏好差异说"。这些解释或是重新审视了 H－O 理论前提假设的合理性，或是检查里昂惕夫统计检验的有效性，丰富和发展了国际贸易学说（林霓裳，2010）。

（六）放宽充分就业假设的 H-O 模型拓展

以 H-O-S 理论为代表的传统贸易理论建立在充分就业的前提假设下，但这一假设过于理想化，在现实经济社会中，失业是普遍存在的、不可避免的。因此不少学者对以充分就业为前提的传统贸易理论提出质疑，从劳动力市场视角纷纷改变假设，将理论拓展到不完全就业的现实，在微观失业模型的基础上讨论国际贸易对就业的影响。其中最为典型的最低工资模型、搜寻模型、效率工资模型以及工会模型，它们从劳动力市场制度因素方面丰富了国际贸易对就业影响研究的理论基础。

最低工资模型的代表人物是 Kruegar（1981，1983），他在 Harris 和 Todaro（1970）建立的研究二元劳动市场结构劳动力城乡转移的最低工资模型基础上进行了改进，认为在开放经济中，假定农村最低工资低于城市最低工资，如果城市最低工资提高，将带来城市资本密集度的提高，进而带来城市就业需求的下降，当出现极端情况时，有可能出现城市和农村生产部门的要素密集度逆转的现象。

搜寻模型的代表人物是 Davidson，Martin 和 Matusz（1988，1999），他们结合国际贸易模型和失业理论中的搜寻匹配模型，发展了标准的 H-O 模型，在考虑失业存在的情况下，建立了一个包含两种部门和两种要素，且其中一个部门为搜寻部门的一般均衡模型，以分析国际贸易对就业的影响。基于该模型，他们发现当经济达到均衡时，失业总是存在的，此时由于搜寻成本的存在，商品价格和要素价格之间的关系并不会像斯托尔帕—萨缪尔森定理推测的那样，将搜寻模型用于研究两个要素密集度不同的国家间的贸易与就业时，发现资本密集型大国和劳动密集型小国之间的贸易将带来失业人数的整体增加。

效率工资模型的代表人物是 Shapiro 和 Stiglitz（1984）、Matusz

（1994）。Shapiro 和 Stiglitz（1984）建立了一个经典的效率工资模型框架，认为当存在信息不对称时，如果雇用者给被雇用者支付的工资水平超过市场出清水平，则将激励被雇用者的生产积极性，雇用者将获得更多的利润，劳动力市场也将出现均衡状态下的失业情况。在此基础上，Matusz（1994）进行了理论的改进，建立了一个具有特定部门工资差异和失业均衡水平的两部门和两要素效率工资模型，分析了加拿大的关税和出口补贴政策对就业的影响。当对高工资部门采用此类贸易保护政策时，劳动力倾向于从低工资部门转移到高工资部门，导致就业减少和社会福利下降，而当对低工资部门进行贸易保护时，将提高各部门的劳动要素工资，进一步促进了就业的总体增长，减少失业，因此需要采取政策保护低工资的劳动密集型部门。

工会模型的代表人物是 Gaston 和 Trefler（1995）。他们开创的工会模型是以新贸易理论为基础的，该理论模型的前提假设是双寡头竞争，即国内市场是一个双寡头市场，国内市场的供给由一个国内厂商和一个国外竞争者提供，而国内劳动力市场中的工资和就业是由工会和厂商通过集体谈判决定的。他们基于美国制造业的研究发现，国际贸易和保护政策会影响工会的决策，从而影响工资和就业。此外，相较于出口，进口对工资的影响更大，工会决定的工资水平与就业呈负相关关系，关税水平同工资水平呈负相关关系。

从劳动力市场视角考察国际贸易与就业的关系推动了理论的发展，但是这些相关理论主要基于发达国家的背景展开，较少从发展中国家的实际特征出发进行深入分析。从世界贸易的发展来看，一个国家不考虑其他的因素，从某一产品来说，单就该产品出口的增长，就意味着市场需求的扩大，从劳动力派生需求的特点来看，将会增加就业，反之就业会减少。如果是多种产品的出口，那就需要考虑产品间的相互关系。比如，出口铁矿石多了，对铁矿部门的就业是有利的，但是，国内的钢铁行业可能会受原料不足的影响，进而影响这些行业的经济活动，整体就业未必是增长的。而进口的作用也是一样的。在假设其他因素不变的情况下，结论很明确，但当假定不成立所有因素都在变化时，结论可能就不确定了。因此，这些理论受时间、技术等的制约，在不同的生产发展阶段，贸易与就业会表现出不同的关系。

三　国际贸易新理论

20世纪60年代以来，由于科技的迅速发展，国际分工和国际贸易发生了巨大的变化，存在一国既出口又进口同一产业内产品的情况，传统的国际分工和国际贸易理论已经暴露出缺陷和矛盾，无法解释当时的现实情况。于是，这一时期涌现了一些经济学家试图用新的国际贸易理论来解释此时的现实问题。因此，产业内贸易的相关研究涌现，其中新地理经济学理论和异质性企业贸易理论为学者研究贸易与就业的关系提供了新的视角。

（一）新地理经济学理论

新贸易理论中的一个重要理论是新地理经济学理论，它是由美国经济学家保罗·克鲁格曼（Paul Krugman）和迈克尔·波特（Michael E. Porter）为首的经济学家提出来的，其核心包括了核心—边缘理论、城市与区域演化理论和产业集聚与贸易理论。新经济地理学理论在分析中考虑了运输成本等因素，不再局限于传统国际贸易中假设运输成本为零的框架，立足于规模经济和产品差异的基点，为学者研究贸易如何影响一国不同地区的企业的就业提供了新的解释视角。根据新地理经济学理论，当企业考虑到运输成本因素时，会倾向于选择国家的中心地区作为中间产品投入和最终需求中心，吸引人口和经济活动的集聚，导致各地区间土地等固定要素的实际收益差距增大；当实现贸易自由化之后，国外资源和中间投入品的便捷流通，将减少企业和相关经济活动在中心地区的集聚，进而缩小了地区间固定要素实际收益差距，在一定程度上解释了部分发达国家收入差距缩小的问题（赵晓霞和鲍观明，2008）。此外，周申（2010）也从新地理经济学的角度分析发现了经济开放会通过区域经济集聚程度、实际工资的差距和就业的差距影响国内的劳动力，其中对外贸易的作用大于 FDI（国际直接投资）。

（二）异质性企业贸易理论

传统贸易理论主要研究国际贸易导致的国家间、行业间或不同技能水平间劳动力市场的再配置问题，而梅里兹（Melitz）在 2003 年发表的《贸易对行业内重新配置和总行业生产率的影响》一文中，基于克鲁格曼的垄断竞争模型引入了企业生产率差异，系统论述了公司的异质性对国际贸易的影响，突破了原有的基于产业层面的传统理论框架，解释了国际贸易的产业内效应。异质性企业贸易理论认为贸易会影响企业的收入和利润结构，从而加剧企业对唯一的投入要素的需求竞争，导致低效率企业萎缩或退出，而这些企业释放的生产资源将转向高效率企业，带来产业总体生产率的增长。同时，贸易提供的潜在获利机会也会吸引更多生产率较高的企业进入出口市场，引致劳动需求扩张和劳动要素价格上升，最终导致生产率低的企业受限于本土市场，甚至陆续退出市场。异质性企业贸易理论的提出启发了研究者从不同企业、不同行业等微观视角分析贸易对就业的影响。具体如毛其淋和许家云（2016）基于异质性企业贸易理论，指出中间品贸易自由化对不同生产率企业的就业变动影响具有异质性，一方面促进了低生产率企业的就业破坏，另一方面促进了高生产率企业的就业创造。

继梅里兹之后，Helpman 等完善和发展了异质性企业贸易模型。Helpman、Melitz 和 Yeaple（2004）建立了一个多国家、多部门的一般均衡模型，分析异质性企业通过出口或 FDI 服务于国外市场的决定。引入企业异质性后，对同一产业内的不同企业进行了区分，发现只有生产力更高的公司才能选择通过对外直接投资为海外市场服务，且相较于出口，异质性越强会带来更多的 FDI 销售。Helpman 和 Itskhoki（2010）建立了一个同时存在同质及异质产品的两部门贸易模型，并在异质性企业模型中引入搜寻摩擦理论以检验失业、劳动力市场制度和国际贸易的一般均衡关系，发现工作搜寻使异质性产品部门出现失业，而贸易开放增加劳动市场摩擦较低的异质性部门的失业率，同时降低劳动市场摩擦较高的异质性部门的失业率。

四 贸易保护主义理论

由于国家利益不同，贸易保护主义始终存在，并一直与自由贸易交替发展，曾有过三次高潮期，但就算在自由贸易鼎盛时期，贸易保护主义仍然存在。各国为了在国际竞争中获取更大的利益，充分发挥其比较优势，实行自由贸易；但同时各国为了保护本国的弱势产业和民族利益，纷纷采取贸易保护举措，实行贸易保护政策。贸易保护理论和自由贸易理论共同推动着国际贸易发展的进程，并且由于其力量强弱交替，导致国家之间的贸易冲突与合作交替进行。

（一）重商主义的贸易保护理论

重商主义可以追溯到十五六世纪，分为早期重商主义和晚期重商主义。以英国学者威廉·斯塔福为代表的早期重商主义者认为金银是唯一的财富，为增加一国的财富，防止贵金属的外流，主张国家采用行政或法律手段干预对外贸易，通过扩大出口换回更多的金银货币以增加财富，同时要减少最好禁止货物进口，他们进行国际贸易的原则是少买多卖。这种思想后来发展成为货币平衡论。以英国学者托马斯·孟为代表的晚期重商主义者要求发展对外贸易，认为对外贸易能吸引进来多于出去的货币，因此他们主张取消禁止货币输出的禁令，实行出口多于进口的出超对外贸易。晚期的重商主义常被称作"贸易差额论"，这种思想后来发展成为"贸易平衡论"。该思想对西欧各国的对外贸易产生了重要影响，帮助资本主义国家进行资本原始积累。

但重商主义把国际贸易看作除了开采金银矿藏之外财富积累的唯一途径，同时假定世界财富是固定不变的，当贸易产生时，一国的财富与经济权力的增加必然会损害其他国家的财富与经济权力，将其视为一场"此得彼失"的零和博弈。此外，重商主义聚焦和局限于流通领域，只注重金银货币这唯一的财富的积累，却忽视了生产力发展的重要作用，以及各种经济要素之间的联系。但它对后世极其深远的影响是不容置辩的，不仅影响着世界各国的对外贸易政策，还促进了以生产领域为研究中心的古典政治经济学的产生。重商主义虽然没有直接指明贸易与就业的关系，但其主张的贸易顺差政策必然会对本国就业产生促进作用。

（二）李斯特的贸易保护理论

幼稚产业保护理论最早是由美国第一任财政部长亚历山大·汉米尔顿在 1791 年向国会提交的《关于制造业报告》中提出，后来由德国经济学家弗里德里斯·李斯特进一步完善，于 1841 年出版的《政治经济学的国民体系》一书中系统地阐述了"幼稚产业保护理论"，即"李斯特贸易保护主义"。该理论包含三点主要内容。一是自由贸易条件论。首先，他将贸易分为国内贸易与国际贸易两种，前者是有益的，后者是有条件的，如果在不具备充足条件的时候贸然实行，会损害本国的民族工业。其次，他认为对于落后的发展中国家来说，相较于自由贸易，贸易保护才能使落后的发展中国家在经济上取得与发达国家的同等地位，最终实现真正的自由贸易。最后，他将国际贸易的商品分为自由贸易商品和非自由贸易商品，认为原材料和农产品受自然条件的充分保护，可以实行普遍的自由贸易；而工业品不受自然力的天然保护，受人为因素的影响较大，发展中国家容易在与发达国家的贸易中遭受损失。二是贸易保护阶段论。认为对外贸易政策要与经济发展阶段相适应，处于农业阶段的国家应该实行自由贸易政策，输出农产品，输入工业品，以推动本国工业的发展；处于工农阶段的国家应该实行关税保护政策，限制外国工业品进口，保护本国竞争力较弱的工业发展；处于农工商业阶段的国家应该实行自由贸易政策，从中获得最大利益。三是贸易保护策略论。贸易保护的主要手段是禁止输入和保护关税，保护的对象是国内的幼稚工业，农业不需要被保护。李斯特的贸易保护主义，并不是否定自由贸易，也不是主张对全部产业进行保护，而是提出适当的保护措施对经济发展有利。他的理论主张不仅影响着许多发展中国家的国际贸易政策，也影响着许多发达国家对幼稚产业相关政策的制定。

李斯特虽然没有系统提出贸易对就业影响的理论，但是在他的分析中暗含了两者的关系。他认为对外贸易对发达的工业国有利，这意味着工业国财富的增加和就业的扩大。而对于落后的农业国，自由贸易有利于推动本国工业的发展，将有利于推动农业人口向工业和第三产业的转移，促进本国非农部门的就业。

（三）超保护贸易理论

超保护贸易理论由英国著名经济学家约翰·梅纳德·凯恩斯在20世纪30年代提出，后由美国经济学家马克卢普（F. Machlup）、英国经济学家哈罗德（R. F. Harrod）以及萨缪尔森继承和发展，形成对外贸易乘数理论，把就业理论与贸易理论连接起来，揭示了贸易与一国宏观经济变量之间相互依存的关系，也为分析国际贸易对就业的影响提供了计量分析工具。

1. 凯恩斯的国际贸易理论

20世纪30年代，资本主义世界经济大危机爆发，失业问题严重。凯恩斯认为建立在充分就业前提之上的古典贸易理论已经不适用，于是他开始重新审视重商主义，认为重商主义的贸易保护主张能够保证经济和就业的发展，因此也被称为"新重商主义"。凯恩斯主义的创始人及现代西方宏观经济学的开创者凯恩斯1936年在《就业、利息和货币通论》一书中提出有效需求不足理论，主张国家干预经济、扩大有效需求、保护国内就业。凯恩斯认为存在不充分就业的原因在于有效需求不足。有效需求主要包括消费需求和投资需求两部分。消费需求在短期内是稳定的，因此，短期内要扩大有效需求，须从投资需求着手。而贸易顺差可以通过增加投资需求，实现国内有效需求的增加，从而促进国民收入和国内就业的增长，反之亦然。

2. 对外贸易乘数理论

凯恩斯积极主张国家进行投资促进就业的理论基础是投资乘数理论，认为一国投资的增长同国民收入、就业的增长存在一种乘数或倍数关系。他认为投资的增加将引起生产资料需求的增加，进而引起从事生产资料生产的就业人数以及人们收入的增加。收入增加紧接着引起人们对消费品需求的增加，从而引起消费品生产部门的就业和收入的增加。如此循环往复，国民收入的总增加量将等于原投资增加量的若干倍。

凯恩斯引入了边际消费倾向概念，首先运用于投资增量对收入、产出关系的分析中，提出"投资乘数"，投资乘数的大小取决于边际消费倾向的大小，并认为投资乘数与就业乘数是等值的。为准确表达投资与就业和收入之间的关系，凯恩斯提出了投资方程式。

$$K = \frac{\mathrm{d}Y}{\mathrm{d}I} = \frac{\mathrm{d}Y}{\mathrm{d}Y - \mathrm{d}C} = \frac{1}{1 - \left(1 - \dfrac{\mathrm{d}C}{\mathrm{d}Y}\right)}$$

其中，Y 代表收入或就业，C 代表消费，I 代表投资；$\mathrm{d}Y$ 代表收入增量，$\mathrm{d}C$ 代表消费增量，$\mathrm{d}I$ 代表投资增量，则 $\dfrac{\mathrm{d}C}{\mathrm{d}Y}$ 代表边际消费倾向。K 代表投资乘数，代表一定的投资增量 $\mathrm{d}I$ 和由这个增量引起的收入增量或就业增量 $\mathrm{d}Y$ 之间的比例关系系数。其中，收入增量等于投资增量和消费增量的加总。

在凯恩斯的国内投资乘数理论的基础上，凯恩斯主义的继承者马克卢普和萨缪尔森把凯恩斯的乘数理论与其贸易保护理论结合起来，运用到国际贸易的分析中形成了对外贸易乘数理论。对外贸易乘数理论认为，一国出口量的增加就像国内新增投资一样，对就业和国民收入具有倍增的乘数作用；一国的进口则和国内储蓄一样，对就业和国际贸易收入具有反方向的乘数作用及倍减效应。当出口量增加时，会带来本国相应生产部门的生产量增加，进而促进就业和收入的增长。由于产业关联效应，该部门同时会带动其他部门就业的增加。如此循环往复，最终带来就业成倍增加，国民收入的增加量是出口增加量的数倍的结果；而当进口量增加时，会带来收入和消费的减少，不利于就业。总的来说，只有当贸易顺差时，对外贸易才能引起就业和国民收入的增加。由此，对外贸易乘数，即国民收入是国内投资增加和贸易顺差增加的倍数（杨玉华，2007；张华初和李永杰，2004）。对外贸易乘数理论主张扩大出口，减少进口，实现贸易顺差，从而促进国民收入和就业的增长，而实现贸易顺差的有效举措是实行超贸易保护措施。罗良文（2003）也基于对外贸易乘数理论指出贸易深化对经济增长进而对就业的促进作用越来越明显，因此要推进贸易的深化。

五 其他经济学理论

在贸易与就业的相关研究中还涉及内生经济增长理论、哈里斯—托达罗模型等重要的经济学理论。

（一）内生经济增长理论

学术界最早是通过阐释对外贸易对经济增长的影响效应来进一步说明对外贸易对就业的影响。而内生经济增长理论开始关注内生技术变化对经济增长的影响，启发了学者从技术视角探索对外贸易对就业的影响（王燕飞和蒲勇健，2009）。

内生经济增长理论是由核心代表人物罗默（Romer）和卢卡斯（Lucas）等经济学家在重新思考新古典增长理论的基础上提出来的。这一理论可以追溯到亚当·斯密的经济增长观点。他认为经济增长源于社会分工的深化，专业化的分工会提高劳动者的专业技能和熟练程度，同时促进节约劳动型机械的创新，他意识到了技术的进步对经济增长的重要作用。1928 年，阿林·扬（Allyn A. Young）发表了《递增收益与经济进步》一文，在亚当·斯密分工思想的基础上，提出经济内生演进思想。在新古典增长模型中，仅将资本和劳动当作经济增长的自变量，但索罗（Solow，1957）运用全要素生产率分析方法研究发现资本和劳动只能解释 12.5% 的总产出，认为剩余的 87.5% 的总产出可以用技术进步这一外生的"残余"解释。而后，阿罗（Arrow，1962）等尝试改变新古典模型中的外生技术进步假设，努力将技术进步内生化，指出在劳动投入过程中，包含着教育、培训而形成的人力资本，技术进步通过人力资本的投入，影响经济发展。阿罗（Arrow，1962）提出一个"干中学"的知识变化模型，认为技术进步是资本积累的副产品，进行投资的厂商可以通过经验积累提高生产率，其他厂商也可以通过"学习"提高生产率，暗喻了技术进步是经济系统决定的内生变量。20 世纪 80 年代中期以来，以罗默（Romer）和卢卡斯（Lucas）为代表的学者正式提出内生经济增长理论，开始致力于研究一个国家经济的持续增长是如何被经济系统内生地决定。罗默（1986，1989）提出技术革新是经济增长的源泉，卢卡斯（1988，1993）强调人力资本的积累是经济长期持续增长的原因，各国生活水平的差异主要源于人力资本的差异。

内生经济增长理论的核心思想是经济持续增长不是依赖外力推动实现的，而是来自经济体系内部力量作用的结果——内生的技术进步是保证经济持续增长的决定因素。因此贸易开放可以通过加快本国技术进步、提高要素生产率来促进经济的增长，从而进一步影响就业。王燕飞和蒲勇健（2009）参考 Hine 和 Wright（1998）的方法，在包含技术进步的索罗生产函数中加入了贸易作为技术进步变量，构建了一个开放条件下贸易促进型生产函数模型，分析了贸易结构变动对我国城乡就业产生的影响，发现了对外贸易结构的改善促使中国农村劳动力向城市转移，优化了劳动就业结构,且中国对外贸易就业效应的持续和稳定发挥必须以经济增长和资本积累为基础。

在一定程度上,技术进步也可以视作人力资本投资的结果,因为没有教育、培训等人力资本的投入,技术进步很难获得,但人力资本投资的动力在于获得竞争的优势和产出效率的增加,同时制度的创新和变革,也必须要满足于人力资本投入和创新的需要。

(二)哈里斯—托达罗模型

哈里斯—托达罗模型是美国发展经济学家托达罗(Michacl P. Todaro)于1970年提出的。哈里斯—托达罗的农村—城市人口迁移模型的基本思想是农村劳动力向城市转移的决定因素是城乡经济结构差异以及迁移者对迁移成本和收益的权衡,其动力取决于城乡预期收入水平的差异,即当城市工资水平超过农村的工资收入时,农村劳动力将持续向城市迁移(焦克源等,2012),最终导致城市失业人口的增加,并且导致农村劳动力严重不足影响农业的发展。贸易自由化对就业的影响一直备受关注,但在发展中国家非正规就业也有很大的规模,由此吸引了学者的关注。有一些学者将非正规部门嵌入了哈里斯—托达罗(HT)的农村—城市人口迁移模型,考察贸易对非正规就业的影响(刘媛媛,2012)。

六 理论述评

传统的贸易理论对于贸易对就业的影响尚未形成一致的看法,体现了贸易的"双面性",即国际贸易在不同的情况下会对就业产生不同的影响。例如,S-S定理认为自由贸易对于丰富要素所有者而言是有利的,对于稀缺要素所有者而言是不利的;李斯特认为贸易对发展工业国有利,但对落后农业国不利;中心—外围理论认为自由贸易对发达国家有利,但对发展中国家不利。但大部分学者认同出口对就业具有积极的促进作用,而进口对就业具有消极的抑制作用,其中出口主要是通过总需求增加与收入增加进而促进就业。由此可见，贸易对就业的影响需要视具体情况而定，需要根据不同的发展阶段，不同的政策背景进行验证和进一步补充。

第二节 中国对外贸易影响就业的理论

中国关于进出口贸易和就业之间关系的研究始于 20 世纪初期，根据学者的研究，中国的对外贸易主要通过出口影响就业：中国的出口贸易能够显著促进就业的增长，而进口贸易对就业的影响结果尚未达成一致的结论。中国对外贸易影响就业的理论机理可以从就业总量和就业结构两条主线进行梳理。具体而言，就业总量层面，我国的出口主要通过产出扩张效应、资源禀赋效应和产业关联效应影响就业，表现为出口对就业总量的正向拉动作用；而我国的进口主要通过商品需求机制、要素价格机制和技术进步机制对就业总量产生影响，但是进口对就业总量的影响结果，学术界尚未达成一致的结论。就业结构层面，学者主要从就业技能机构、正规就业和非正规就业的视角入手，梳理了贸易对就业的影响机理。

一　中国对外贸易对就业总量的影响

从就业总量上看，国际贸易对发达国家的影响有限，甚至有可能产生负面作用（Messerlin，1995；Greenaway 等，1999；Dauth 等，2014），但对发展中国家的就业有较积极的影响（俞会新和薛敬孝，2002；毛日昇，2009）。传统的贸易理论认为贸易对就业的直接影响可以从进口和出口两个层面分析，因此本节从进口贸易和出口贸易两个层面分析中国对外贸易对就业总量的影响。

（一）出口贸易层面

传统的贸易理论认为出口贸易会促进国内的就业，基于中国对外贸易的实际，学者也通过理论和实证分析证明了这一重要推论。从中国的实践来看，中国对外贸易对就业总量的影响机制，主要包括以下三种效应。

1. 产出扩张效应

大量的研究表明国际贸易通过产出的扩张对就业整体有直接拉动作用。俞会新和薛敬孝（2002）将进口渗透率和出口导向率作为贸易自由化的衡量指标，基于 Hine 和 Wright（1998）创建的模型，以中国 34 个工业行业 1995—2004 年的数据为样本，研究发现中国的出口导向率对工业就业的增加有带动作用，出口导向每增加 1%，劳动需求增加 0.1%。胡绍玲和刘旭（2007）以中国 32 个工业行业 1998—2003 年的数据为样本再次分析了工业品贸易的就业效应，得到出口带动就业增长，出口每增加 1%，就业增加 0.19% 的结果。喻美辞（2008）采用 1996—2006 年中国 34 个工业品贸易行业的面板数据进行了实证分析，指出工业品出口会通过扩大生产规模促进就业，行业差异的检验结果却显示工业品出口在初级产品部门的就业效应为正，在劳动和资源密集部门与中等技术密集部门的就业效应为负，但都不显著，而在高技术部门具有非常显著的正向就业效应，这主要得益于高技术部门出口贸易的快速增长，1996—2006 年工业品出口增长幅度最大的依次是高技术制造部门、中等技术制造部门和低技术制造部门。

2. 资源禀赋效应

根据李嘉图的比较优势理论和 H－O 理论，以廉价劳动力为比较优势的发展中国家应积极出口劳动密集型产品，增加劳动力要素的投入，实现就业的增长。魏浩（2011）对 1980—2007 年纺织业出口贸易进行实证分析，指出从长期来看，每 1% 的出口额将带动就业人数增加 0.68%；从短期来看，每 1% 的出口将带动就业人数增加 0.48%，这得益于纺织行业较高的出口依存度、丰富劳动力的比较优势、较强的产业关联性。此外，在加工贸易中，张华初和李永杰（2004）、盛斌和马涛（2008）的研究都表明，加工贸易中我国劳动力优势的充分发挥，创造了大量的就业岗位。在增加值出口贸易的就业效应分析中，张志明等（2016）以中国 1995—2009 年 22 个行业的增加值出口贸易数据为样本进行实证研究，得出一致的结论。但在考虑劳动力市场的刚性时，这种促进作用不一定成立，当劳动力市场刚性程度较低时，贸易能够促进就业的增加，而当劳动力市场刚性程度较高时，贸易会减少就业。根据马颖和余官胜（2010）基于哈里斯—托达罗模型的理论和实证研究，发现这种就业减少主要发生在劳动力转移的过程中，贸易开放引发了依托劳动力比较优势的制造业产品价格和名义工资的提高，吸引了农业部门劳动力的转移，但制造业部门的最低实际工资刚性会阻碍劳动力需求的增加，进而减少了就业，因此要深化劳动力市场改革，充分调动市场对工资变动的主导作用。此外，近年来中国的"人口红利"逐渐消失，这种基于廉价劳动力的出口贸易模式对就业的正向效应也会受到影响，需要尽快进行就业结构的优化升级（魏玮和魏艺明，2016）。

3. 产业关联效应

对外贸易乘数理论指出产业关联效应使得一个部门产出的扩张会带动其他部门产出的扩张，从而带动了关联产业就业的增加。出口贸易不仅会促进出口贸易部门的产业发展，同时也会带动上下游产业的发展，发挥产业的前向关联效应和后向关联效应，进而扩大了出口国国内其他相关产业的劳动力市场需求，增加就业（张华初和李永杰，2004；刘军等，2016）。魏浩（2011）基于劳动力比较优势和产业关联效应的共同作用发现纺织业贸易在短期和长期都将促进就业的增长。

宏观层面的分析表明，出口贸易能够促进就业的增长（胡昭玲和刘旭，2007；喻美辞，2008；刘习平，2012）；但也有部分学者在微观层面的研究中得到了不同的结论。从具体的部门看，喻美辞（2008）在工业品出口贸易中发现初级产品部门和中等技术制造部门出口的就业效应为负。从性别视角看，陈昊和刘骞文（2014）基于 2006—2007 年中国工业企业面板数据的研究指出出口贸易虽然能够提高就业总体水平，但是降低了女性就业水平，这可能是由两个原因导致的：一是出口贸易规模的扩大带来了女性雇用成本的上涨；二是男性在对应年份中出口贸易占比较大的机械类产品生产行业中具有更多的技术和抗压能力上的优势。同时信息不对称或中国传统观念带来的对女性的固有"偏见"加剧了这种出口贸易不利于女性就业的不良影响。因此，未来的研究要从微观视角深入探索国际贸易对就业的影响。

（二）进口贸易层面

传统的贸易理论认为进口会冲击就业，但历年来的研究表明进口对就业的影响是不确定的，进口的作用表现为综合结果。总体上看，进口贸易对就业总量的影响主要可以从商品需求、要素价格和技术进步三个路径机制进行分析（李小萌，2017）。

1. 商品需求机制

进口贸易会对本国的产品生产或服务产生直接的替代效应，抑制对本国产品或服务的需求，进而减少了劳动力的需求，降低了就业率（胡绍玲和刘旭，2007；喻美辞，2008；盛斌和马涛，2008）。当进口品为最终品时，胡绍玲和刘旭（2007）的研究表明虽然多数工业行业进口通过替代国内产品而减少了就业，如专用设备制造业、普通机械制造业等，但也有一些行业的进口对就业有正面影响，如化学纤维制造业等。而后喻美辞（2008）得到了相似的结论，工业品进口在初级产品部门、中等技术部门和高技术部门对就业都有显著的替代效应，而工业品进口在劳动和资源密集部门的就业效应虽然为正，但不显著，这是因为劳动和资源密集部门的就业增长在很大程度上取决于劳动力要素的投入，进口贸易对劳动力的替代作用很小。此外，最终产品的进口将带来国外同类产品大量涌入本国，使本国企业面临更加激烈的市场竞争，因此促使国内企业将精力集中于最具优势的产品和环节，放弃不具有竞争优势的产品生产。基于企业异质性理论，这种竞争效应对缺乏竞争力的中小型企业将带来更大的冲击(盛斌和毛其淋，2015)。当进口品为中间品时，中间产品的进口对国内劳动力的替代效应依旧存在。盛斌和马涛(2008)的研究证明了这一观点，他们基于1996—2005年中国31个生产中间产品的工业部门的面板数据实证研究发现，中间产品的进口对劳动力需求变化的影响是负的，弹性为－1.52。但在服务贸易中，这种替代效应存在争议。范爱军和李菲菲(2011)分析了1982—2010年服务贸易的相关数据，发现服务贸易出口每增加10%，就业总量增加0.39%；服务贸易进口每增加10%，就业总量增加0.69%。服务贸易进口的正向作用程度大于出口，这主要是因为我国消费者服务进口主要为旅游进口，对国内旅游的替代作用小，且作为我国服务进口主要部分的生产者服务进口主要为国际先进的资本和技术密集型产品，对我国同类产品不存在显著的替代作用，反而会促进成本的降低、效率的提高和规模的扩大，通过规模经济效应带动就业的增加。而李杨等(2015)利用2004—2012年服务部门数据进行实证分析，考虑了服务行业的不同贸易度因素，检验了服务贸易的不同就业效应，结果表明服务贸易进口对就业替代效应较强，但贸易度较高的服务行业通过产业关联对就业产生正向影响，且贸易开放的净影响会降低劳动力的就业风险。

2. 要素价格机制

要素价格机制反映了劳动力市场与其他要素市场的关系(李小萌，2017)。从要素视角出发，进口贸易可能对本国就业产生规模效应或替代效应。当进口品为资本品或中间品时，一方面，资本品或中间投入品的进口增加了国内的可利用资源，企业能从国外获得更加高质量、低成本和多样化的中间投入，有利于企业的产出和扩张，提高企业的利润率，进而促进就业(周申，2006；毛日昇，2013；盛斌和毛其淋，2015；毛其淋和许家云，2016)。另一方面，进口增加国内相对稀缺的资本品或中间投入品，将带来两种产品相对价格的降低，意味着劳动力的相对价格将上升，这种要素价格的变动使得进口贸易可能对劳动力要素产生替代作用(李小萌，2017)。例如，周申(2006)分析了1993—2002年中国34个工业部门的数据，发现中国工业进口自由化将带来工业劳动需求弹性的上升，数值约为0.11；贸易自由化对中国工业劳动的需求弹性的影响通过替代效应和产出效应实现，当中国工业行业的平均进口渗透率每增加0.1，工业劳动需求弹性(绝对值)增加0.06，其中2/3的增长源于替代效应，余下1/3的增长源于产出效应，即替代效应的作用强于产出效应。盛斌和牛蕊(2009)发现贸易对劳动力需求弹性有非常显著的影响，其主要通过改变劳动力与其他生产要素的替代效应实现，较强于通过改变产品需求价格弹性的规模效应。

3. 技术进步机制

技术进步机制要从两个阶段进行分析，第一阶段是指对外贸易主要通过学习效应和竞争效应两条路径促进技术进步。第二阶段是指对外贸易带来的技术进步是一把"双刃剑"，对就业总量既有促进作用也有抑制作用。

在第一阶段，学习效应是指在国际贸易过程中，技术发展水平较低的发展中国家向技术发展水平较高的发达国家学习和模仿其生产及经营的技术、理念和方法，进而促进了本国的技术进步。另外，贸易中进口的产品往往具有生产率和技术效率较高的特点，国内企业也可以通过引进先进的技术或进口高技术型产品来提高自身的技术水平，这是一种"物化型"的技术溢出效应(喻美辞，2008)。罗良文(2003)也指出贸易深化对经济增长进而对就业的促进作用越来越明显，引进国外先进技术设备，边干边学，有利于加速专业化人力资本和技术资本积累，可以推动经济长期增长和就业的增加，因此要推进贸易的深化。竞争效应是指在面对激烈的国际市场时，企业会通过技术进步力争在进出口贸易中实现成本最小化和利润最大化。对于国内进口竞争行业而言，国外技术含量较高的产品的进口将带来激烈的市场竞争和冲击，迫使企业为了生存将加大技术投入，提高产品附加值，进行"防御型技术创新"。对于出口行业而言，企业要想在国际市场中获得竞争优势，则必须不断提高产品的技术含量和生产效率。

在第二阶段，对外贸易引致的技术进步对就业的影响是不确定的，具有两面性。一方面，技术进步能带来劳动生产率的提高，有利于生产成本的降低和生产规模的扩大，这种规模经济效应或产出扩大效应将带来就业机会的增长。另一方面，贸易带来的技术进步有助于提高行业的技术效率，但技术对劳动力的替代作用会导致企业对劳动力的需求降低，尤其是在短期内将使低技能劳动力面临更严峻的失业危机。从地区差异上看，冯其云和朱彤（2012）基于中国2001—2010年的省级面板数据比较了中国东部、中部、西部贸易开放带来的就业效应，发现进口带来的就业效应存在地区性差异。进口降低了东部就业但增加了中部的就业，引入资本变量后对东部就业的负效应及对西部就业的影响效应都不显著：对东部地区的负面效应是因为东部地区进口使国内企业面临更激烈的竞争，这迫使企业不断提高技术水平及对劳动力的要求，使一部分人尤其是低技术工人离开就业岗位；对中部地区的正面效应主要和中部地区的进口结构相关，进口的初级产品促使了加工贸易的发展，从而扩大了就业。从部门差异上看，喻美辞（2010）基于1996—2005年中国制造业的面板数据，分析了进口贸易的 R&D 溢出对中国制造业的就业总量变动的影响及其部门差异，结果显示中国从发达国家的进口存在一定的 R&D 溢出效应，这种效应促进了中国制造业的技术进步，并进一步通过产出扩大效应增加了整个制造业部门的就业,同时由于技术进步的技能偏向性和要素密集度的不同,使得进口贸易的 R&D 溢出对劳动力就业的促进作用在技术密集部门体现得尤为明显,在劳动密集部门则是不显著的。此外由于受到本土企业技术吸收能力和投资回报周期的影响,进口对就业拉动效应的显现存在一定的时滞。

但这两种效应并不是一成不变的,在一定的条件下可以转化。吕延方、宇超逸和王冬(2017)基于2004—2013 年我国服务业细分行业数据,从行业产出和技术效率两个视角分析了服务贸易对就业的非线性效应,根据表 1 - 1 和图 1 - 1 的结果显示:一方面,服务出口对就业存在基于行业产出的促进作用,而根据经济理论,技术对劳动力具有替代作用,因此服务进口对就业存在基于技术效率的抑制作用,当门限变量超过门限值时,即当技术效率大于98.7754%时,抑制效应会更明显;另一方面,服务贸易进口也会通过技术溢出效应提高服务行业技术效率,带动行业的规模效应,增加行业产出,随着技术对劳动力边际替代率的下降,行业会增加对劳动力的需求,这意味着服务进口对就业存在基于技术效率与行业产出交叉项的门限特征,门限值低于 1689.8464 亿元时为抑制作用,当门限值超过 1689.8464 亿元时则转为促进作用。

表 1 - 1 就业量模型的门限估计值和置信区间

模型	门限变量	门限估计值	95%置信区间
模型 1(出口)	行业产出 Y	5631.5252	[1180,12200]
模型 2(进口)	技术效率 TE	98.7754	[98.75,98.78]
	交叉项 $TE \times Y$	1689.8464	[1690,1730]

资料来源:吕延方、宇超逸、王冬:《服务贸易如何影响就业——行业产出与技术效率双重视角的分析》,《财贸经济》2017 年第 4 期。

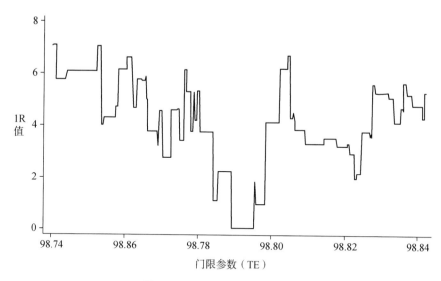

图 1－1　就业量模型 2（进口）

注：单门限估计值和置信区间（门限参数为 TE）。

资料来源：吕延方、宇超逸、王冬：《服务贸易如何影响就业——行业产出与技术效率双重视角的分析》，《财贸经济》2017 年第 4 期。

二　中国对外贸易对就业结构的影响

国际贸易对就业的影响最终表现在以劳动力转移为代表的就业结构的变化上（尹希国等，2009）。关于贸易对就业结构的影响，早期的研究主要关注贸易对就业技能机构的影响，而后就业结构的内涵被不断拓展，有学者从正规就业和非正规就业视角来研究贸易对就业的影响。

（一）对就业的技能结构的影响

根据世界投入产出数据库（WIOD）的分类，劳动力可以按照技能划分为高技能劳动力、中技能劳动力与低技能劳动力三类。但由于考虑到我国高技能劳动力数量较少，学者往往将中技能劳动力与高技能劳动力合并为高技能劳动力，从低技能劳动力与高技能劳动力两个层面分析中国对外贸易对就业技能结构的影响（刘庆林和黄震鳞，2020；刘玉海和张默涵，2017）。此外，也有学者将劳动力划分为熟练劳动力和非熟练劳动力（潘士远，2007；唐宜红和马风涛，2009）。

根据传统的贸易理论，发展中国家具有丰富的低技能劳动力，其比较优势体现为技术水平较低的劳动密集型行业，因此发展中国家应该充分发挥比较优势，发展劳动密集型行业，进而将引起低技能劳动力需求的上升，高技能劳动力需求的下降。已有基于发达国家背景的贸易对不同技能劳动力就业结构影响的研究结果与 H－O 理论一致，但发展中国家的就业结构变化却同传统的贸易理论观点不符，具体如中国自 2000 年以来中高级技能劳动却一直供不应求，低技能劳动者就业状况不断恶化，有悖于 H－O 模型理论。在国内外学者的关于贸易对就业技能的研究中，大部分的学者从技术进步视角分析贸易对就业技能的影响机制。在国际贸易中，发达国家对发展中国家先进技术的输出将促进发展中国家的就业。一般而言，我国进口中间品的附加值会高于国内同类生产品，由此很可能会带来技术溢出。目前技术进步效应的相关研究主要涉及跨国外包理论和偏向型技术进步两个重要的理论。综合学者的研究结论可以发现，技术进步效应既有可能促进就业结构的改善，也有可能会对就业结构造成冲击。

1. 跨国外包理论

国际外包模型是解释国际外包对劳动力影响的代表性理论模型，该理论模型主要是基于比较优势理论和要素禀赋理论的运用。Freenstra 和 Hanson（1996）基于 Dornbusch 等（1980）建立的连续 H－O 模型构建了国际垂直专业化分工的连续中间产品贸易模型解释国际外包对就业的影响，提出一个基于中间品贸易和外包服务的理论。在模型中，他们将 DFS 模型中的二元素拓展为三元素：高技能工人、低技能工人和资本。当资本从发达国家流向发展中国家时，部分低技术密集型中间品生产环节也随之转移，产生了国际垂直专业化分工贸易，也称"生产的非一体化"。从发包国视角，该理论认为在国际产品分工的背景下，发包国将低技能密集型产品的生产活动转移到承接国，导致原本从事这部分生产活动的劳动力被迫转移到技术密集型程度更高的产业。由于这些产业对劳动者的技能要求更高，从而促使发包国的劳动力技能提高，改善就业结构。从承接国视角，这些生产活动在发展中国家的工业化进程中可能仍属于高技能劳动力密集型生产环节，因此承接发达国家的外包活动也将引起发展中国家对高技能劳动力相对需求的增加。

在中国发展背景下，部分学者基于跨国外包理论进行了贸易的就业效应研究，但大部分的研究将中国置于承接国的角色进行分析。Hsieh和Woo（2005）指出当香港将低技能密集型产业转移至内地后，香港更加专注于技能型密集型产业的生产研发，便出现了高技能密集型劳动力相对需求增加的现象。任志成和张二震（2008）指出服务外包对承接国的就业效应主要表现为促进就业和劳动者薪酬的提高、促进劳动力技能升级。盛斌和马涛（2008）提出在国际生产体系的垂直专业化分工背景下，外包生产使得大量的中间产品生产环节转移到中国，从而利用丰裕且廉价的劳动力资源进行加工和出口，即中间产品的出口对中国劳动力需求有拉动效应；而中间产品的进口会对国内劳动力产生替代效应，对劳动力需求带来冲击。吕延方和王冬（2011）指出我国主要产业利用外包将正在自制的但相对于国外无效率或者低效率的中间环节转移出去，促进了产业规模的扩大，合理配置了资源，而规模效应导致劳动力需求的增加，同时，中国承接外包行为也可以通过对产出的正向传递效应，抵销承接外包对就业的直接负向影响，间接促进就业，但其正向影响程度小于对外发包。唐东波（2012）研究发现来自 OECD 等发达国家的中间品进口份额上升有助于提高中国制造业的高技能劳动力就业比例，其中垂直专业化份额提高 1% 会带来高技能劳动力的相对就业比例上升 0.386%，因为从这些国家进口的中间品要求匹配技能水平相对较高的劳动力才能从事进一步的生产活动；而从亚非拉等低收入国家进口中间品份额的增加将带来劳动力技能水平的相对下降，其中垂直专业化份额提高 1% 会带来高技能劳动力的相对就业比例下降 0.610%，这说明从这些国家进口的中间品只需匹配技能水平相对较低的劳动力就可以从事接下来的生产活动。

但也有学者在验证 Freenstra 和 Hanson（1996）提出的中间产品连续模型的相关结论，考察国际垂直专业化对中国劳动力就业结构的影响时得出不一致的结论。例如，唐宜红和马风涛（2009）考察了国际垂直专业化对中国工业部门劳动力就业结构的影响，发现国际垂直专业化促进了中国工业部门非熟练劳动力的相对就业，降低了熟练劳动力的相对就业，具体的系数为 −0.3843，并且在 1% 的显著性水平上显著。这种预测结果的不一致可能跟熟练劳动力的度量方法差异以及中国工业部门的劳动力就业结构差异有一定关系。

2. 偏向型技术进步理论

假设劳动是异质性的，技术与劳动是互补或者替代关系，Violant 在《新帕尔格雷夫经济学词典》中将"技能偏向型技术进步"定义为，在新技术与技能互补情况下，技术进步通过提高技能劳动相对于非技能劳动的生产率（或边际产出），从而提高了对于技能劳动的相对需求，则该技术进步称为技能偏向型技术进步（周申和武汉详，2014）。Leamer（1998）指出在一般均衡条件下，低技能劳动力密集型产业的技能偏向型技术进步将更有利于低技能劳动者就业，而高技能劳动力密集型产业的技能偏向型技术进步则更有利于高技能劳动者就业，即技术进步对不同技能水平劳动力的影响取决于产业"偏好"而不是要素"偏好"。

关于贸易开放引起技能偏向型技术进步主要有两个机制。第一个机制是 Wood（1995）提出的"防御性创新"理论，即企业在贸易开放时因为国际市场激烈竞争的压力，会加大研发投入或更加频繁使用新技术，从而增加了对熟练劳动力的需求。但这种观点更多地用于发达国家的研究。第二个机制是 Acemoglu（2003）提出的，将技术分为与熟练劳动力匹配的技术和与非熟练劳动力匹配的技术，因为贸易的开放会引起技能偏向型技术进步，所以带来对技能工人总体需求的增加。具体到发展中国家，技术进步更多地表现为海外设备进口和资本流入，由于资本生产力的发挥往往有赖于一个技能水平较高的就业结构，即贸易自由化使发展中国家接触到更多与熟练劳动力匹配的先进技术，因此贸易开放所带来的海外资本增加将会导致高技能劳动力相对需求的上升（唐东波，2012）。此外，Pissarides（1997）进一步提出了"学习效应"，即贸易自由化之后，发展中国家通过进口机器等方式接触到了更多的先进技术，并从中学习到新技术，从而提高了技术知识的生产力水平，增加了对熟练劳动力的需求，扩大了工资差异，但这种学习效应是无方向的。潘士远（2007）结合了 Acemoglu（2003）和 Pissarides（1997）的观点，构建了一个模型研究有偏的学习效应对发展中国家工资差异的影响，认为贸易自由化扩大工资差异有两种机制，一是生产与熟练劳动力匹配的技术知识是熟练劳动力密集型的，因此学习效应会增加对熟练劳动力的需求，扩大工资差异；二是有偏的学习效应使技术进步偏向于熟练劳动力，从而扩大工资差异。刘玉海和张默涵（2017）认为相对贸易结构主要取决于技术进步的技能偏向型，而发展中国家的偏向型技术进步的一个重要来源是进出口贸易中带来的技术溢出效应，即进出口贸易技术含量通过影响偏向型的相对技术进步而改变了相对就业结构，具体表现为出口技术含量升级和进口技术含量提高对中国制造业就业技能结构优化均产生了显著的正向促进作用，而且进口技术含量和外商直接投资还在一定程度上强化了出口技术含量对就业技能结构的正向效应。但是贸易技术含量升级对就业技能结构变迁的影响效应存在一定的行业异质性，劳动密集型行业和低嵌入型行业的进口技术含量升级对其就业技能结构优化均产生了显著的负向抑制效应，低开放度行业的贸易技术含量提高对其就业技能结构优化的正向效应则没有通过显著性检验。此外，刘庆林和黄震麟（2020）也指出如果进口中间品的附加值很高，国内缺乏与之相适配的较高人力资本水平，则这种过大的技术差距，将导致国内企业难以消化吸收进口中间品中包含的技术，技术溢出效应将难以实现，无法刺激高技能劳动力需求的增加，反而有可能使本国劳动力技能的提升受到抑制。

（二）正规就业与非正规就业

目前关于非正规就业的定义尚未形成一致的定论，但是国际劳动组织提出的非正规就业定义被较为广泛认可，将其定义为在现有法律和制度框架下，所有未被认可的、管制的或保护的有报酬的工作（包括自我报酬和工资报酬），以及在有收入的企业中从事无报酬的工作（刘媛媛，2012）。非正规就业是发展中国家就业的一个重要部分。近年来，各国非正规就业的规模不断上升，研究者开始关注贸易对非正规就业的影响，由于发展中国家具有较高比例的非正规就业规模，因此关于贸易自由化与非正规就业的研究也主要集中在发展中国家（周申和何冰，2017），但关于贸易开放对非正规就业的影响方向尚未形成确定的结论。

我国从 20 世纪 80 年代开始出现非正规就业，目前已经成为越来越重要的经济现象。李金昌、刘波和徐霭婷（2014）指出自加入世界贸易组织后，中国贸易依存度由 2001 年的 38.47%上升至 2012 年的52.80%，同时非正规就业比重由 2001 年的 53.88%上升至 2012 年的59.95%，其中贸易开放带动了 18.89%—35.41%的非正规就业增长。而理论界从 20 世纪 90 年代开始关注这一概念（马林靖和郭彩梅，2020）。关于中国对外贸易对非正规就业的影响主要体现为两个方面：一是贸易促进非正规就业的发展；二是贸易与非正规就业的关系是不明确的。

1. 正向影响

虽然关于贸易开放对非正规就业的影响尚未形成一致的结论，但大部分学者都通过研究发现贸易自由化对非正规就业的规模有正向影响，尤其是在发展中国家（刘媛媛，2012）。基于中国实际，也有学者证明了这一观点，如唐俊波（2014）也通过构建一个包含失业与再就业的劳动力转移模型，发现贸易开放对非正规就业的影响无论是深度还是广度都优于其他变量。刘媛媛（2012）在国外学者的相关研究中总结出贸易自由化主要通过进口竞争效应、出口扩张效应和劳动力迁移效应三个机制提升了非正规就业。而在中国对外贸易与就业的相关研究中主要体现为进口竞争效应、出口扩大张应，并发现中国进口贸易比出口贸易更能促进非正规就业的影响（徐霭婷和刘波，2014；李金昌等，2014；周申和何冰，2018；胡翠等，2019）。

进口竞争效应是指贸易的开放将使正规部分面临更激烈的进口竞争压力，导致利润下降，促使正规部门为节省成本而减少正规劳动力的使用，雇用更多的非正规劳动力，进而使劳动力从正规部门流向非正规部门，扩大非正规就业的规模。这一观点得到了不少国内外学者的认可。Goldberg 和 Pavcnik（2003）基于效率工资模型，通过对哥伦比亚的实证研究，提出企业会通过减少正规劳动力的使用以应对源自外国的激烈竞争压力，进而促进了非正规就业。胡翠等（2019）基于有效工资的思想，构建了一个局部均衡模型，发现贸易自由化正向影响非正规就业。在模型中，相较于非正规就业，正规就业工人的工作努力程度难以被企业完全监测，这主要是因为正规就业工人同企业签订了正式合同，企业需要收集大量的证据才能证明其工作不努力从而将工人解雇，因而监督成本高。此外，正规就业工人的努力程度与其被解雇的风险呈反方向关系。由于出口自由化使企业倾向于使用劳动节约型的技术，进口自由化将使企业面临过剩危机，两者都将增加正规工人被解雇的风险，工人努力程度将降低，进而导致企业支付给每单位正规劳动力的有效工资上升，因而企业将选择雇用非正规劳动力以替代正规劳动力。从影响大小上看，进出口总额与国内生产总值（GDP）之比上升10%，个人从事非正规就业的概率将上升 2.21%—2.78%；出口额与 GDP 之比上升 10%，个人从事非正规就业的概率将提高 1.55%—2.83%；进口额与 GDP 之比上升 10%，个人从事非正规就业的概率将提高 8.08%—8.59%，实证研究结果表明贸易自由化确实提高了个人从事非正规就业的概率，也增加了地区非正规就业的比重，并且与出口自由化相比，进口自由化对非正规就业比重的影响更大。

出口扩张效应是指贸易开放会带来正规部门中出口行业的扩张，正规部门逐渐调整工作重心，将部分的生产外包给非正规就业部门，此时非正规就业部门的非正规劳动力需求上升，同时正规部门也因此减少了用人需求，这部分劳动力被迫转向从事非正规经济活动，导致非正规劳动力供给增加。Maiti 和 Marjit（2008）构建了一个包含正规部门和非正规部门的两部门开放经济一般均衡模型，表明由于出口的增长，正规部门倾向于将营销作为工作中心，于是主要将生产活动转包给非正规部门，进而促进了非正规就业规模的扩张。徐霭婷和刘波（2014）在 Ghosh 和 Paul（2008）构建的劳动力转移模型基础上，研究发现贸易开放同时通过出口扩张和进口竞争两个路径影响非正规就业的规模，一方面，我国出口的产品主要以大量使用非技术型工人的中低端产品，出口企业雇用非技术型工人的方式较为灵活和非正规化；另一方面，中国企业为了应对激烈的竞争，减少不确定性，通过雇用临时工和将生产环节外包给非正规部门的方式降低成本，基于两种效应，贸易开放显著扩大了非正规就业的规模，且进口贸易对非正规就业规模的影响大于出口贸易对非正规就业规模的影响，这可能受到我国劳动力资源禀赋和加工贸易模式的影响。具体地，贸易依存度、出口依存度和进口依存度每增加 1 个百分点，非正规就业人数占城镇总就业人数的比例将分别提高 0.104 个、0.128 个和 0.235 个百分点。周申和何冰（2017）从区域视角出发进行实证分析，同时验证了刘媛媛总结的三个效应机制，发现中国加入 WTO 后，贸易自由化通过进口竞争和出口扩大效应共同促进了非正规就业，且对于自由化程度越高的地区促进效应越明显，此外，贸易自由化促进了劳动力由农村转移到城市，但由于技能水平差异和制度壁垒，大部分由农村而来的劳动力只能在城市的非正规部门或正规部门中的非正规岗位工作，因此贸易开放对非正规就业的促进效应更多地体现在农村个体身上。曾湘泉和杨涛（2018）运用倍差法考察了贸易开放对不同地区城镇劳动力非正规就业的影响，首先得出与周申和何冰（2017）同样的结论，贸易开放程度越高的地区的就业者从事非正规就业的概率越高，这种正向影响在2004—2009年逐步上升，在2009—2011年下降，呈现动态变化，此外，他们还发现与巴西等发展中国家不同，因为我国劳动力市场再配置效应和贸易结构效应的缓冲作用，地区进口关税下降冲击并未对非正规就业产生影响。

2. 不确定的影响

由于非正规就业的异质性，国内外不少学者也发现贸易开放对非正规就业的影响可能是动态的，在不同的特定条件下影响方向可能不同。Ghosh 和 Paul（2008）构建了一个劳动力转移模型，认为正规部门是具有比较优势的，非正规部门是具有比较劣势的，若具有比较优势的正规部门的扩张在一定的阈值范围内，贸易开放会促进非正规部门的发展和非正规部门劳动力规模的扩张，若超过此阈值，贸易开放对非正规部门的增长不存在显著影响。李金昌等（2014）基于2000—2012年中国30个省份的面板数据，研究发现贸易开放能够有效促进中国非正规就业，进口贸易对非正规就业的带动作用更强。具体地，贸易开放每提高1%，能够带动非正规就业提升0.08%—0.15%，从长期来看，贸易开放可以间接带动非正规就业提升0.31%—0.60%。这种强劲的正向效应产生的原因在于，一是因为中国参与国际贸易的产品主要集中在非正规就业者大量集聚的制造业，因此贸易对非正规就业可以产生较大的影响；二是因为中国生产的产品在国际市场中位于"微笑曲线"底端，国内企业为应对激烈的国际竞争，会逐渐将附加值低的生产环节转包、外包和分包给非正规部门，但这种促进效应一般在物质资本或人力资本较低时成立，当物质资本或人力资本提升到某一临界值时，这种促进效应将逐渐转为抑制效应，且物质资本投资将带来更大的阻碍作用。周申和何冰（2018）从工资视角出发，构建了一个以最大工资为门槛变量的面板门槛模型，利用2000—2015年的省级面板数据进行实证研究，提出贸易开放对非正规就业的影响存在显著的以最低工资标准为门槛的双门槛效应。即当最低工资标准未跨过第一个门槛值或跨越第二个门槛值后，贸易开放对非正规就业不存在显著的影响，前者是因为劳动力市场规制不够完善，使得劳动力倾向于进入就业门槛较低的正规部门；后者是因为当发展到一定程度时，劳动力逐渐变得稀缺，正规部门的社保水平提升推动就业正规化的发展。而当最低工资标准位于两个门槛值之间时，非正规劳动力由于技能差异和户籍限制难以进入正规部门，其本身的低成本也促使正规部门产生了更多的需求，此时贸易开放对非正规就业具有显著的正效应，能够促进非正规就业的发展。

第二章　贸易与劳动力需求

改革开放四十多年来，随着中国经济全球化的不断深入以及我国对外开放格局的不断扩大和提升，我国对外贸易成效显著，对推动我国经济增长做出了重要的贡献。与此同时，国内外学者开始重视贸易与劳动力需求变动之间关系的研究。基于劳动力需求的角度，目前贸易对劳动力需求影响的研究包括三个方面：一是贸易对劳动力需求水平的影响，即就业总量效应；二是贸易对劳动力需求结构的影响，即就业结构效应；三是贸易对劳动力需求弹性的影响，即就业风险效应。这三个方面研究的差异在于对劳动力需求变动的研究角度不同，其中需求水平主要是研究贸易对整体（国家、地区或行业间）的劳动就业水平的影响，需求结构主要是研究贸易对高、低技能劳动力就业水平的影响，劳动力需求弹性则是研究贸易对劳动力就业风险的影响。本章在梳理贸易与劳动力需求的相关研究的基础上，参考联合国经社理事会统计司《经济大类分类标准》（BEC），从资本品贸易、中间品贸易和消费品贸易三个角度对贸易与劳动力需求的现状进行分析，并在此基础进一步分析贸易对劳动力需求的影响及内在机理。

第一节　贸易与劳动力需求的文献回顾

近年来，随着各国或地区之间经济外交日益频繁以及信息通信技术的迅猛发展，对外贸易成为各国或地区经济发展的重要驱动力。与此同时，也影响着贸易国劳动力市场的供求状况，尤其是劳动力需求。劳动力需求，简单地说，就是企业雇用劳动力的意愿和能力。贸易对劳动力需求的影响，实质上就是研究对外贸易是否促使厂商增加或减少对雇员提供的劳动力的需求。而劳动力需求的变动可以通过劳动力需求总量、劳动力需求结构以及劳动力需求弹性三个指标的变动来衡量和体现。

一　贸易对劳动力需求总量的影响

关于贸易对劳动力需求总量的研究，从另一个角度来说，也是贸易对就业的研究。早在 20 世纪八九十年代，有学者就已经开始对贸易和就业的关系进行了研究和分析。劳动需求作为一种"间接需求"，其大小受商品市场和要素市场运行状况的影响。一般而言，当一个国家打开国门，对外开展贸易，将会改变本国的商品市场和要素市场的运行环境，进而改变厂商对劳动力的需求。目前，国内外学者在探究贸易与劳动力总体需求水平之间的联系时，主要是基于进口贸易和出口贸易两个维度进行研究，贸易对劳动力总体需求水平的影响取决于进、出口贸易对就业的综合作用。

对于出口贸易对就业的影响，大多数学者能达成一致共识，即出口贸易对就业具有促进作用（Krugan，1983；胡昭玲和刘旭，2007；毛日昇，2009）。具体来说，出口贸易主要通过三种渠道影响就业，即出口贸易通过突破国内市场需求的限制、充分发挥国家比较优势和形成广泛的产业关联效应，进而扩大各个生产部门的就业规模，达到促进就业增长的效果（胡昭玲和刘旭，2007）。此外，也有部分学者发现出口贸易能够通过提高企业的生产效率进而对就业产生显著的负面影响（Hine和Wright，1998），降低劳动力需求水平。

对于进口贸易与就业之间的联系，学界存在三种观点，即进口贸易对就业存在负向影响、进口贸易促进就业增长、进口贸易对就业的影响不确定。

一方面，进口贸易对就业可能存在负向的影响。按照传统的贸易理论，由于进口贸易会挤占国内市场，使得人们对国内商品和服务的需求下降，进而导致劳动力需求减少，本地劳动力的就业机会被进口品挤占，进口贸易对就业具有负向影响（Revenga，1992；Tomiura，2003；王春艳等，2014；Acemoglu 等，2016）。除了传统贸易理论的分析认为进口贸易会因国内商品和服务被进口品替代而挤出本国劳动力的就业机会，从而降低就业水平之外，进口先进设备也会使得资本有机构成提高，出现机器排挤工人的现象，进而劳动力需求降低（夏先良，2002）。

另一方面，进口贸易对就业可能存在正向的影响。Tombazos（1998）利用单位成本函数估计各类进口产品对美国主要生产要素的影响，结果发现大多数进口产品对就业具有显著的积极影响，并且这种劳动力需求的净增长是可观察的。叶霖莉和赵林海（2014）利用我国1985—2012 年的数据通过实证分析发现，进口贸易技术溢出效应在我国确实存在，使我国的生产效率显著提高。在本土市场需求规模较大的情况下，中国现阶段服务进口技术外溢存在显著就业增长效应，并且这种增长效应具有显著的技能偏向性特点（陈健和余翠萍，2014）。随着全球生产一体化程度的加深，生产资源在全球范围内流通配置，生产由不同国家在多次进出口中完成，在某种意义上，进口是为了扩大出口，因此进口也会带动就业的增加；而进口贸易主要是通过进口中间产品降低总体生产成本和刺激竞争与创新来提高产品国际竞争力，扩大出口，从而带动就业增长（赵瑾，2019）。

此外，虽然进口贸易与就业之间存在一定的相关性，但进口贸易对就业的影响要视情况而定。不同类型的进口产品对国内就业的影响是不同的（Mishra，2007；Nam，2008）。在分析进口贸易对就业影响时，Nam（2008）将进口商品分为"与国内市场竞争"和"不与国内市场竞争"的进口产品，不同类型的产品对国内就业产生不同影响，前者会对国内就业产生挤出效应。Mishra（2007）认为不同类型的进口产品对国内就业的影响主要取决于进口产品对国内生产的作用，如果对国内产出产生替代效应，则会降低劳动力需求；反之，则会增加就业。

综上所述，贸易对劳动力总体需求水平的影响受到进口贸易和出口贸易两个方面的影响，其作用大小取决于进出口贸易对就业的净效应。

二 贸易对劳动力需求结构的影响

对外贸易的发展不仅能够对整体劳动力需求水平产生影响，同时也对不同类型劳动力的需求水平产生差异化的影响，这里的劳动力类型主要指低技能劳动力和高技能劳动力。依据赫克歇尔—俄林—萨缪尔森理论（H－O－S理论），国家将根据自身的要素禀赋优势，生产并出口富含自身优势要素的产品，如一个国家拥有大量的低技能劳动力，则该国将生产并出口低技能劳动力产品，进而增加对低技能劳动力的需求。基于发达国家的发展情况，贸易与劳动力需求结构的研究确实印证了H－O－S理论，即对外贸易促进了发达国家高技能劳动力需求的上升（Schumacher，1984；Wood，1991；Biscourp 和 Kramarz，2007）。Schumacher（1984）通过分析和研究欧共体六个国家的数据发现南北贸易减少了对低技能劳动力的相对需求，增加了对高技能劳动力的相对需求。Wood（1991）利用改进方法测算了南北贸易对发达国家低技能劳动力的影响，并发现南北贸易确实会降低发达国家对低技能劳动力的需求，增加对高技能劳动力的就业比例。Biscourp 和 Kramarz（2007）分析了贸易对法国就业结构的影响，发现贸易与法国低技能就业岗位的减少具有显著的相关性，也即劳动力需求由进口部门向出口部门转变，高技能劳动力需求增加。随着全球化程度的进一步加深，发展中国家利用其自身的要素禀赋优势，也逐步参与全球贸易。然而，针对发展中国家，贸易对劳动力需求的影响似乎与 H－O－S 理论相反，发展中国家贸易和高技能劳动力需求之间也存在正相关关系（Feenstra 和 Hanson，1997；Hsieh 和 Woo，2005；唐东波，2012）。Feenstra 和 Hanson（1997）研究发现 20 世纪七八十年代，美国对墨西哥的外包活动是导致墨西哥国内高技能劳动相对需求增加的主要原因。唐东波（2012）分析了垂直化分工对中国就业结构的影响，发现中国与来自 OECD 等发达国家的进口贸易与本国高技能劳动力需求存在正相关关系。

随着科学技术的发展以及全球化进程的不断深入，关于贸易与劳动力需求结构的研究，学者逐步将关注点转向由贸易带来的技能偏向性技术进步与就业结构。对于大部分国家来说，由贸易所导致的技能偏向性技术进步能够增加国内企业对高技能劳动力的需求（Robbins，1996；Autor 等，1998；Acemoglu，2003）。一方面，基于国际市场上的激烈竞争，企业为保证市场份额将会进行"防御性创新"，加大对研发的投入或者采用新技术（Wood，1995），增加对高技能劳动力的需求。另一方面，发展中国家作为技术后发国家，其技术进步更多的是通过进口先进设备和资本流入获得，且国家劳动力技能水平对资本生产力的发挥起着至关重要的作用，因此，由贸易所带来的技术进步将对国家劳动力的技能水平提出新的要求，有利于高技能劳动力的就业（Acemoglu，2003）。

中国自加入 WTO 以来，经济增长方式由粗放型向集约型转变，对人才的需求也因此发生变化，这在很大程度上降低了国际贸易对国家就业领域的积极影响，中国就业发展面临严峻挑战，国家需正视国际贸易发展对社会就业结构的影响，从国际贸易视角对社会就业结构进行协调优化，以保证我国人力资源结构能快速适应社会就业市场发展需求（石峰，2021）。

三 贸易对劳动力需求弹性的影响

劳动需求弹性是衡量劳动需求对于工资变动反映程度的指标。依据希克斯—马歇尔派生需求定理（Hicks，1963），在保持其他条件不变的情况下，劳动投入与其他生产要素之间的可替代性、最终产品需求的价格弹性、劳动要素在总成本中所占的份额以及其他生产要素的供给弹性都会对劳动力需求弹性产生影响且存在正相关关系。随着贸易在全球范围内的兴起，贸易不仅能够对各国的商品市场产生影响，同时也使各国的劳动力市场发生变动。20 世纪90 年代中后期，学界开始逐步探索对外贸易与劳动需求弹性之间的关系。

基于贸易自由化与劳动需求弹性关系的研究，国内外学者对于贸易自由化与劳动力需求弹性关系的探讨主要围绕替代效应和规模效应（产出效应）两个方面展开。大多数研究均表明贸易自由化会通过对本国劳动力市场产生的替代效应和规模效应来增大本国的劳动需求弹性（Rodrik，1997；Jean，2000；Hasan 等，2007；Mirza 和 Pisu，2009；盛斌和牛蕊，2009）。一方面，贸易自由化加剧了本国商品市场的竞争，扩大了最终产品的需求弹性，通过规模效应促进了劳动需求弹性的提高。基于新古典贸易理论和新贸易理论，贸易开放度的增加将会显著提高部分商品的可替代性，加剧本土商品与外国商品的竞争，促进最终产品需求弹性的增大。另一方面，贸易自由化有助于提高资本品和中间产品的可获得性，这将增加本国劳动力与其他生产要素的可替代性，进而促进劳动需求弹性的增大（梁中华和余淼杰，2014）。然而，贸易自由化对劳动需求弹性的影响并非是一致的，这可能与各个国家的发展状况有关。在土耳其经济贸易改革期间，贸易开放度的增加与劳动需求弹性之间并不存在相关关系（Krishna 等，2001），巴基斯坦（Akhter 和 Ali，

2007）、突尼斯（Haouas 和 Yagoubi，2004）、韩国（Mitra 和 Shin，2012）等国家的研究同样无法拒绝贸易自由化与劳动需求弹性变动无关的假说。此外，部分学者还得出贸易自由化仅能部分支持提高劳动需求弹性的假说。基于生产性劳动和非生产性劳动的视角，贸易自由化对于这两种劳动力类型的需求弹性的影响是不同的。在未考虑时间变量时，贸易对生产性劳动需求的弹性可以预测；反之，则不能得到该结论（Slaughter，2001）。

此外，随着全球一体化发展的不断深入，各国经济联系越发紧密，合作方式也愈显多样化。外包作为全球一体化发展的重要形式之一，近年来获得了飞速发展（史青和张莉，2017）。国内外有关外包对劳动力需求弹性影响的研究并不多见，已有的研究文献主要是基于替代效应和收入效应两个维度对外包与劳动需求弹性之间的关系进行探讨，且大部分研究均得出外包促进劳动需求弹性增大的结论（Senses，2010；Hijzen 和 Swaim，2010）。制造业外包水平的提高不仅能够增大劳动需求弹性，同时也会促进劳动交叉弹性的扩大（史青和张莉，2017）。周申等（2010）认为外包通过将本国劣势生产工序承包给外国企业，促进了产品市场的发展且增强该市场的竞争程度，提高了最终产品的需求弹性；同时，外包也通过扩大本国企业投入要素的选择性以及影响技术水平，来提高劳动力和其他生产要素之间的替代弹性，最终对制造业劳动需求弹性产生正向的作用。在随后的研究中，周申等（2014）进一步发现外包有助于提高熟练劳动力需求弹性，降低非熟练劳动力需求弹性。与此相反，Either（2002）理论分析认为，外包和非熟练劳动力是可以高度替代的，外包水平的增加促进非熟练劳动力需求弹性的增大。

综合以上贸易对劳动力需求总量、需求结构和需求弹性影响的分析，可以发现，无论是针对发达国家还是发展中国家，出口贸易有利于增加就业岗位的供给，同时贸易也促进了高技能劳动力需求的增加，并且大多数研究认为贸易能够通过替代效应和规模效应，增大本国的劳动需求弹性。基于我国贸易与劳动力需求之间的研究，大多数是基于某个行业或某类贸易对劳动需求的影响，对于各贸易类型与劳动需求层次联系的研究较为匮乏。首先，分析我国贸易和我国劳动力市场的发展情况，旨在探讨和研究我国贸易、劳动力市场发展趋势；其次，结合我国贸易发展状况，参考 BEC 分类，分别从资本品贸易、中间品贸易和消费品贸易三个角度对贸易与劳动力需求两者内在联系进行探讨和研究；最后，基于贸易和劳动力需求的内在联系，提出相关政策建议。

第二节　中国对外贸易与劳动力需求的现状

一　中国对外贸易的发展历程

新中国成立初期，我国在经济上一直效仿苏联的做法，逐步建立起高度集中的计划经济体制。这种体制在新中国成立初期对国家的发展起到了重要作用，但随着社会经济的发展，传统的计划经济体制已不再适应中国经济的发展需要。计划经济体制时期中的资源配置和资源利用都存在较大的效率损失，国民经济及工农业分部门的绩效不高（瞿商，2008）。20 世纪 70 年代末期，中国开始尝试突破计划经济体制的思维限制，朝着向社会主义市场经济体制的方向改革，与此同时，中国的对外贸易也开始迈入新的发展阶段。自 1978 年改革开放以来，我国的对外贸易的发展历程可以概括为以下四个阶段：初步探索阶段、全面发展阶段、深化发展阶段和转型升级阶段。

（一）初步探索阶段（1978—1991 年）

党的十一届三中全会的顺利召开，标志着中国经济体制改革的开始，包括对外贸易制度的改革。在 1978—1991 年我国对外贸易初步探索阶段，主要是通过设立各种经济特区、经济开发区，逐步建立沿海开放地区外向型经济带，不断扩大沿海地区的对外贸易；同时也对改革开放之前的贸易体制进行改革。

（二）全面发展阶段（1992—2000 年）

1992 年春，邓小平同志先后赴武昌、深圳、珠海和上海视察并发表重要讲话，这一举措促进了对外开放在全国范围内的发展，推动了对外开放发展的高潮。在这一阶段，对外经济政策的重点环节主要有两个方面，一是推动对外开放向沿江、沿边和内陆发展，逐步形成了全方位、多领域的对外发展格局；二是推动外贸体制的改革，逐步建立适应经济发展的外贸制度。

（三）深化发展阶段（2001—2011 年）

2001 年 12 月，中国正式加入世界贸易组织，标志着我国贸易发展进入了一个崭新的阶段。在这一阶段，我国对外贸易发展的重点可以从两个方面来展示：一是加入世界贸易组织初期，积极融入规则体系，建立了新的外贸法规体系，同时通过推进科技兴贸战略，促进我国对外贸易的发展；二是 2008 年国际金融危机的爆发，在一定程度上冲击了我国的经济稳定，特别是外贸经济的发展，因此，在 2008—2011 年我国外贸政策的重点主要聚焦于稳定外需和鼓励企业对外投资等方面，以缓解金融危机对贸易产生的冲击。

（四）转型升级阶段（2012 年至今）

经过改革开放四十多年的快速发展，我国成功实现了从半封闭到全方位开放的伟大历史转折，对外贸易体系逐渐成熟，党的十八大对于对外开放也提出新的发展要求。在这一阶段，我国贸易政策的重点环节围绕三个方面：一是提升自主创新能力，培育外贸增长新优势，促进我国由制造大国向创造强国的转变，强调外贸发展的科学性和可持续性；二是设立上海自由贸易试验区，探索和构建适应经济发展要求的新制度、新模式和新路径；三是积极推动"一带一路"沿线发展，推进外贸发展惠及中西部内陆城市经济发展，同时促进经济全球化发展（苏科伍和马小利，2018）。

2011 年开始，我国对外贸易总额位居世界第二，出口量、进口量分别占据世界总量的第一和第二，成为贸易大国。2016 年《政府工作报告》中明确指出，要从"贸易大国迈向贸易强国"。在推进贸易发展过程中，将中心进一步转向主动扩大进口，推动进出口平衡发展，促进经济高质量发展（林媛媛和车璐，2021）。

二　中国对外贸易的发展现状

（一）进出口贸易的发展现状[①]

20 世纪末，随着科学技术迅猛发展以及国家之间经济外交日益频繁，各国的经济联系越发紧密，同时国家之间的贸易往来也逐步增加。1978—2019 年，我国的 GDP 增长了 268.4 倍。其中，对外贸易作为推动经济增长的"三驾马车"的重要组成部分，对我国经济社会的发展发挥了至关重要的作用。我国 1978—2019 年的进出口贸易总额显示，我国对外贸易发展整体呈上升态势。我国进出口贸易总额由1978 年的 355.04 亿元上升至 2020 年的 321556.93 亿元，增长了 904.69倍，受到外部因素冲击，小范围内有所回落，如图 2 - 1 所示。其中，出口贸易总额由 1978 年的 167.65 亿元上升至 2020 年的 179326.36 亿元，增长了 1068.65 倍；进口贸易由 1978 年的 187.39 亿元上升至 2020年的 142230.57 亿元，增长了 758 倍，进口和出口贸易的发展态势趋于一致。贸易差额由 1978 年的 - 19.74 亿元上升至 2020 年的 37096 亿元，出口贸易总额逐步超越进口贸易总额，并长期处于贸易顺差阶段，如图 2 - 2 所示，驱动我国经济持续快速发展。

---

① 数据来源于国家统计局。

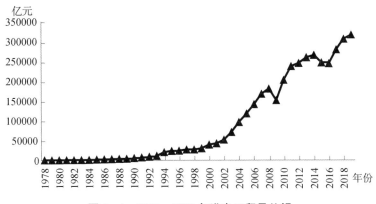

图 2 - 1 1978—2019 年进出口贸易总额

资料来源：作者根据国家统计局数据绘制而成。

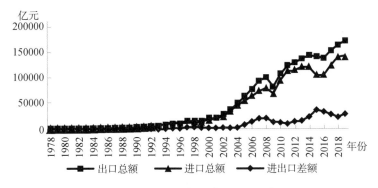

图 2 - 2 1978—2019 年进出口贸易总额明细

资料来源：国家统计局。

具体来看，贸易发展水平和我国对外贸易的四个发展阶段基本吻合。1978—1991 年，我国对外贸易处于初步探索阶段，进出口贸易总额较低且发展相对平缓，贸易总额由 1978 年的 355.04 亿元上升至 1991年的 7225.75 亿元，增加了 6870.71 亿元，年均增长 27.26%；其中进口贸易和出口贸易总额分别增加了 3659.45 亿元、3265.85 亿元，年均分别增长 27.25%、28.01%。1992—2001 年，我国对外贸易进入全面发展阶段，全国各地贸易发展方兴未艾，进出口贸易总额逐渐扩大，并保持年均 21.01%的增长率。2002—2011 年，我国对外贸易进入深化发展阶段，自加入世界贸易组织，我国的贸易发展进入了一个崭新的阶段，贸易总额急剧增长，由 2002 年的 51378. 15 亿元上升至 2011 年的 236402 亿元，年均增长 18. 85%；在此期间，受 2008 年国际金融危机影响，我国贸易总额有所回落且于 2011 年逐步恢复。2012 年至今，在党和政府的带领下，我国对外贸易进入发展新时期，贸易结构面临转型升级，贸易发展体系逐渐成熟，贸易总量呈上升态势，增速有所下滑；贸易总额由 2012 年的 244160. 2 亿元上升至 2020 年的 321556. 93 亿元，年均增长 3. 96%；同期，我国贸易顺差也在逐步扩大，增加到 22537. 71 亿元，出口贸易发展态势良好。

（二）最终品、中间品和资本品贸易发展现状①

依据贸易产品的最终用途，联合国 BEC 分类法（广义分类法）将贸易产品分为最终消费品、中间品和资本品三大部分，且与 SNA（国民经济核算体系）相对应。具体见表 2 - 1。

表 2 - 1 　　　　　　　　　　SNA 分类和 BEC 分类

SNA	BEC 分类编码	BEC 分类描述
资本品	41	资本货物(运输设备除外)
	521	运输设备,工业
中间品	111	食品和饮料,初级,主要用于工业用途
	121	食品和饮料,加工,主要用于工业用途
	21	未另归类的工业用品,初级
	22	未另归类的工业用品,加工
	31	燃料与润滑剂,初级
	322	燃料与润滑剂,加工(不包括汽油)

---

① 数据来源于 UN - Comtrade 数据库。

续表

SNA	BEC 分类编码	BEC 分类描述
中间品	42	资本货品(除运输设备)零配件
	53	运输设备零配件
消费品	112	食品和饮料,初级,主要用于家用消费
	122	食品和饮料,加工,主要用于家用消费
	522	运输设备,非工业
	61	未另归类的消费品,耐用品
	62	未另归类的消费品,半耐用品
	63	未另归类的消费品,非耐用品

注:2002 年以前,BEC 分类标准将商品分为初级产品、中间产品和最终产品(资本品和消费品)。

自加入世界贸易组织以来,我国的资本品、中间品和消费品的贸易总额整体上呈上升态势,受外部因素的影响,小范围内有所回落;其中,资本品和消费品的贸易增速趋于一致,中间品贸易总量则远高于消费品和资本品的贸易总量,如图 2 – 3 所示。

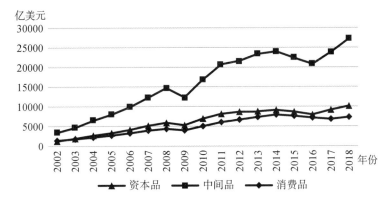

图 2 – 3　2002—2018 年我国资本品、中间品和消费品进出口贸易总额

资料来源:作者根据 UN – Comtrade 数据库的数据绘制而成。

资本品贸易总额由 2002 年的 1271 亿美元上升至 2018 年的 10131 亿美元，增长了近 7 倍。其间，进口贸易由 621 亿美元上升至 2903 亿美元，增加了 2282 亿美元，增长了 3.67 倍；出口贸易由 650 亿美元上升至 7228 亿美元，增加了 6578 亿美元，增长了 10.12 倍。贸易顺差整体上也是逐年增大，并在 2018 年达到峰值 4325 亿美元，如图 2-4 所示。十七年间，资本品贸易得到了快速发展，尤其是出口贸易，为我国经济与社会的发展提供了巨大的推动力。

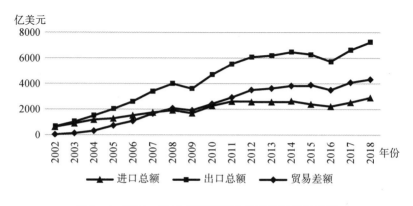

图 2-4　2002—2018 年我国资本品进出口贸易情况

资料来源：作者根据 UN-Comtrade 数据库的数据绘制而成。

中间品贸易总额由 2002 年的 3408 亿美元上升至 2018 年的 27247 亿美元，增加了 23839 亿美元，年均增长 15.43%。其间，进口贸易由 2143 亿美元增加至 16132 亿美元，增加了 13989 亿美元，增长了 6.53 倍，年均增长 14.89%；出口贸易由 1265 亿美元增加至 11115 亿美元，增加了 9850 亿美元，增长了 7.78 倍，年均增长 16.41%。中间品贸易逆差从 2002 年开始逐年扩大，并于 2011 年达到峰值 5097 亿美元，2012—2016 年有所回落，2017 年开始又逐步扩大，如图 2-5 所示。相较于资本品而言，中间品进口贸易无论是在发展速度还是贸易总量上均高于资本品贸易发展趋势，且中间品出口贸易总量也要高于资本品出口贸易总量，必将对我国经济运行以及劳动力市场发展产生深远影响。

亿美元

图 2－5　2002—2018 年我国中间品进出口贸易明细

资料来源：作者根据 UN－Comtrade 数据库的数据绘制而成。

消费品贸易总额由 2002 年的 1417 亿美元上升至 2018 年的 7311 亿美元，增加了 5894 亿美元，年均增长 11.72%。其间，进口贸易由 107 亿美元上升至 1310 亿美元，增加了 1155 亿美元，年均增长 17.06%；出口贸易由 1310 亿美元上升至 6049 亿美元，增加了 4739 亿美元，年均增长 11.04%。消费品进口贸易发展趋势相对平缓，出口贸易逐年增大，贸易顺差由 2002 年的 1203 亿美元逐年增大，并于 2014 年达到峰值 5952 亿美元，其间受国际金融危机的影响，2009 年贸易顺差有所缩小，随后逐步恢复，如图 2－6 所示。由于大多数消费品所蕴含的都是普通的、低技能的知识和技术，我国作为世界范围内的制造大国以及劳动力密集型国家，消费品的生产规模较大，且在国际市场上我国的消费品能够发挥比较优势，从中获取利润。基于此，我国的消费品出口贸易总额一直远高于进口贸易总额，出口贸易的发展对我国经济社会以及社会整体就业水平的提升具有重要意义。

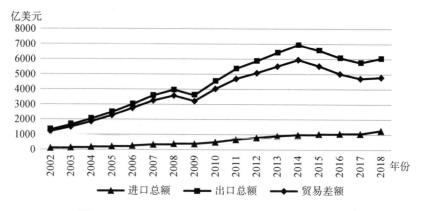

图 2 - 6　2002—2018 年我国消费品进出口贸易明细

资料来源：作者根据 UN - Comtrade 数据库的数据绘制而成。

总体来看，自我国对外贸易进入深化发展阶段以来，对外贸易持续快速发展，受国际金融危机以及劳动力成本上升等因素影响，2009 年和 2015 年贸易发展均有所回落。其中，资本品和消费品贸易持续顺差，且消费品出口总额远大于进口总额，资本品贸易顺差在 2008 年超过进口总额，之后两者差距逐渐拉大。中间品进口贸易总额一直高于出口总额，长期处于贸易逆差阶段。依据资本品、中间品和消费品其用途的不同以及其贸易发展水平的不同，最终将会对劳动需求产生不同的影响。

三　中国劳动力需求的发展现状

自党的十一届三中全会以来，为选择更适应中国特色社会主义发展道路的社会制度，党和政府进行了艰辛探索，我国开始对经济体制进行改革，由原来高度集中的计划经济制度逐步向现在具有中国特色的社会主义市场经济体制转变发展。我国高度重视对外贸易的发展，并逐步建立起"沿海—内陆"全方位、多领域的对外发展格局。四十多年来，我国对外贸易在得到了快速发展的同时，也推动了我国全要素生产率的提高，带动了我国劳动力市场的发展，在一定程度上影响劳动力需求的变动。整体来看，我国劳动力需求的规模呈上升态势。

基于劳动力需求水平角度，我国劳动力需求水平不断提高，社会全体就业人员数量处于持续上升阶段。就业人员由 1978 年的 4.02 亿人上升至 2019 年的 7.75 亿人，年均增长 8.9%。其中，基于农业生产机械化以及农业生产率的不断提升，第一产业就业规模有所下降，截至 2019 年年底，第一产业就业人员比例由 1978 年的 70.53% 下降至 25.1%，劳动力逐渐向第二、第三产业移动。同期，第二、第三产业就业人员数量分别增加了 1.44 亿人、3.18 亿人，就业人员比例分别提高至 27.5%、47.4%，且第二、第三产业人数分别于 2012 年、2019 年达到峰值[①]，劳动力需求水平稳步上升。

基于劳动力需求结构角度，高技能劳动力占比不断上升。从劳动者受教育程度来看，我国就业人员的受教育程度不断提升。受教育程度达到高等教育的劳动力占比由 2001 年的 5.6% 上升至 2018 年的 20.2%，增长了 14.6%；同期，受教育程度处于初中、高中程度的劳动力占比增长了 5.3%；受教育程度处于小学及以下水平的劳动力占比降低了 20%，劳动力质量不断提升，见表 2 - 2。从技能劳动力来看，我国高级劳动力技能需求不断扩大。2004 年中国经济普查统计数据显示，法人单位从业人员中具有高级技术职称的劳动者为 398.66 万人，占就业人数的 1.86%；2008 年中国经济普查统计数据表明，同类单位中具有高级技术职称的劳动者为 514.11 万人，相比 2004 年的指标增加了 115.45 万人，高技能劳动力的就业比重不断提高。

表 2 - 2 　　　　　　　中国就业人员受教育程度构成 　　　　　　单位:%

年份	未上过学	小学	初中	高中	大学专科	大学本科	研究生
2001	7.8	30.9	42.3	13.5	4.1	1.4	0.1
2005	7.8	29.2	44.1	12.1	4.5	2.1	0.18

---

① 数据来源于国家统计局。

续表

年份	未上过学	小学	初中	高中	大学专科	大学本科	研究生
2010	3.4	23.9	48.8	13.9	6.0	3.7	0.39
2015	2.8	17.8	43.3	17.3	10.6	7.5	0.7
2018	2.3	16.4	43.1	18	10.8	8.5	0.9

注：2015 年和 2018 年高中学历包括普通高中和中等职业教育，大学专科学历包括高等职业教育和大学专科。

资料来源：《中国劳动统计年鉴》。

从就业的总量与结构变化来看，出口的增长与就业总量都增加了，即使是在国内市场需求不变的时候，出口也同样拉动了就业的增长。

第三节　贸易对劳动力需求的影响

本节主要从资本品贸易、中间品贸易及消费品贸易三个维度来研究贸易对劳动力需求的影响及内在机理。研究发现，我国资本品贸易主要表现为资本品进口对劳动力需求结构的影响，由资本品进口贸易所引致的资本积累可以通过资本—技能互补效应和技术外溢效应，增加对熟练劳动力的相对需求，降低非技能劳动力的相对需求，进而优化劳动力需求结构。中间品贸易和消费品贸易都可以分别从进口和出口两个方面来看。在中间品的进口贸易中，又可将其对劳动力需求水平的作用机制概括为直接作用和间接作用两类，直接作用机制有成本效应以及替代效应的作用；间接作用机制可以通过其引致的技术进步产生的技术溢出效应以及技术跨越效应来进行分析。其中，基于成本效应和替代效应的分析，中间品进口贸易对劳动力需求总量的影响是不确定的，需要根据成本效应和替代效应对劳动力需求作用大小的具体情况而定；中间品进口贸易所引致的技术进步，主要对劳动力需求结构产生影响，将增加对高技能劳动力的需求，并减少对低技能劳动力的相对需求，优化劳动力需求结构。在中间品的出口贸易中，可通过规模效应和互补效应增加对劳动力的需求，并促进劳动力需求结构的优化升级。消费品进口贸易主要通过替代效应和竞争效应对劳动力市场产生影响，替代效应会减少对劳动力的需求，竞争效应会促进企业对高技能劳动力的需求，综合来看，进口消费品对劳动力需求的影响需视替代效应和竞争效应的大小而定。消费品出口贸易主要通过规模效应、产业关联效应等拉动就业，增加劳动力需求水平。就消费品贸易总量来看，消费品出口贸易额远远高于进口贸易额，消费品贸易总体上对劳动力需求的增长具有拉动作用。

一 资本品贸易与劳动力需求

一般而言，资本品主要是指直接用于生产过程中的产品，包括汽车、起重机等直接投入使用的机器设备，也包括车床、混凝土搅拌机等用于生产活动的机器设备。相对劳动要素而言，我国的资本要素相对稀缺，资本品贸易进口总额随着经济社会的发展而不断增大。基于理论机制角度而言，资本品进口会引致资本积累，并通过"资本—技能互补"增加对熟练劳动力的相对需求，降低对低技能劳动力的相对需求，这是资本品贸易影响劳动力需求的一个重要机制。一方面，我国资本与技能互补效应显著存在，由资本品进口所引致的资本积累将增加对熟练劳动力的相对需求，改变劳动需求结构状况。另一方面，由资本品贸易所产生的技术外溢效应将提高我国整体生产技术水平，增加对熟练劳动力的绝对需求量。

20世纪四五十年代，针对美国资本扩张引起劳动需求结构变化的经济现象，美国经济学家 Griliches（1969）首次提出"资本—技能互补"这一概念，其内涵主要是指物质资本与技能劳动的互补性要强于资本与非技能劳动的互补性，也即资本积累将促进技能劳动力的相对需求，降低非技能劳动力的相对需求。在我国，一方面，从长期来看，资本与技术互补效应是显著存在的，资本品进口促进了中国的资本积累，并通过资本与技能互补效应提高了熟练劳动力的边际产出，增加了对高技能劳动力的相对需求（喻美辞，2013），改变了我国劳动力需求结构。另一方面，基于新古典经济增长理论，资本投入是经济增长的一个重要因素，随着我国资本品贸易的发展，由资本品进口贸易所引致的资本积累能够促进社会经济的增长，进而增加岗位供给，提高社会劳动力需求水平。总体来说，资本品的进口带来了经济的增长，增加了工作岗位，促进了劳动力需求水平的提高。

此外，由资本品进口贸易所带来的技能偏向性技术进步也会影响企业对劳动力的需求。技术进步与劳动力需求之间的关系错综复杂，国内外学者对于技术进步与劳动力需求之间的关系进行了大量的探讨。国内技术进步对劳动力需求的影响主要有两方面：一是技术进步能够促使企业开发新产品、开辟新领域，进而提高企业工作岗位的供给能力，增加对劳动力的需求，尤其是对高技能劳动力的需求；二是技术进步能够提高企业的劳动生产率以及节约生产成本，在保持原有生产规模不变的情况下，企业将会减少对劳动力的需求（朱轶和熊思敏，2009），但若企业扩大生产规模，则会促使企业增加对劳动力的需求（袁志刚，1997）。技术进步将对劳动力需求产生影响，这是毋庸置疑的。资本品的进口，尤其是先进生产机器设备的进口不仅促进了我国经济的高速腾飞，在一定程度上也推动了我国的技术进步。具体而言，资本品进口贸易主要通过两条途径促进我国的技术进步。

一是资本品进口贸易能够引发学习效应，推动企业技术水平的发展（康志勇，2015）。Arrow 提出的"干中学"模型认为后发国家可以通过出口从先发国家先进技术的"外部扩散"中获取巨大收益，形成"后发优势"。资本品进口贸易所引致的学习效应也蕴含了"干中学"的内涵，企业利用进口品可以获得市场动态、产品质量控制以及新技术发展等方面的有效信息，在通过溢出渠道传递给其他相关企业，进而对整体技术进步起到直接或间接的促进作用（康志勇，2015）。一方面，资本品货物本身蕴含了某一领域内先进的知识、技术和方法，进口国通过进口资本品并在使用过程中学习和摸索资本品所蕴含的知识及技术，逐步掌握生产这些资本品的核心技术。通过仿制和复制这些资本品，促进本国技术的发展。另一方面，在资本品进口贸易所引发的学习过程中，能够培育一批具备先进知识技能的技能型人才，促进人力资本水平的提升。而发展中国家对于发达国家先进技术的模仿能力还取决于发展中国家本身的人均人力资本水平（邹薇和代谦，2003）。总体而言，由资本品进口贸易所引发的人力资本水平的提升，能够提高国家对于先进技术的模仿能力，也即在一定程度上能够促进本国技术水平的发展。

二是资本品进口贸易通过引发产业关联效应，进而推动我国技术进步（康志勇，2015）。由资本品进口贸易所带来的产业关联效应主要表现为资本品进口贸易通过技术溢出效应促进了本产业技术水平的发展，同时也对本产业上下游产业的技术水平产生一定影响。换言之，如果产业链中某一环节通过资本品进口的技术溢出效应获得了本产业的技术进步，相应地也会对产业链上下游产业的技术水平提出更高的要求，最终将会推动整个产业链技术水平的发展。此外，基于本产业内部，资本品进口贸易将带来竞争效应。在资本品需求保持不变的情况下，资本品进口贸易的发展将会加剧国内同类资本品的竞争程度，企业为保持自身利益不受损，必将会通过技术革新来提高产品质量以获得市场份额。

综合来看，资本品进口贸易，尤其是进口蕴含先进技术知识的资本品，会带来一国技术水平的提高。而由技术进步所引发的劳动力需求结构的变动也已成为共识，即技术进步将增加对高技能劳动力的相对需求，降低对低技能劳动力的相对需求。在先进资本品的进口过程中，我国劳动力需求结构就因此得到了优化（李冰晖和唐宜红，2017）。对于劳动力需求水平而言，由进口资本品所引致的技术进步会对劳动力需求产生负面影响的同时，也能够通过开发新产品促进劳动力需求水平的提升，即进口资本品对整体劳动力需求水平具有不确定性。

二 中间品贸易与劳动力需求

基于理论机理的分析，中间品的进口贸易对劳动力需求的影响，可通过成本效应和替代效应对劳动力需求产生直接影响，同时也可通过由其引致的技术进步间接对劳动力需求产生影响。一方面，伴随贸易自由化发展，一国企业能够以更低的成本进口到中间投入品，从而促使企业可以通过进口中间品货物获得成本优势，并通过"集约边际"和"扩展边际"两条途径提升企业的出口竞争能力（任志成和戴翔，2014），促进劳动力需求水平的提升。换言之，现有出口企业能够通过进口低价中间品降低企业的生产成本，在既定成本约束下进行出口规模的扩张，提高劳动力需求水平；同时，基于成本优势下的内销企业，通过进口低价中间品能够提升本企业的收入和利润水平，提升企业的竞争能力，从而获取更多市场份额，也可能带来更多的劳动力需求。总的来说，基于中间品进口贸易的成本效应，企业能够通过提升出口竞争能力，促进产出规模的扩张，进而促进劳动力需求水平的提升。另一方面，进口中间品作为最终产品生产过程中的重要组成部分，企业可通过进口中间品所产生的要素替代效应减少其他生产要素的投入，如劳动力，改变生产要素的投入比例，从而降低企业对劳动力的需求水平。基于上述分析，中间品进口贸易通过成本效应扩大企业对劳动力的需求水平，并且直接通过要素替代效应减少劳动力需求水平。因此，基于进口中间品成本效应和替代效应对劳动力需求产生的影响，整体劳动力需求水平的发展趋势是不确定的，其方向受成本效应和替代效应对劳动力需求作用大小的影响。

中间品进口贸易还会通过其引致的技术进步对劳动力需求的影响，

即对高技能劳动力的需求将会增加，并减少对低技能劳动力的相对需求，优化劳动力需求结构。中间品进口贸易的技术溢出效应主要通过四条途径传导。一是生产效率效应，发展中国家通过向发达国家进口蕴含专业技术知识的产品，直接和间接地分享了发达国家的先进技术成果，促进本国技术水平的提升；二是"干中学"效应，中间品进口国通过参与产品内分工模式的国际贸易而获得"干中学"效应，提高本国的技术实力；三是竞争和模仿效应，进口中间品通过加剧国内市场的竞争程度，促使进口品同类的国内企业进行技术革新，以抢占市场份额；四是演示进而培训效应，进口国通过中间品出口国对技术创新成果质量、功能、特点、使用方法等的演示和说明，促进进口国对先进技术的学习和获取，间接地促进了一国技术水平的提升（喻美辞，2016）。对于我国而言，进口贸易的技术溢出效应是显著存在的（方希桦等，2004；喻美辞和喻春娇，2006）。基于 Romer（1990）的内生技术进步模型，发现发展中国家通过从发达国家进口中间品所获得的技术溢出效应主要可以通过三条途径增加对高技能劳动力的需求。一是发展中国家通过从发达国家进口蕴含先进技术的中间品，与创新国共享其技术创新成果，增加对高技能劳动力的需求；二是基于先进知识具备技术偏向性的特点，进口国在学习和模仿蕴含先进技术的中间品的过程中，增加对高技能劳动力的需求；三是基于最终产品的生产过程，由于中间品是最终产品生产的投入要素，增加对中间品的投入，势必增加对使用该类中间品的劳动力，刺激高技能劳动力需求的增加。总的来说，由进口中间品所引发的技术溢出效应将会促进高技能劳动力需求水平的提升，减少对低技能劳动力的需求，对整体劳动力需求水平的影响需具体情况具体分析。通过上述分析，基于中间品进口贸易的成本效应、替代效应以及技术溢出效应，发现中间品进口贸易的发展对整体劳动力需求的影响是不确定的；但对于劳动力需求结构的优化是有利的，中间品进口贸易的发展有利于促进高技能劳动力就业水平的提升，减少对低技能劳动力的需求。

就出口贸易对劳动力需求的影响而言，大多数学者均发现出口能够增加国家的整体就业水平。中间品出口贸易作为出口贸易的重要组成部分，可通过规模效应和互补效应增加对劳动力的需求，并促进劳动力需求结构的优化升级。基于规模效应而言，中间品出口贸易的发展将促进企业在国际市场中获取更大比例的市场份额，扩大产出规模，促进劳动力需求水平的提升。一方面，外包生产使得大量的中间产品生产环节转移至中国，从而利用丰裕且廉价的劳动力资源进行加工和出口（盛斌和马涛，2008），增加了对低技能劳动力的需求；另一方面，出口企业为了在国际市场上获取国际竞争优势，保持并扩大自身在国际市场的产品份额，必将对自身产品进行技术革新以提升产品质量，扩大对高技能劳动力的需求。基于互补效应而言，出口国将通过互补效应增加对高技能劳动力的需求，减少对低技能劳动力的需求。这里的互补效应是指通过技术进步所引致的互补效应，具体来说，是指当发展中国家向发达国家出口互补性中间产品时，出口国受到进口国下游产业技术进步的影响，促使企业提高生产技术水平的现象（钟晓凤，2019）。也即，为保持自身市场份额且提供满足进口国下游产业所需的高技术产品，出口企业必将加大对技术研发的投入，促进本企业产品质量的提升，有利于高技能劳动力需求的增加。

此外，基于希克斯—马歇尔需求定理，考虑中间品贸易对劳动力需求弹性的影响。从中间品进口贸易的角度来看，进口中间品推动了就业风险的上升，促进了劳动力需求弹性的扩大。中间品进口贸易通过增加生产要素种类扩大了劳动投入与其他生产要素的可替代性，就业风险增加；同时，进口中间品通过加剧国内同质产品的市场竞争程度增大了产品的需求弹性，进而促进了劳动力与中间品投入之间的替代效应，增大了劳动力需求弹性。基于中间品出口贸易角度而言，中间出口贸易对就业劳动力需求弹性的影响有可能是正向的。一方面，当劳动力供给保持不变的情况下，出口中间品在促进整体劳动力需求水平增加的同时，也提高了劳动力的工资水平，生产成本中劳动力要素的份额增大，就业风险上升。另一方面，出口中间品推动劳动力就业水平提高的同时也会促进企业产出规模的扩大，若企业产品全部销往国外则降低国内产品市场的竞争程度，最终产品的需求弹性将会减弱，就业风险下降；若企业产品面向国内外两个市场，产出规模的扩大将加剧产品市场的竞争程度，劳动力需求弹性通过最终产品的需求弹性增大而扩大，中间品出口贸易对就业风险的影响是不确定的。

总体来看，中间品贸易有利于优化劳动力的就业结构，增加对高技能劳动力的需求，其中进口贸易对劳动力就业市场影响不确定，出口贸易有利于劳动力就业水平的提高。

三　消费品贸易与劳动力需求

一般而言，最终品主要包括消费品和资本品两大类，相较于资本品而言，消费品是以满足人们日常消费需要为目的的产品。消费品贸易则是用于直接满足人们对消费资料（生活资料）的需要而进行的最终商品的贸易活动（蒋和胜，2005）。自20世纪八九十年代以来，随着全球生产、贸易、消费等领域一体化程度的不断加深，以及我国对外开放程度的不断扩大，我国消费品贸易也得到了一定程度的发展。消费品进口贸易主要通过替代效应和竞争效应影响劳动力需求；出口贸易主要通过规模效应、产业关联效应等影响就业。我国消费品贸易总量中消费品出口贸易额远远高于进口贸易额，因此，从总体上看，我国消费品贸易对劳动力需求的增长具有拉动作用。

第一，基于消费品进口贸易对劳动力需求的影响，可通过替代效应和竞争效应对劳动力市场产生影响。进口消费品相较于其他货物而言，它将直接流入我国的商品市场，直接对我国同类型商品产生冲击，加剧国内商品市场的竞争程度（宋则，2001）。在这种情况下，进口消费品的替代效应就发挥其作用，导致我国抗风险能力较弱的同类型企业产出规模萎缩，减少对劳动力的需求；同时，这种冲击还将通过产业关联效应对企业上游行业造成挤压，如农产品，降低企业吸纳劳动力的能力。而对于竞争效应而言，进口消费品将通过竞争效应促进企业为了提高劳动生产率而进行技术革新，国内企业为保持自身的市场份额不萎缩，必将对企业的产品进行加工改良，提升产品质量以维护自身利益不受损，进而增加对高技能劳动力的需求。综合来看，进口消费品对劳动力需求的影响需视替代效应和竞争效应大小而言，但对产品的改良和创新需要大量的资本与时间，大部分企业可能难以负担改良所需的资本，因此，进口消费品更多的是发挥其替代效应，对企业产生不利影响。

第二，基于消费品进口贸易对劳动需求的影响，出口消费品对就业具有拉动作用。一方面，出口贸易能够促进出口国参与国际分工，发挥其比较优势（魏浩等，2013），消费品作为劳动密集型产品，有利于我国发挥比较优势，促进就业水平的提升。而且消费品出口贸易的发展有利于推动我国劳动密集型生产性行业扩张，增加我国产品的总需求，提高产品的市场占有量，进而扩大企业的生产规模，从而为我国创造更多新的就业机会和就业岗位，促进我国国内地区就业（刘军等，2016）。另一方面，消费品的出口，突破了国家的界限，能够将满足国内需求以外的部分转移给其他国家，扩大了企业的产出规模，刺激了企业对劳动力的需求；同时，消费品出口贸易的发展有利于发挥产业的关联效应，推动上游企业和产业的发展，扩大对劳动力的需求。

简言之，消费品出口贸易能够通过扩大自身产出规模以及发挥产业关联效应，刺激劳动力需求的增加；消费品进口贸易更多的是通过替代效应对劳动力需求产生不利影响。就消费品贸易总量来看，我国的消费品出口贸易额远远高于进口贸易额，消费品贸易总体上对劳动力需求的增长具有拉动作用。

第四节　促进就业增长的贸易政策

就业是生产资料与劳动者的结合，结果是商品或劳务的产出，贸易是连接生产与消费的环节，贸易的增长，尤其是出口的增长，是可以直接刺激就业增长，而就业的增长往往是财富增长之源。因此，促进贸易发展具有重要的意义。

一　坚持大力发展出口贸易，推动出口贸易开放度的提升

随着经济全球化程度的加深以及我国对外开放格局的不断扩大，出口贸易对我国经济体的发展以及社会的就业水平具有重要意义。出口贸易的发展不仅是驱动经济发展的"三驾马车"之一，同时也是创造就业岗位、提升社会整体就业水平的重要源泉。一方面，出口贸易的增长通过增加企业利润以及扩大企业产出水平，促使本行业中的企业扩大企业规模，增加对生产要素的需求，提升劳动力就业总水平；另一方面，无论是资本品、中间品还是消费品，大部分均是由原材料进行加工之后的产品，出口贸易的扩大在一定程度上能通过产业联动效应带动本国上游行业和企业的发展，提高劳动力需求总量。

（一）鼓励和支持企业自主研发，提升我国企业的竞争能力

当前，在参与全球分工过程中，我国出口企业仍处于价值链末端，出口大多为低附加值和低技术含量的产品；并且出口企业之间通常采用相互压价的竞争手段来提高自己的销售量，不利于我国出口贸易的发展。此外，绝大多数出口企业缺乏自己的核心技术以及自主品牌，在国际市场中缺乏创新、宣传、售后服务等综合性的营销手段，处于竞争的弱势地位，长此以往将不利于我国贸易的健康发展。因此，鼓励和支持我国企业自主研发，培养出口企业的自主创新能力，加强企业的品牌意识，对于我国经济平稳运行、出口贸易的发展以及促进劳动力就业水平

的提高具有重要意义。

(二) 积极推动一般贸易出口发展，扩大就业产业关联效应

一般而言，一般贸易出口对就业的促进作用高于加工贸易企业。具体来说，加工贸易主要是从国外进口中间投入品用于加工、装配和出口，与国内上下游企业和研发机构的联系较少，其他企业难以参与加工链条，并且中间投入品主要由国外供给，加工贸易的出口扩张对国内就业带动优先。而对于一般贸易，其出口的中间投入品主要是从国内获取，与上下游企业联系紧密，出口中劳动密集型产品占比较大，对劳动力的吸纳能力较强（王有鑫等，2013）。因此，鼓励和扶持一般贸易企业发展，提高一般贸易出口规模，有利于国内一般贸易关联产业的发展以及劳动就业水平的提高，扩大了国内劳动力需求。

(三) 继续完善相关贸易政策体系，为出口贸易发展创造良好环境

近年来，随着贸易保护主义以及民粹主义逐渐抬头，各国之间的贸易摩擦逐渐增加。贸易环境的恶化以及由其带来的不确定性，阻碍了各国出口贸易的发展。为保持经济的稳定运行以及贸易的快速发展，必须为出口贸易创造良好的发展环境。从国内发展环境而言，继续在 WTO 的规范下完善现有的贸易促进政策体系，包括出口退税、公共信息服务等；加强对服务贸易发展的支持力度，在 WTO 允许的范围内实施服务出口零税率、服务补贴等政策；完善对国外贸易壁垒的调查和申诉力度。从国际发展环境而言，在 WTO 的框架下推动多边贸易自由化的进程，通过加快实施区域、双边经济一体化战略为中国产品出口扩大市场空间，利用 WTO 争端解决机制，加强与主要贸易伙伴的贸易磋商，保障国内产业和企业的出口利益（李计广等，2008）。

二 正确认识进口贸易的重要性，坚持"走出去"与"引进来"并重

坚持大力发展出口贸易的同时，也需要注重进口贸易的发展。在

开放的市场环境中，各国的经济往来越发紧密，进口贸易在国家技术进步以及经济发展中充当着重要角色。进口贸易的发展能够为经济发展提供充足的技术和设备，推动经济的发展；但也会对劳动力产生替代效应，对劳动力就业产生不利影响。因此，在发展进口贸易的过程中，需考虑由进口贸易带来的就业创造效应，同时也要出台相应措施缓解由进口贸易带来的劳动力替代效应，双管齐下促进社会整体劳动力需求的增加。

（一）优化和调整进口商品结构，促进就业水平提升

增加对有利于我国经济发展产品的进口规模，如高新技术产品、先进技术、关键设备以及国内较为匮乏的资源，通过运用进口先进产品来扩大我国经济总量，进而促进社会整体就业水平的提高。同时，积极推动消费品进口贸易发展，适度增加对消费品的进口。一方面，通过扩大消费品进口规模增加消费者的可选择性，满足人们日益增长的消费需求，减少居民的社会福利损失，为经济发展创造良好环境。另一方面，通过扩大消费品进口规模刺激国内消费需求，促进国内产业的升级和转换，带动新产业的发展以及就业的增长。

（二）优先选择与发达国家进行进口贸易合作，实现国内技术水平
　　　快速发展

为更好地发挥由进口贸易所带来的技术溢出效应，带动劳动力就业发展，在进口资本品和中间品时，应优先选择与发达国家合作。换言之，在增加资本品、中间品等蕴含先进知识产品的进口时，我国应有地区上的偏向性。有关研究表明，当进口国和出口国之间技术差距越大，进口国从国家贸易中所获得的技术溢出的可能性越大（Blyde，2004），经济发展就越快，社会就业水平就能得到提高。就我国资本品进口而言，近年来资本品进口来源国逐步由美国、日本等发达国家向韩国、新加坡等发展中国家转移，其对我国技术溢出具有负面影响（胡小娟和王娜，2012）。因此，在发展进口贸易时，优先选择经济发展水平较高的

国家作为进口贸易伙伴，有利于我国全要素生产率的提高以及产业结构的升级。

（三）出台相关救济措施，缓解由进口贸易所带来的就业冲击

显然，进口贸易所发挥的替代作用将会冲击我国劳动力就业的发展。基于横向进口竞争角度，进口贸易显著加剧了进口国同一产品的竞争程度，使竞争力较弱的企业销售遇冷，销售收入和利润下降，被迫退出市场（魏浩和李晓庆，2017），就业岗位消失。因此，有必要对受进口贸易冲击较为影响行业和企业，出台有利于劳动力的就业、收入保障的相关政策以及实施一些有关的救济措施，争取在发展经济的同时保障劳动者就业。

三　加强劳动力技能培训，提高劳动力人力资本水平

在开放经济条件下，国际贸易对我国高技能劳动力需求影响深远，贸易以及经济的发展促使我国劳动力市场就业结构逐步升级和转型，对高技能劳动力的需求日益增长。就我国目前劳动力市场情况而言，以农民工为主的低技能劳动力群体基数大且占劳动力总数比例高，随着资本品和中间品这类蕴含先进技术与知识产品进口的增大，国际贸易对低技能劳动力的替代效应日渐显著，劳动力就业结构有待优化。为更好地参与全球价值链分工以及更好地承接国家产业转移，提高劳动力就业水平与就业质量，促进劳动力技能水平的提高迫在眉睫。

（一）加强国民教育建设，提升人力资本水平

当前，为破解劳动力市场存在的就业结构性问题、全要素生产率不高、劳动力社会流动不畅、新经济发展对就业冲击等深层次问题，实现劳动力高质量就业，亟待提升劳动者的人力资本水平（陈晨和刘冠军，2019），而劳动者人力资本水平的提高有赖于国家教育水平的整体提升。具体而言，需进一步完善基础教育，推进义务教育工作，将义务教育范围由小学和初中扩大到小、初、高，通过提高义务教育年限来促进社会

整体受教育水平的提高；加大对贫困山区和偏远地区的教育投入；同时，需注重城乡教育的平衡发展，打破优质教育资源集聚城市的局面，实现城乡教育资源均等化发展。

（二）改变传统的教育观念，大力推动职业教育的发展

进入新时代以来，我国经济由高速增长转向高质量发展，对劳动力的素质水平提出新的要求，就业结构性矛盾突出。为实现我国经济的高质量发展，缓解劳动力市场上的技能结构性问题，大力发展职业教育、培养技能型人才就显得尤为重要。因此，需推进高职院校办学体制改革，创新培养模式，提高办学质量；加大对优秀技能人才的引进，完善人才激励机制，提升教学师资力量；此外，还需统筹国内电视、网络等媒体，宣传和推广职业教育，增加国民对职业教育的认识和了解，提升社会认可度，改变传统的就业观念，保障高技能人才的供给。

（三）加大对劳动力技能培训力度，实现劳动力由低技能向高技能转变

截至 2019 年年底，全国农民工共计 29077 万人，约占全国就业人口的 37.53%，农民工人口基数较大。为实现全社会就业水平的提升，劳动力素质水平与岗位技能实现高度匹配，必须加大对当前就业的劳动力技能培训力度，促进劳动力技能水平的提高，实现劳动力由低技能向高技能的转变。首先，由政府出面，提供一批具有公益性和普适性的职业技能培训，如计算机操作培训等，提高现有低技能劳动力的技能水平；其次，通过职业培训补贴或优惠政策激发企业以及社会各类团体组织举办职业培训课程，增加职业培训资源供给。

第三章　贸易与劳动力供给

经济全球化是历史发展的必然趋势，劳动力市场与商品市场之间相互联系，相互作用关系随着经济全球化的发展而日益紧密。对外贸易能带来资本以及先进的管理经验和技术，是我国经济增长的重要推动力。中国自改革开放以来，对外贸易先后经历规模导向阶段和效率导向阶段，同时，对外直接投资已经成为中国经济的重要组成部分，我国也由单纯的资金受供者转变成技术进步和产业升级的推动者，原先的要素驱动型发展模式难以为继，必须转变为以内需为主，以市场资源配置为核心、以科技创新为主要驱动力的新经济增长模式，中国需要大批具有核心技术的本土企业作为综合国力和国际竞争优势的体现（张广婷和王陈无忌，2019）。这必将对劳动力市场产生深远的影响，人才，特别是具有高技术的人才成为国民经济发展的时代所需，劳动力供给侧变化对于对外直接投资的进入决策和外贸发展也有着重要影响。一方面，劳动力供给侧发生变化可能会引起劳动力成本上涨，这将提升成本驱动型贸易的生产成本，挤压获利空间，从而阻碍对外直接投资的进入。另一方面，人力资本水平的提升也有可能吸引更多外商直接投资进入，对贸易结构产生影响。因此，劳动力供给变化对于贸易有重要影响。

第一节　劳动力成本与贸易开放

随着中国进出口贸易规模的不断扩大，贸易也由此成为中国经济快速发展的重要推动力。根据《中国统计年鉴》的统计数据，2019 年中国贸易进出口总额 45761.3 亿美元，比 1978 年增长约 221.7%。2020 年累计出口总值仍呈现正增长态势，2020 年前三季度，我国受新冠肺炎疫情影响，进出口总值虽增长不佳，但外贸进出口同比增长 0.7%。在中国进出口贸易稳步发展的同时，我国人民生活水平不断提高，工资收入不断上涨，2019 年中国城镇单位就业人员平均货币工资同比增长 9.8%。但是，在中国贸易开放程度不断提高和工资收入不断增长的同时，收入差距也在扩大。党的十九大报告明确指出，中国要推动形成全面开放新格局，推进贸易强国建设，进一步扩大中等收入群体，增加低收入者收入，调节过高收入，缩小收入分配差距。因此，需要梳理清楚劳动力成本与贸易开放间的逻辑联系。

一　劳动力工资收入与贸易开放

（一）劳动力工资收入与贸易开放

从理论上看，劳动力成本是影响贸易的重要因素。有关劳动力工资收入和贸易开放的理论研究对应于跨国企业理论以及最小费用工业区位理论。其中，跨国企业理论研究始于垄断优势理论，自此之后的边际产品拓展论、国际生产折中理论及产品生命周期理论等国际投资理论丰富了企业海外投资的理论依据。最小费用工业区位理论融合运费、工资和集聚三个因素分析企业投资布局。工资因素是影响劳动密集型企业生产成本的重要因子，若国外工资成本低于国内工资成本，这意味着企业向国外投资的盈利水平更高，此时企业更倾向跨国投资。

从理论上看，基于赫克歇尔—俄林—萨缪尔森定理和中国劳动力丰裕而资本技术相对稀缺的现状，中国在生产劳动密集型产品上更具比较优势，开展对外贸易有利于中国出口更多劳动密集型产品，进口更多资本或技术密集型产品，这样就会使得生产劳动密集型产品的非技能工人的工资上升，而生产技术或资本密集型产品的技能工人工资下降，要素价格在外贸过程中实现价格均等化，由此得出对外开放将会降低我国的收入不平等程度这一结论。从已有关于工资收入和工资差距与贸易开放之间关系的文献可以看出，理论研究层面的结论较为一致，即贸易开放能提高发展中国家的劳动力工资收入，同时缩小发展中国家低技能劳动力与高技能劳动力工资间的差距（包群等，2011）。

通过对不同国家经验的研究可以看出，有关贸易开放对劳动力工资收入影响的文献在研究结论方面却存在较大争议。一方面，部分学者针对贸易开放对于劳动力成本的影响进行了相关研究。Krishna 和 Mitra（1998）、Loecker（2007）、Manole 和 Spatareanu（2010）及 Juhn 等（2013）认为，贸易开放提高了劳动生产率，从而提高了劳动力工资收入。相应地，李宏兵和蔡宏波（2013）与李磊等（2011）利用中国家庭收入调查数据得出类似结论，但李稻葵等（2009）与包群等（2011）的研究表明，贸易开放对劳动力工资收入的影响并不显著。另一方面，部分学者分析了贸易开放对于劳动力工资差距的影响。Feenstra 和 Hanson（1996）从产品生产转移层面进行了阐述，认为贸易开放使得中等技能密集型产品的生产从发达国家转移到发展中国家，因而发达国家和发展中国家内部高技能工人和低技能工人间工资差距扩大。Attanasio 等（2004）与 Pavcnik 等（2004）以巴西和哥伦比亚为研究对象，研究表明，出口国会对非熟练劳动力进行关税保护，保护关税削减将导致非技术劳动密集型行业生产的产品价格下降，从而造成工资收入差距扩大。其中，不同国家贸易保护关税力度不同，劳动力工资差距的扩大程度不尽相同（Hanson 和 Harrison，

1999）。对于上述问题，中国部分学者也根据中国实际情况做出相关研究，李磊等（2011）利用 2002 年中国家庭收入调查数据研究表明，贸易开放对高技能劳动力的影响大于低技能劳动力，从而拉大二者间的工资收入差距。李宏兵和蔡宏波（2013）利用 2002—2007 年中国家庭收入调查数据，陈波和贺超群（2013）利用 2000—2007 年中国工业企业的数据，均得出类似的结论。

（二）劳动力收入差距与贸易开放

从理论层面来看，根据萨缪尔森定理，专业化生产部门中密集使用的生产要素报酬将会上升，而非密集使用的生产要素报酬会下降。根据上述理论，对外开放，出口一国丰富生产要素生产出来的产品，将会提高一国相对丰裕要素的收入。对于具有生产劳动密集型产品比较优势的中国来说，对外开放将有利于中国出口更多劳动密集型产品，进口相对稀缺的资本和技术型产品。由此从劳动力市场中收入差距角度分析，生产劳动密集型产品的非技能工人的工资会因此上升，而生产技术或资本密集型产品的技能工人的工资会因此下降，从而得出对外开放将会降低我国收入不平等程度的结论。但是其他学者的研究对此结论提出挑战。Egger（2012）的研究表明，贸易开放所带来的国内收入不平等将随着贸易开放程度的扩大而更加严重和多元。Egger 和 Etzel（2012）研究发现，贸易开放将会扩大贸易部门与非贸易部门之间的收入不平等。张莉等（2012）从理论层面和经验层面整体论证并得出结论，由于对外开放环境和国际贸易的影响，发展中国家技术进步偏向资本，使得要素收入亦偏向资本，进而劳动收入的占比下降。而且，在外贸过程中，还要考虑技术溢出效应的作用。在各国产品交流过程中，各国对高技术人才的需求都不断提升，发展中国家的中、高教育水平劳动力的需求量并没有因为外贸的参与而减少（许小平和汪萌，2021），他们的收入也因此不减反增，收入差距进一步扩大。

部分学者以贸易开放对中国收入差距的影响展开相关研究。从研究结果来看，其中多数学者认为贸易开放会使中国收入差距扩大。戴枫（2005）通过构建理论模型开展中国贸易开放和收入不平等关系的研究，并采用1982—2003年的相关数据，研究发现贸易开放扩大了中国收入差距。胡文俊（2017）采用1998—2009年27个省份的面板数据，通过构建方程组来研究贸易开放、财政支出与收入分配的关系，结果表明，贸易开放会恶化国内的收入分配状况，扩大收入差距。张懿（2017）基于中国1988—2014年29个省份的面板数据，对中国对外贸易与地区间收入差距之间的关系进行了研究。结果显示，对全国来说，外贸依存度和外资依存度等是造成收入差距扩大的主要原因；分地区来说，对外贸易使东部、中部、西部各地区间收入差距扩大。李杰和杜晓（2018）基于中国30个省份1998—2013年的省级面板数据，构建贸易开放和收入差距指标进行实证研究，结果显示，贸易自由化程度越高，中国收入差距越大，进一步分析表明，这种影响还存在地区差异，相对于中部、西部地区，开放程度更高的东部地区受影响程度更深。

　　也有学者讨论了不同技能劳动力收入差距和贸易开放的关系。根据国际贸易一般均衡框架，假设两个国家分别拥有技能劳动力和非技能劳动力，均生产最终产品，技能劳动力丰裕的国家生产技术密集型产品，而非技能劳动力丰裕的国家生产劳动密集型产品。那么，在国际贸易的条件下，技能劳动力丰裕的国家将会专业化生产技术密集型产品，增加对技能劳动力的需求，从而使技能劳动力的工资上涨，工资差距拉大。与此同时，非技能劳动力丰裕的国家专业化生产低技术密集型产品，增加对非技能劳动力的需求，从而使非技能劳动力的工资上涨，工资差距缩小。从实证层面，一些学者对中国劳动力市场进行考察，发现在贸易开放过程中，关税削减对于不同技能劳动力工资收入有一定影响，整体来看，关税下降可以提高劳动者收入，但也会使低技能和高技能劳动者之间收入差距扩大（曾国彪和姜凌，2014）。从贸易开放的结果角度，部分学者研究了进出口及外贸依存度对不同技能劳动力收入差距的影响，研究表明，贸易开放更显著影响高技能劳动者的收入，使收入差距扩大（李宏兵和蔡宏波，2013；黄灿和闫云凤，2016）。

（三）最低工资收入与贸易开放

在关于劳动力供给与贸易开放的研究中，最低工资作为劳动力供给端影响的重要一环，对于贸易开放的影响路径可以从以下逻辑进行论证。根据比较优势理论和产品生命周期理论，发展中国家在劳动力数量和劳动力价格方面具有比较优势。由此，从成本节约角度来说，跨国公司将会在母国保留研发和营运部门，而将低附加值的部门转移到发展中国家。那么，发展中国家的劳动力成本越低，则其对于外商直接投资的进入越有吸引力。其中，最低工资的上涨会增加劳动力成本，进而对外商直接投资的进入产生影响。已有相关文献表明，最低工资对于企业来说，存在成本效应、激励效应、替代效应和创新效应（孙楚仁等，2013；奚美君等，2019）。一方面，最低工资的上升推动企业平均工资的上涨（Dube 等，2010），影响企业的经营成本。最低工资上涨不仅直接提高了原本低于最低工资标准的低收入员工的工资（马双等，2012），还通过"溢出效应"提高高收入劳动者的收入来保持薪酬差距（段志民和郝枫，2019）。另一方面，最低工资上涨会增加企业社保缴纳支出（刘行和赵晓阳，2019）。因为企业为员工缴纳"五险一金"缴纳基数的下限是当地上一年度职工平均工资的60%。最低工资的上升主要通过激励效应、替代效应和创新效应三条路径来倒逼企业提高生产率，进而促进外商直接投资的进入，具体表述如下。

第一，最低工资的激励效应将会提高企业的劳动生产率，即最低工资的上升可以直接提高员工的工作积极性，并且激励企业加强员工的技能培训，使得人力资本水平得以提高，进而提高企业的劳动生产率。跨国公司在选择人力资本时，即便考虑到技术保护因素，也更愿意以更高工资吸引熟练工人，同时也相应地降低了跨国公司的搜寻成本，吸引跨国公司投资。

第二，最低工资的替代效应会影响跨国公司的投资。最低工资的上涨使企业雇用劳动力成本相应地上升，导致企业减少劳动力要素的使用，此时企业将会采用资本等其他相对成本低的要素替代劳动力，这样大量的资本使用将会提高企业的生产率。但考虑到发展中国家普遍缺乏资本积累，恰好外商直接投资在资本和技术上具有比较优势，由此将会吸引市场导向型的跨国公司进行投资。

第三，最低工资的创新效应将促进外商直接投资的进入。最低工资的上涨会激发员工创造力，并促使企业增加研发支出，进而可以提高企业劳动生产率。由此，企业创新水平的提升不仅可以更好地吸收外商直接投资的技术，磨合成本降低，而且也可能产生技术的溢出效应，从而吸引外商直接投资的增加。

对于以上三条路径，一些学者对此进行了相关的研究和论证。张军等（2017）探究了广东、上海、四川以及辽宁四个地区最低工资标准的提高对于消费支出的影响，研究发现，最低工资标准提高对消费支出有明显的刺激作用，最低工资增长 10% 预计可带来四省份城镇居民消费支出增加约 11.67 亿元。因此，某种程度上来讲，最低工资的上涨带来了该地区消费能力的增强，这将促进当地的外商直接投资。杨用斌（2012）采用全要素生产模型分别推导最低工资对于内销型和外销型外商直接投资的影响，研究发现，最低工资的上调有利于内销型外商直接投资企业规模的扩张，而对于外销型外商直接投资企业将产生不利影响。张先锋和陈郭娟（2019）运用 2004 年《最低工资规定》的施行构建准自然实验，并结合 Heckman 模型和双重差分法考察最低工资上涨对 FDI 进入的影响。马双（2020）将 2000—2013 年中国工业企业数据库结合对应城市最低工资标准数据库，探究最低工资标准和外商直接投资进入之间的关系。得到结论，最低工资的上涨显著抑制外商直接投资的进入。首先，最低工资的上升对于已有外商直接投资的企业影响较深，而对于外商直接投资初次进入的企业影响较小。其次，对于人力资本水平较高，并且竞争能力强的企业来说，最低工资的上涨对于企业实收外商直接投资的负向影响比较小。因而，对于我国来说，理应集中力量"稳外资"而非"引外资"。

二 劳动力成本与贸易开放的现状

（一）劳动力成本与对外贸易

从经验来看，我国因为人口总量和劳动力数量充裕，以及低廉的劳动力成本，在劳动力密集型行业具有比较优势，但近些年随着国民收入水平的提高、人口老龄化、劳动人口变少、省际劳动人口流动缩减等因素，劳动力成本不断增长，中国外贸的传统优势被削弱。在这种背景下，学者却研究发现，制造业劳动力平均成本与中国制造业的国际竞争力正相关（宋云星和陈真玲，2019）。伴随着劳动力成本的上升，我国制造业全球价值链分工地位指数却呈增长趋势，这主要得益于高技术部门工资水平对国际地位提高的强大促进作用（徐卓等，2020），以及低效率企业通过扩展产品范围分散出口产品集中度来促进出口销售总额增长。准技术前沿企业通过产品质量创新策略，提高产品集中度来获取现有产品特别是核心产品新利润增长点来刺激出口（陆菁等，2019），劳动力成本上升在一定程度上倒逼企业转型升级（杨朝继，2018），而低端产业转型升级，有利于提高国际竞争力（阳立高等，2018）。对劳动力成本于制造业的研究与数据上显示出来的情况一致。图 3－1 是根据国家统计局网站数据绘制的 2000—2020 年我国进出口贸易额与城镇单位就业人员工资总额的对比图，我国城镇单位就业人员工资总额 21 年来从 10995 亿元持续上涨，升至 164126.9 亿元，升幅近 14 倍，这是多因素造成的，同时观察数据可以看到，我国的外贸，特别是出口并没有因为劳动力成本的上涨而缩减，反而在绝大多数年份处在增长的过程。

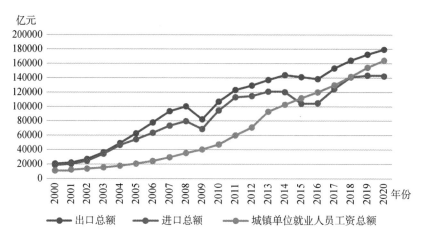

图 3 - 1 2000—2020 年我国进、出口贸易额与城镇单位就业人员工资总额对比

资料来源：作者根据国家统计局数据绘制而成。

在农业部门，劳动力成本的上升对我国农产品的国际竞争力产生了显著的负效应，并且这种负向影响在西部地区影响最大，东部最小；科研投入通过提高要素配置效率和促进附加值提高，可以升级转换单一劳动力要素决定的低成本优势为综合要素决定的竞争优势，缓解劳动力成本的负向效应（李谷成等，2018）。在服务业，劳动力成本的上升显著地促进了出口，因为中国服务业大多处于快速发展阶段，对人力资本的利用不充分，逐渐提高工资有利于服务业吸引高层次、高素质的人才，帮助服务业全方位降低总成本、提高服务品质，增强服务业国际竞争力（赵珂磬，2018）。

（二）劳动力成本与外商直接投资

自改革开放以来，中国充分发挥劳动力无限供给和成本低廉，以及土地资源和环境成本的优势，大举承接全球产业转移，"效率寻求型" FDI 大量流入；但近些年我国的综合要素成本优势快速削弱，依赖于国民收入不断提高和市场需求规模不断扩大的"市场寻求型" FDI、与中国科技创新能力提升相伴的"战略资产寻求型" FDI，以及与中国资源开发外商投资准入放宽相关的"资源寻求型" FDI 更显吸引力，逐步增长（桑百川，2019）。然而，不管是哪种动机的 FDI，劳动力成本对其进入决策均有重要影响，研究 FDI 对劳动力成本上涨的敏感性可为政府"稳外资"政策提供一定的参考。一方面，劳动力成本上涨将提升成本驱动型 FDI 的生产成本，挤压获利空间，从而阻碍其进入；另一方面，劳动力成本的上升可能伴随东道国居民收入的增加而提升本地居民市场购买力，有利于市场导向型 FDI 的进入（马双和赖漫桐，2020）。

从数据来看，如图 3 - 2 所示，我国城镇单位就业人员工资总额近 20 年持续上涨，实际利用外资虽在 2009 年、2012 年、2016 年有些下降，但总体而言，上涨势头明显。这说明我国工资水平的持续上涨虽然导致用工单位成本增加，但从实际利用外商直接投资数据来看，并未造成我国外商直接投资流入量减少的现象。

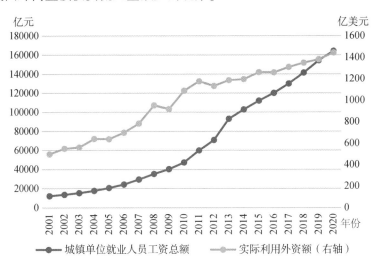

图 3 - 2 2001—2020 年我国城镇单位就业人员工资总额与外商直接投资趋势

资料来源：作者根据国家统计局数据绘制而成。

企业工资是最低工资上升影响劳动力成本的主要体现。最低工资标准的上涨会显著降低 FDI 的进入和企业实收 FDI，在劳动力质量高、竞争力强的企业中这种影响较小，而在出口导向型企业中影响较大（马双和赖漫桐，2020）。杨用斌（2012）通过验证也得出类似结论，最低工资的提高，有利于中国内销型外商直接投资企业规模的扩张，而不利于外销型外商投资企业的发展。刘焕金和万广华（2021）基于2000—2013年中国工业企业数据库和海关数据库的大型微观企业匹配数据、手工查找的全国主要城市的最低工资标准数据和国泰安城市数据库，研究得到结论，FDI显著地抑制了中国出口结构的优化升级，而最低工资标准削弱了FDI对中国出口结构优化升级的负向抑制作用，并使FDI对中国出口结构的优化升级产生了显著的正向促进效应。

结合数据来看，见表3-1，如图3-3所示，我国城市最低工资不断上调，劳动力成本持续上涨，实收FDI虽有波动但并没有因此下降。

表3-1　　　　　2000—2017年中国城市最低工资调整情况

年份	工资调整城市占比（%）	平均增长率（%）	最低工资均值（元）	标准差（元）	最小值（元）	最大值（元）
2000	—	—	266.4482	56.5708	170.0000	550.0000
2001	39.5349	6.2804	281.8062	60.8667	170.0000	574.0000
2002	59.0116	9.4822	307.0533	64.9103	170.0000	595.0000
2003	23.2558	4.0311	319.3136	72.2741	170.0000	600.0000
2004	59.3023	14.7349	363.0058	85.1345	170.0000	684.0000
2005	54.9419	17.0438	416.6105	91.4663	240.0000	690.0000
2006	69.1860	16.4684	478.8081	92.9766	280.0000	810.0000
2007	48.8372	9.1725	516.8895	90.1703	320.0000	850.0000
2008	72.3837	12.5752	580.5959	107.6505	320.0000	1000.0000
2009	27.3256	6.3767	614.1134	115.7761	445.0000	1000.0000

续 表

年份	工资调整城市占比（%）	平均增长率（%）	最低工资均值（元）	标准差（元）	最小值（元）	最大值（元）
2010	69.4767	16.6292	713.1541	136.9301	445.0000	1120.0000
2011	79.9419	21.5775	851.1919	146.4429	600.0000	1320.0000
2012	66.2791	14.4712	966.8169	145.8612	620.0000	1500.0000
2013	91.2791	18.7971	1140.8576	149.7571	870.0000	1620.0000
2014	58.1395	7.5510	1224.9506	163.0404	900.0000	1820.0000
2015	61.6279	8.1099	1325.2762	202.3625	900.0000	2030.0000
2016	53.1977	8.7771	1428.5901	172.4679	1030.0000	2190.0000
2017	33.1395	3.1327	1472.7471	189.5413	1100.0000	2300.0000

资料来源：作者根据《中国统计年鉴》的数据绘制而成。

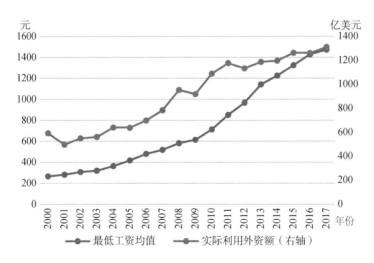

图 3 – 3 2000—2017 年我国最低平均工资和实际利用外资趋势

资料来源：作者根据《中国统计年鉴》数据绘制而成。

第二节　劳动力结构与贸易开放

中国对外贸易稳步发展的同时，人口因素在其中发挥了重要作用。人口基数庞大的特点不仅为中国企业提供了充足的廉价劳动力，也为成功实施外向型经济发展战略奠定了坚实基础。但是，从中国人口结构现状分析，自 21 世纪以来，中国人口红利逐渐消失，逐步凸显出人口老龄化以及劳动力供给短缺等问题（蔡昉，2010）。其次，由于我国对户籍制度政策实施不断放宽，人口流动愈加频繁。由于改革开放后，东部沿海地区经济发展迅速，大量劳动力自中部、西部地区流入东部沿海地区。自 20 世纪 80 年代以来，中国发生了约 3.4 亿人次的迁徙（Chan，2013），是人类历史上最大规模人口迁徙（Ma 和 Tang，2018）。但由于中国中部崛起战略以及西部大开发战略的实施，部分中部、西部地区城市随之放宽落户政策，劳动力呈现回流迹象。人口因素作为影响对外贸易发展的重要因素，基于人口结构转型和人口流动日益频繁现状，探究劳动力结构对于贸易开放的影响及其作用机制尤为关键，也为进一步厘清中国出口贸易实现转型升级提供应对思路。

一　劳动力结构与贸易开放

（一）人口红利、劳动力年龄结构变动与贸易开放

在关于"人口红利"对经济增长相关理论研究中，早期内生增长理论认为，经济能够不依赖外力推动实现持续增长，内生的技术进步是保证经济持续增长的决定因素，而劳动供给影响研发，影响知识和人力资本积累，并将会影响社会技术进步，进而影响经济增长。"人口红利"概念的提出奠基于学者对于人口结构变迁直接影响劳动力供给的研究，是个经济学术语，是指一个国家的劳动年龄人口占总人口

比较大，抚养率比较低，为经济发展创造了有利的条件，使劳动力市场供给充足，进而促进形成高投资、高资本的局面。中国 20 世纪 90 年代以来的经济增长奇迹就得益于"人口红利"（陆旸和蔡昉，2014）。张平等（2007）结合附加人口增长以及人力资本约束的经济增长模型分析了经济增长过程中劳动力供给效应的转换路径，得出结论，中国若实现经济增长，必须走提高人力资本素质的内生增长道路。伴随着人口老龄化，劳动人口数量急剧下降，市场上劳动力供给也出现各种短缺现象，由人口数量带来的"人口红利"逐渐消退，而随着国力和国民教育水平的提高，以人力资本为依托的第二次"人口红利"窗口逐渐打开（原新和周平梅，2018）。周末等（2017）通过实证研究发现中国实施人口控制政策不仅带来了劳动力素质的提高，还提升了本地企业的全要素生产率。阳立高和赵思嘉（2018）依据 1990—2014 年劳动力供给数量、质量、成本及制造业国际竞争力相关数据，构建向量自回归模型（VAR 模型），考量劳动力供给变化对中国制造业国际竞争力的影响，得到结论，劳动力供给数量减少不利于制造业国际竞争力提升；劳动力供给质量上升有利于提高制造业国际竞争力。后来阳立高和段先鹏等（2020）将 20 世纪八九十年代出生的人定义为新生代劳动力，这代人数量因为计划生育政策的实施而缩减，但劳动力供给质量却大大提升。他们通过实证研究发现，新生代劳动力数量的减少会促进企业出口产品质量的提升；而新生代劳动力供给质量的提升会对出口产品质量有抑制作用。阳立高和彭頔雯等（2021）在另一份研究中，基于中国工业企业数据库、海关贸易数据库与新生代劳动力数据，研究发现，新生代劳动力供给数量增加与供给质量增加均有助于提升出口国内附加值，且新生代劳动力供给质量增加的作用更加明显。王维国等（2019）采用世代交叠模型，探究人口年龄结构变化对于经济增长作用机制及效应，研究中发现，伴随着时间推移，生育率的下降以及预期寿命延长对于经济增长贡献的边际作用逐步减小。学者还曾开展过许多关于人口结构变化对于贸易开放影响的相关研究。田巍等（2013）将人口结构变量加入劳动人口比的引力模型来探究人口结构转型对于国际贸易的影响，研究发现，较低抚养比，即较高劳动人口比与双边贸易流变化呈正相关。通过梳理人口结构对于贸易结构影响的相关研究，多数学者均围绕要素禀赋变化展开讨论。从理论层面来说，人口结构的变化将改变一国要素禀赋，进而影响对外贸易发展。Cai 和 Stoyanov（2016）将劳动者技能年龄增（减）值结合各行业对于相关技能的依赖度，探究人口结构变动导致的人口红利比较优势的变化，发现老龄化程度更深的经济会进口密集使用年龄减值型的技能产品，并专业化于生产密集使用年龄增值型的技能产品。

另有一些学者深入探究贸易开放中经常项目与人口转型之间的相关关系研究。从理论层面分析，家庭中非劳动年龄人口的增加使得未来收入和消费的不确定性提高，由此人们将提高当期储蓄作为"预防性储蓄"，有利于经常项目顺差的形成。从经验层面分析，谢建国等（2015）从进口需求变化视角探究人口结构变化如何影响经常项目，研究发现，劳动人口比的提高将显著降低一国进口需求，从而对经常项目产生影响。李兵和任远（2015）基于第二次世界大战的参战时间，构造人口结构的工具变量，探究人口结构转型对于经常项目的影响，发现人口抚养比的增加将显著改善一国经常账户结余。在贸易开放过程中，人口结构变动对于国际资本流动也产生了重要影响，而有关学者对于两者关系的研究也相对较多。其中一些学者基于戴蒙德模型（OLG 模型）作为探究人口结构变化的基本模型，由此研究相关关系。OLG 模型探究发达国家人口结构变化与国际资本流动间的影响，并分析以及预测其影响关系，发现人口结构变化和国际资本流动呈现倒"U"形关系。Brooks（2003）同样由 OLG 模型发现人口结构的变化将会对国际资本流动产生显著影响，并模拟模型中相关关系，得出结论，发达国家人口结构的变化促进了储蓄率提高，促进了向发展中国家的资本流动，但是随时间推移，"人口红利"比较优势相对减弱，人口结构变化至后期，人口老龄化不断加剧，发达国家的负储蓄将使得资本积累减少，从而发达国家的资本输出减少。由此可见，人口结构变化导致资本流动的倒"U"形变化。此外，国内相关学者也对其相关关系进行了探究。吕建兴和孙文凯（2015）构造1993—2012年全球98个国家和地区的面板数据研究发现，人口年龄结构变化将会使资本劳动比和养老金规模提升，促进资本流出。

（二）人力资本、劳动力技能结构变动与出口贸易

人口结构的变动将会在劳动力市场中引起人力资本结构的变动。人力资本结构影响着人力资本质量，因而将会影响一国能否成功推动产业升级，促进经济发展，以及提升贸易质量。从理论层面来讲，人力资本相对于工作岗位匹配度的高低影响着劳动力市场中的就业稳定性，而稳定的就业市场，有利于人力资本积累，有利于产业升级，有利于经济发展和贸易实力的提升。基于中国劳动力市场中具有代表性的农民工群体来说，由于农民工人数庞大，其频繁变动工作岗位将会对劳动力市场产生较大影响。邵敏和武鹏（2019）基于农民工视角，讨论农民工人力资本变动对于出口贸易的影响，结论表明，农民工频繁变动工作岗位使得我国无法形成足够规模的高技能产业工人队伍，也就难以推动产业体系有效升级，推动我国转变为贸易强国。

另有一些学者探究人力资本作为缓解劳动力成本上升的重要因素，其对出口贸易的影响。首先，"效率工资"理论认为，工资和劳动者的工作效率呈正相关关系。Shapiro和Stiglitz（1984）在博弈论框架中理论性地探讨工资水平如何影响劳动生产率的传导机制，也就是说，工人努力程度随工资水平而提高，进而提高劳动生产率。Krueger和Summers（1988）进一步研究发现，较高工资水平将会降低劳动者离职率，间接地相当于企业保证更高生产效率。其次，从企业对于人力资本的

配置角度来讲，劳动者技能的提升有利于企业降低对于劳动力投入的需求。Blatter 等（2012）指出，企业往往为寻找到与工作岗位适配的技能劳动力需要付出相应的搜寻成本，因而劳动力技能和资本通常互补（Kaiser 和 Siegenthaler，2016）。鉴于此，相对于非技能型劳动力而言，技能劳动力通常难以替代。例如，Verhoogen（2008）提出，在某些关键环节中，无法通过简单增加非技能型劳动力数量来替代技能劳动力。反过来，若大量使用技能劳动力，其对于非技能型劳动力的替代也并不是简单地一对一替代。因此企业更乐意支付较高的工资以维持更高质量的劳动力。由此可见，人力资本的变动将会对企业雇用劳动力产生相应影响：第一，劳动力技能的提升促进人力资本质量提高，进而推动技术更新升级，降低对非技能劳动力的需求。第二，通过技能劳动力替代非技能劳动力将会降低企业对于劳动力投入的需求总量。除此之外，人力资本的变动也会对某一地区就业和经济发展产生相应影响，以 Shapiro（2006）为代表的一系列研究发现，城市人力资本积累将会提升城市效率，促进当地就业和经济增长。对于人力资本如何作用于一国国际贸易，"效率工资"理论认为，高工资将激励劳动者产生更高生产率，所以在某种程度上说，工资的上涨并不一定意味着出口的下降。

二 中国劳动力结构与贸易开放

（一）中国人口特征及人口转型

中国人口特征的变迁伴随着人口转型和人口政策的调整，直接影响着劳动力结构的变动，继而对社会经济的发展产生影响，因而分析中国人口特征和人口转型的现状特征尤为重要。姚洋和余淼杰（2009）指出，人口转型是我国选择出口导向型发展战略的重要原因。图 3 - 4 为我国 1949—2018 年人口转型的变化趋势，自 1949 年我国出生率整体处于下降趋势，并因 1961 年的大饥荒出生率降至 18.02‰

的最低水平。在接下来的几年中有所好转，出生率开始上升，但自1964 年之后又持续下降。由于大饥荒后出生的人于 20 世纪 80 年代进入生育期，并且伴随着这段时间部分地区计划生育政策有所松动，引致此段时期出生率有所上升。从死亡率趋势线分析，由于大饥荒导致死亡率大幅上升，并在此之后迅速下降，自 1996 年后死亡率保持基本不变趋势。从上述现状分析可知，此前几十年我国一直处于高出生率、低死亡率以及高自然增长率的"人口红利"时期，但是人口也因计划生育的施行被大量压缩。因而我国在这一时期的人口特征为，大量农村剩余劳动力和较低人口抚养比。逐步进入 20 世纪后期以来，我国人口特征也发生了一定变化，相应伴随着人口转型的发生，如今我国人口转型为低死亡率、低出生率以及低自然增长率的"三低"模式。

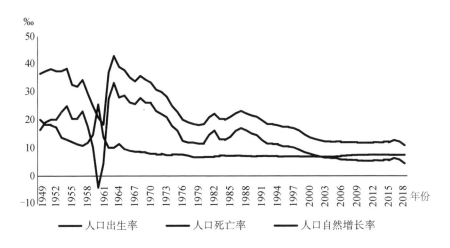

图 3 - 4　1949—2018 年我国人口转型变化趋势

资料来源：作者根据《中国统计年鉴》的数据绘制而成。

根据世界银行发展指标数据库的资料显示，2019 年世界主要地区及其人口抚养比分别为，欧盟（55.36%）、美国（53.28%）、南亚（51.79%）、拉丁美洲和加勒比海地区（49.24%）、沙特阿拉伯

（39.43%）。我国的人口抚养比在 2020 年为 45.9%，在世界主要国家地区中处于相对低水平阶段。

从世界发达国家的经验来看，随着经济的发展，人口的自然增长长期来看是下降的趋势。中国也呈现出这一趋势，人口生育政策的改变，虽然减缓了这一下降的趋势，但可能不会改变这一趋势，因此，从长期看，劳动力的供给数量将会下降。

（二）就业结构变迁与贸易开放

一方面，从行业内就业结构变动角度分析，由于中国劳动密集型产业多集聚于制造业，因此研究制造业中劳动力人口的就业变迁具有一定代表性。根据中国工业企业数据库数据，对比 1998—2007 年制造业国有企业和非国有企业就业人口比重数据：1998 年制造业国有企业就业人口占比为 90.42%，而 2007 年该比例降至 25.45%。相反地，制造业非国有企业就业人口比重不断上升。基于上述事实数据，可以从制造业行业间以及行业内两个角度分别分析制造业国有企业就业比重下降的原因。第一，制造业行业间就业人数变化。国有企业占比高的行业中一些劳动力转移到国有企业占比低的行业，从而导致国有企业就业人口比重下降。第二，制造业行业内就业人数变化。劳动力行业内跨部门转移到非国有企业，引致制造业非国有企业就业人口增加。相应地，观察中国中间产品进口关税变化的典型事实，中间产品进口关税值持续下降。其中，制造业各行业中间品进口关税下降幅度较大，且下降幅度较大行业均出现在初期时段关税水平越高的行业。这在一定程度上说明了，在贸易开放发展当中，这些初期受到贸易保护的行业并没有持续性得到保护。因而，可以利用中间产品进口关税的下降幅度，来度量贸易开放程度与制造业就业结构变化。由中国典型事实来看，制造业国有企业就业人数占比下降幅度大的行业，均集中于中间产品进口关税同样下降幅度大的行业。由此可见，行业贸易开放程度与国有企业就业人数占比呈负向关系。

　　另一方面，从中国城镇化比例分析就业结构变动情况看，图3－5为2000—2018年中国剩余劳动力占劳动力总数比重变化趋势，该比重在样本区间内曲折上升，在2005年前后以及2010年前后有大幅下降趋势，并在2016年后大幅上升，这与我国"人口红利"逐渐消失密切相关，并且也与我国城镇化现状息息相关。城镇化是指农村人口转移到城镇，第二产业以及第三产业不断向城镇集聚，从而使得城镇规模扩大的过程。但受制于我国制度及社会性原因，导致我国城镇化发展进程长期落后于工业化发展，需求创造功能无法充分发挥，工业化引致的过剩产能无法实现内部消化。根据各年统计年鉴显示，我国的城镇化率始终低于工业化率，并且在1966—2003年，城镇化与工业化之间的差距不断扩大。这种差距变化自2003年后稍有缓解，逐步相对稳定。

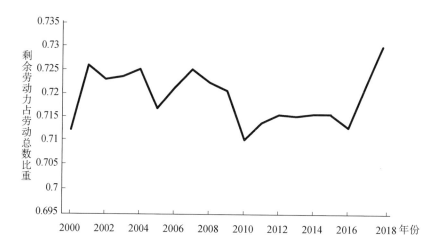

图3－5　2000—2018年中国剩余劳动力占劳动力总数比重

资料来源：作者根据《中国统计年鉴》的数据绘制而成。

第三节　劳动参与率与贸易开放

　　劳动参与率是指在一国中经济活动人口（包括就业者和失业者）

占劳动年龄人口的比率，是用来衡量人们参与经济活动状况的指标。
该指标值过高或过低都会对国民经济产生不利影响：过低，社会经济
缺乏发展动力，走向停滞；过高，又会给就业市场带来压力，造成劳
动力市场供给大于需求，失业率攀升。劳动参与率是个经济问题，也
是个社会问题，关系到个体、企业等微观行为主体，也关系到经济增
长等宏观问题，影响因素众多。随着中国贸易开放程度不断加深，劳
动力市场中劳动参与结构也随之发生深刻改变。一方面，人口结构以
及劳动参与率的改变会对实际利率、汇率等贸易开放指标产生重要影
响（庹思伟和周铭山，2020）；另一方面，贸易开放改变了社会中不
同群体的劳动参与情况，利率、汇率等因素也会对劳动参与率产生影
响。马丹和王鹏（2021）基于1997—2017年跨国面板数据进行实证
研究，就发现了实际汇率通过影响劳动力需求，进而影响劳动参与
率：升值会降低劳动参与率，贬值则提升劳动参与率，其中中低收入
国家实际汇率变动对劳动参与率的影响更显著。而经济发展水平、就
业机会和教育等对劳动参与率具有正向影响，而抚养比和城市化率具
有负向影响，其中，经济发展阶段、教育（高等教育）和城市化水平
对女性的劳动参与率影响更大（侯婉薇，2018）。尹文耀和白玥
（2012）基于世界劳工组织和联合国发布的劳动力参与相关数据，选
取经济、教育和人口三项指标，对当代以来不同性别劳动力参与水平
及其模式变化趋势及影响因素进行分析，发现了这些因素对男性劳动
力和女性劳动力的参与水平的不同影响。贸易的开放与女性劳动参与
率之间关系更加突出，更具有研究意义。

一　劳动参与率与贸易开放

（一）基于家庭内部分工理论的视角

由于在20世纪50年代后半期劳动力市场中女性劳动力人数明显上
升，引起劳动力市场的劳动力性别结构发生显著改变，因而众多学者开

始关注女性劳动参与率的变动。其中，Samuelson（1956）和 Becker（1981）的新古典共同偏好模型以及 Manser 和 Brown（1980）的合作博弈溢价模型为研究女性劳动参与率相关理论奠定了模型基础。其中，家庭内部分工理论为研究的开展做出了重要贡献。贸易开放过程中国际贸易对于女性就业群体劳动参与率产生了较大影响。对于理论的机制探究，不同学者做出了不同分析。Fontana（2003）和 Fofana 等（2005）重点探究贸易开放对女性劳动参与率产生影响的机制，结论认为，贸易开放将改变商品相对价格，从而对女性群体就业产生影响，与前文中理论分析结论一致。从男性失业率方面来说，有些学者认为，该原因是男性失业率增加或者劳动力市场动荡所引起的，因而家庭收入减少，使得大量在家庭中参与分工的女性进入劳动力市场，女性劳动参与率随之增加。从家庭分工层面探究的理论机制，主要是为研究贸易开放对已婚女性就业影响奠定理论基础。Becker（1975）发现，随着竞争的不断增强，具有歧视性的雇用者会逐步被没有歧视性的雇用者超越。那么，贸易开放程度的不断增加，将会使得国内竞争更加激烈，此时如果劳动力市场上对于性别歧视的减弱，将会使得女性劳动者从中受益，从而也会增加女性劳动参与率。Wood（1991）从发展中国家视角，研究发现贸易开放会增加制造业中女性就业人数。Yahmed（2010）在其研究中将这种观点进一步拓展，即进口渗透程度的不断加深将会加剧国内竞争，那么同样地，对于国外市场来说，本国产品也将更易进入国外市场，从而增加企业边际利润，并且也会改善歧视环境。雷文妮和张山整理了1990—2012 年 196 个国家的面板数据进行了实证检验。检验结果表明，贸易开放提高了女性相对于男性的劳动参与率，改善了劳动力市场上的性别歧视状况，证明了1957 年 Becker 贸易开放导致产品市场竞争加剧，使得企业无法承受由于性别歧视所带来的高成本，进而降低劳动力市场上的性别歧视的观点。与此结论相反，也有一部分学者研究得到贸易发展对女性劳动参与率有明显的负向影响的结论。冯其云和朱彤（2013）

基于2001—2011年中国31个省份的面板数据，考察了女性劳动参与率下降的原因，重点探讨了贸易开放的作用，实证研究结果发现，贸易开放对中国女性劳动参与率具有显著并稳健的负向效应，作为弱势群体，女性较难被包含在贸易开放利益之中。赵宁和李永杰（2015）利用1990—2012年82个国家或地区的面板数据分析了贸易全球化对女性劳动参与率的影响。结果显示，总体上贸易发展对女性劳动参与率有显著的负向影响，相对于出口贸易，进口贸易的抑制作用更为明显，对15—54岁女性负向影响较大。

（二）基于行业间分工理论的视角

根据宏观经济学中生产要素与工资基础理论，生产要素在行业间可以自由流动，因而作为生产要素的劳动力在行业间流动过程中，将会导致贸易部门价格的变动，引起非贸易部门价格的变动，最终行业间工资相同。因而从这一角度出发，部分学者基于行业间分工视角，来探究劳动力重新分配下贸易开放对女性劳动参与率的影响。假设劳动力在行业间完全自由流动，那么贸易自由化的发展将会导致贸易的结构调整。在贸易结构调整过程中，行业间生产和资源重新分配将会影响性别间的分工，从而使女性劳动参与率随之发生改变。Galor和Weil（1996）指出，男性劳动力和女性劳动力是不完全替代关系，因而决定一国劳动力市场中性别劳动参与比率的是国家初始要素禀赋以及生产函数性质。除此之外，基于他们的模型基础假设下，在男性和女性拥有相同脑力情况下，男性拥有更多体力用于劳动，这就说明了，如果体力劳动的边际收益始终为正，那么男性劳动者就会比女性劳动者拥有更多收益，从而导致了性别间的工资差距。另外，如果假设有形资本同脑力劳动的互补程度高于有形资产同体力劳动的互补程度，那么经济体若在女性劳动密集的行业中逐步实施生产专业化，此时男性劳动者将会向规模扩张行业转移，将会导致资本的比率下降。由于脑力劳动和资本的高互补性，因而脑力劳动的边际产出也会随之下降，且往往下降幅度大于体力劳动。由此可见，在此种假设以及理论分析下，性别间的工资差距也将会拉大，并且会导致女性劳动者数量减少。

女性在传统加工产业中的工作中占有优势，如纺织业、服装业。Paul-Mazumdar 和 Begum（2000）研究发现，在孟加拉国的服装业，1998 年曾创造出约 200 万个工作机会，而女性占据了其中的 2/3；而 Nicita 和 Razzaz（2003）的研究证实，在马达加斯加，女性占据了 14 万名纺织和服装工人总量的约 3/4。在发展中国家参与贸易的过程中，劳动密集型的出口加工业更占优势，从而导致了这些国家贸易扩张中劳动力的女性化倾向。除此之外，服务业出口的扩张也是妇女就业扩大的有效途径，比如印度、加勒比地区和一些新兴工业化国家的信息加工部门（关凤利和孟宪生，2006）；再比如为生活提供服务的服务业，对技术和体力要求都比较低，且适合女性，因此增加服务业出口有利于提高女性劳动参与率（冯其云和朱彤，2013）。

二　劳动参与率与贸易开放

（一）中国的劳动参与率现状特征

诺贝尔经济学奖得主罗纳德·哈里·科斯曾讲过，"中国人的勤奋，令世界惊叹和汗颜，甚至有一点恐惧"。中国国家统计局根据世界银行 WDI 数据库的数据统计，计算得出 2019 年世界的劳动参与率为 66.4%，中国劳动参与率为 75.6%，美国劳动参与率为 72.6%，印度劳动参与率只有 52.1%，也就是说一个时常与中国比高低的国家差不多一半的国民待在家里。其中，世界的女性劳动参与率为 53%，中国为 68.7%，美国为 66.7%，印度只有 24.7%[①]，中国女性用实力撑起半边天。如图 3 - 6 所示。

---

① 数据来源于中国国家统计局《国际统计年鉴》。

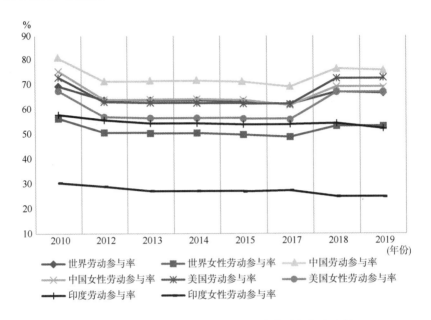

图 3 - 6　2010—2019 年世界主要国家劳动参与率比较

资料来源：作者根据《国际统计年鉴》的数据绘制而成。

从世界范围看，全球劳动参与率近 10 年都稳定在 60%—70%，女性劳动参与率在 48%—57% 浮动。美国 2010 年后的劳动参与率一直处在下降趋势，2017 年降到 61.5%，2018 年和 2019 年又恢复到了 2010 年的数值，均在 70% 以上，其中，女性劳动参与率也是先降后升，参与率较高。印度的劳动参与率一直处在世界较低水平，女性参与率更低，长期在 30% 以下。

我国是世界上人口最多的国家，劳动力供给异常丰富将是一个长期的经济特征（万相昱和张世伟，2008）。改革开放以来，我国经济社会发展取得举世瞩目的成就离不开劳动力要素的作用，其中很重要是得益于我国劳动人口的年轻化及较高的劳动参与率（侯婉薇，2018；张瑞红和朱俊生，2021）。经过四十多年快速增长，我国人口规模增速开始持续减缓，劳动年龄人口增长率逐渐下降，尤其是 2015 年以来一直处于负增长，人口红利消失论不绝于耳。2021 年国家统计局发布《第七次全国人口普查公报》，作出"人口红利依然存在"和"人口红利逐步向人才红利转变"的官方判断，这是因为中国的人口红利正从数量型人口红利向质量型人口红利转型（原新等，2021）。但人口增长率和劳动年龄人口增长率的双下降，势必会对劳动力供给及劳动参与率产生影响。我国自 2000 年进入了老龄化社会以来，老龄化程度不断加深，老龄化系数持续走高，2020 年为 13.50%，处于中度老龄化的靠后阶段（张瑞红和朱俊生，2021）。在这个新的阶段，中国似乎面临着"刘易斯拐点"的挑战，大量廉价、年轻的劳动力逐渐减少。老龄化、二孩与三孩的放开等因素不断冲击着中国劳动力的供给（侯婉薇，2018）。

一般说来，发展中国家因为出生率和自然增值率都较高，而教育水平和收入水平都较低，因此劳动参与率和女性劳动参与率都会比较高，而我国的劳动参与率和女性的劳动参与率都远远超过了最不发达国家和其他发展中国家。从数据上看，我国的劳动参与率一直较高，2010 年后虽然有所下降，但相比其他国家，仍然较高。2010 年我国的劳动参与率达到 80.4%，只有 20% 劳动年龄人口不参加工作，其中还包括大量的老人和学生，2017 年该数值降到 68.9%，但 2018 年又发生反弹，2019 年中国的劳动参与率为 75.6%，仍然较高。陈玲（2014）基于我国 1982—2010 年人口普查和人均 GDP 数据，利用 Granger 因果检验分析方法，发现劳动参与率与我国经济增长之间存在一种长期的均衡关系，经济增长会降低劳动参与率，同时劳动参与率和城镇可支配收入之间互为因果关系。

（二）中国女性劳动参与率现状特征

在中国，随着我国教育事业的发展，中、高等教育入学率的提高，技术进步推动社会对高技术劳动力的需求，以及高学历者较高工资收入的吸引，女性进入劳动市场的年龄推后，女性青年劳动参与率下降，导致女性劳动参与率下降（周庆行和孙慧君，2006）。尽管如此，我国女性劳动参与率高于世界其他国家和世界平均水平，除了教育因素，女性劳动力作为劳动力市场中的特殊群体，与二孩、三孩等相关生育政策的落实和发展密切相关，也在一定程度上对于出口贸易的发展产生了相当大的影响。从行业层面探究女性劳动参与率的变化，以探究微观典型事实，考察企业层面以及分地区层面女性劳动参与率与出口贸易之间的影响关系，进而挖掘企业层面女性劳动力变动与贸易之间的特征现状具有较大现实意义。

学者通过实证研究得到相反结论，总体上贸易发展对女性劳动参与率有显著的负向影响，其中进口贸易的抑制作用更为明显（赵宁和李永杰，2015；冯其云和朱彤，2013）。但大多学者的结论还是一致的。理论上，出口的扩张能够影响劳动力市场上的性别就业供给，或者通过改变行业的生产和资源的重新分配来影响劳动力的性别构成，最终影响女性的劳动参与率。从这个角度上来说，出口的扩张可以提高女性的劳动参与率，同时也会降低了妇女的生育率，对一国人口结构的转变产生影响。我国正处于人口转型期，人口老龄化与劳动人口急剧缩减，生育政策的调整，女性的劳动参与率必然受之影响。与此同时，对外贸易局势变化巨大，贸易政策不断调整，现阶段，不应再推行出口导向型政策，尤其是不应再盲目扩大低技能企业和劳动密集型行业的出口（钱学锋和魏朝美，2014），升级改造对外贸易结构的同时，缓解中国人口困境。

贸易的发展对劳动力性别的需求主要体现在手工操作上，更多的手工操作工作，需要女工，因为女工更能坐得住，而且女工的管理成本相对于男工可能也会低些。但女工因为结婚生育的问题，工厂对已婚女工的需求与未婚女工的需求相比要小。在加工贸易中，劳动密集型生产占比大，而其中主要是对女性劳动力的需求大，从东莞、深圳改革开放以来的人口性别比来看，就可初步判断出这种特点。是生产的方式与特点，决定了劳动力的需求。

　　在总人口数量和人口结构一定的情况下，劳动力供给的增加，既受工资率的影响，但同时也有文化、习俗等的影响。贸易的发展对劳动力供给的影响是多方面的，贸易的增长可能在一定程度上增加劳动力的需求，并刺激供给的增长，劳动力个人收入的增长，会增加对人力资本投入的增长。同样，企业因贸易收入增长，也会带来企业增加对劳动力的人力投入，为经济的长期发展及劳动力个人的长期稳定发展提供前提和条件。

第四章　贸易与劳动力市场均衡

　　劳动力市场均衡是市场出清的一种劳动力市场状态。市场条件对于市场的均衡具有重要影响，理论上劳动力市场均衡分析一般从完全竞争条件入手，再到垄断条件，进而推广到更为一般的市场条件。因此，本章在对均衡与非均衡概念进行厘定的基础上，主要对完全竞争条件下的劳动力市场均衡与非均衡进行分析。同时，研究贸易和劳动力市场均衡两者之间的关系绕不开劳动力的供给和需求，劳动力市场供求状况不仅能反映整个经济的运行状况，同时也可以用于劳动力市场的均衡判断。因此，明确和识别劳动力市场供求状况的衡量指标，对理解本章内容具有重要意义，本章主要从失业率和求人倍率两个方面对劳动力市场供求状况衡量指标进行了介绍。由于失业率的概念在研究中使用较为广泛，因此基于对劳动力市场均衡的基础研究，从对外贸易与失业的关系入手，并从要素禀赋、全要素生产率、制度环境三个角度出发，研究了贸易对劳动力市场均衡的影响，分析发现对外贸易能够通过一国（或地区）要素禀赋以及技术水平影响当地劳动力市场均衡，而且使用不同工资制度的地区其贸易发展对失业的影响也有所不同。基于贸易与劳动力两个维度，提出，一是要审视本国（或地区）要素禀赋，合理制定贸易政策；二是要提升劳动力素质，促进"人岗匹配"。

第一节 劳动力市场均衡

一 均衡与非均衡

"均衡"一词最初是物理学上的概念，其实质主要是指某个物体在同时受到两个及以上力的作用，但合力为零时所处的状态。将其引用在经济学上，则是指经济中各种变量的作用恰好相互抵销、暂时处于一种平衡状态而没有进一步变动的倾向。一般地，在经济学的文献中，"均衡"一词具有狭义和广义两种含义。狭义的均衡通常是指局部均衡，即假设其他市场不变的情况下，某一个单独市场的供给和需求达到均衡状态。狭义均衡的研究方法是把所考虑的某个市场从相互联系的整个经济体系的市场全体中"取出"来单独加以研究，很显然，这与经济运行的环境是相违背的。进一步，瓦尔拉斯提出一个更为合理的均衡分析概念———一般均衡。一般均衡是对狭义均衡的拓展，其实质是指在一个经济体系中，所有市场的供给和需求同时达到均衡的状态。

经济学中，非均衡亦称"非瓦尔拉斯均衡"，是针对瓦尔拉斯均衡而言的，是指在某一特定的商品市场和劳动力市场上价格调节不能促使供求均衡，经济行为人的购买或销售行为不仅受传统的价格信号的影响，而且还受到经济人在某市场上所遇到的供给和需求方面的数量约束，也就是说，在非均衡市场上需要通过价格信号和数量信号的共同调节最终可以达到均衡（王芳琴，2013）。换言之，非均衡就是指这样一个状态，在这个状态下某一经济系统的相互作用的变量，它们的值经过调整后，才能使该系统不再存在继续变动的趋势，经济处于稳定状态（袁志刚，1994）。

二 劳动力市场的均衡和非均衡

（一）完全竞争条件下的劳动力市场均衡

劳动力市场均衡，是指市场上劳动力供求相等，从而市场出清的一种劳动力市场状态（刘昕，2018）。市场条件对于市场的均衡具有重要影响，理论上劳动力市场均衡分析一般从完全竞争条件入手，再到垄断条件，进而推广到更为一般的市场条件。因此，本小节主要是对完全竞争条件下的劳动力市场均衡进行分析。

完全竞争条件是指企业所处的产品市场和劳动力市场是完全竞争的。也就是说，企业无论是在产品市场还是劳动力市场都是价格的接受者，产品市场的价格和劳动力市场的工资率不受企业控制。如图 4 - 1 所示，S 为劳动力市场供给曲线，D 为劳动力市场需求曲线，两线相交于 A 点，也即劳动力市场均衡点，A 点所对应的 W^* 和 E^* 分别为均衡工资率和均衡就业量。当劳动力市场工资率下降至 W' 时，劳动力需求量增加而供给量减少，劳动力市场出现劳动力短缺现象。这时，企业为获得更多的劳动力必须提高工资率，从而推动整体劳动力市场工资水平上升。在工资率上升的过程中，劳动力市场供求将发生变化：一是企业对劳动力的需求将会随着工资率的上升而下降，即企业对劳动力的需求量将从 G 点沿着劳动力需求曲线向 A 点收缩；二是随着工资率的上升，更多劳动力愿意进入这一市场从事经济活动，即劳动力供给量将从 F 点沿着劳动力供给曲线向 A 点增长。最终劳动力供求将在 A 点实现均衡，在这一点，劳动力供求双方都没有再进行变动的必要。

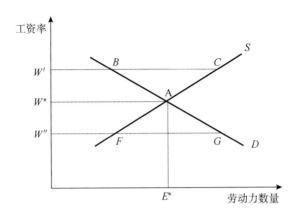

图 4 - 1　劳动力市场均衡分析

当劳动力市场工资率上升至 W' 时，劳动力需求量下降而供给量增加，劳动力市场出现劳动力过剩现象。此时，由于在工资率 W' 水平上，劳动力需求和劳动力供给是不相等的，也即劳动力市场处于非均衡状态，这种非均衡状态并不能持久，工资率最终将会回到 W^* 水平实现劳动力市场均衡。在工资率 W' 向 W^* 运动的过程中，劳动力市场存在两种情况：一是企业对劳动力的需求量将会随着工资率的下降而增加，即企业的劳动力需求量将会从 B 点沿着劳动力需求曲线向 A 点移动；二是由于工资率的下降，劳动者提供劳动力的意愿也会随之下降，即劳动力供给量将会从 C 点沿着劳动力供给曲线向 A 点收缩，直至劳动力供求在 A 点达到均衡。

（二）劳动力市场非均衡

从理论上看，劳动力市场可以达到均衡状态。但在现实生活中，劳动力市场非均衡状态才是经常的、绝对的状态。劳动力市场非均衡是指劳动力的供给量和需求量不相等，也即劳动力需求和劳动力供给需要经过一定的调节才能达到均衡状态。其原因主要是现实劳动力市场中存在各种各样阻碍劳动力市场均衡的因素，如劳动力市场信息的不完善、劳动力供求双方在劳动力市场中都有可能面临摩擦力（刘昕，2018）。

如图 4－2 所示，S 为劳动力市场供给曲线，D 为劳动力市场需求曲线，两线相交于 A 点，即劳动力市场均衡点，A 点所对应的 W^* 和 E^* 分别为均衡工资率和均衡就业量，此时劳动力资源配置处于帕累托最优状态。但在现实中，劳动力市场总是非均衡的，也就是说劳动力的供给和需求总是不相等的，劳动力的工资总是大于或小于均衡工资率 W^*。

三　劳动力市场供求状况衡量指标

一般而言，劳动力市场供求状况不仅反映了整个经济的运行状况，同时也可以用于劳动力市场均衡判断。因此，明确和识别劳动力市场供求状况的衡量指标，对理解本章内容具有重要意义。我们在研究劳动

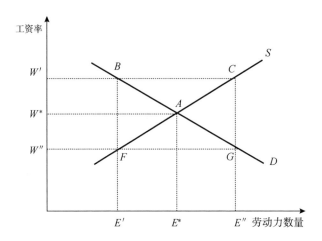

图 4 - 2　劳动力市场非均衡分析

市场供求状况时，最常用、最具有代表性的两个衡量指标分别是失业率和求人倍率。

第一，失业率。在明白失业率之前，先要说明失业是什么？依据国际劳动组织的标准，失业者是指在一定年龄范围内的且不工作、积极寻找工作且能够立即工作（到岗）的人。一般而言，失业率是一个和劳动力市场密切联系关联的指标，没有劳动力市场概念，也就无所谓失业率概念；因此，失业率应该是指一个劳动力市场中劳动力未被利用程度的度量指标，它要测度的是仍然附着于劳动力市场但当前未被雇用的劳动力数量（张车伟，2003）。为更真实反映劳动力市场运行状况，我们还强调自然失业率的概念。自然失业率是由瓦尔拉斯的一般均衡方程确定的失业水平，前提是其中嵌入了劳动力和商品市场的实际结构特征，包括市场不完善性、需求和供应的随机可变性、收集职位空缺和劳动力可用性信息的成本、流动性成本等（Friedman，1968）。这个定义暗含了自然失业率是均衡失业率含义。

在考察劳动市场的供求状况时，常用失业率这个指标。我国的城镇登记失业率，一直在 4% 左右，2003 年和 2009 年上升到 4.3%，2001

年和 2019 年最低，只有 3.6%。具体来说，2001 年我国城镇失业人口
681 万，失业率为 3.6%，到了 2019 年，城镇登记失业人口 945 万，失
业率波动中降到 3.6%，但受新冠肺炎疫情影响，2020 年我国城镇失业
人口达 1160 万，但失业率接近近 20 年峰值，达 4.2%①。

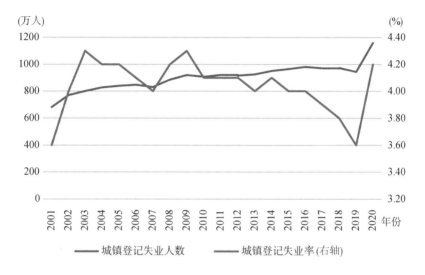

图 4 - 3　2001—2020 年我国城镇登记失业人数与失业率
资料来源：作者根据中国国家统计局的数据绘制而成。

　　第二，求人倍率。求人倍率是劳动力市场需求人数与求职人数之
比，它表明了劳动力市场中每个岗位需求所对应的求职人数（高永惠
等，2012）。当求人倍率大于 1 时表示劳动需求大于供给，小于 1 时表
示劳动需求小于供给，等于 1 时表示劳动力需求恰好等于供给。与失业
率一样，求人倍率也是反映劳动力市场供求状况的重要指标。不同的
是，求人倍率中既包括劳动供给也包括劳动需求两方面的信息，而失业
率中仅包含劳动供给单方面的信息；此外，求人倍率还可以用于直接具
体地考察各种不同产业、职业、用工形态（长期工或临时工）等方面

_____

①　数据来源于中国国家统计局。

的供求状况（王新梅，2012）。

求人倍率汇总了政府管辖的各个职业介绍机构的业务统计，可以用于直接具体地考察各种不同产业、职业、用工形态（长期工或临时工）等方面的供求状况，既包括劳动供给，也包括劳动需求两方面的信息，可以通过数值来预测经济景气状况。这些都是失业率指标所不具备的，鉴于此，我国正在完善并充分利用求人倍率来衡量劳动市场供求状况（王新梅，2012）。中国人力资源和社会保障部在 2021 年 1 月发布的《2020 年第四季度百城市公共就业服务机构市场供求状况分析报告》中指出，2017 年第四季度以来求人倍率始终保持在 1.2 以上，市场需求人数略大于求职人数。2020 年年初受新冠肺炎疫情影响，进场求职人员减少，第一季度求人倍率上升至 1.62；第二季度求职人数回升，求人倍率回落至 1.32；第三、第四季度市场用工需求增加，求人倍率保持上升趋势。报告中还指出，市场对具有技术等级和专业技术职称劳动者的用人需求均大于供给，各技术等级或专业技术职称人员的求人倍率均大于 1。如图 4 – 4 所示。

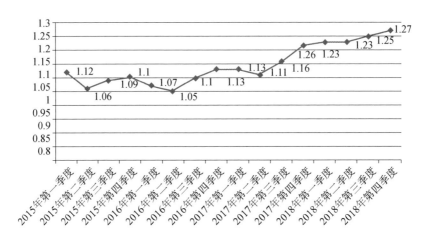

图 4 – 4　2015 年第一季度至 2018 年第四季度我国岗位空缺与求职人数比率变化趋势

资料来源：作者根据中国人力资源和社会保障部统计数据绘制而成。

第二节 贸易对劳动力市场均衡的影响

劳动力市场均衡是一种在劳动力供给和劳动力需求两方面作用下相对稳定的状态，研究贸易和劳动力市场均衡两者之间的关系绕不开劳动力的供给和需求。前文我们探究了衡量劳动力市场均衡的指标——失业率和求人倍率，其中，失业率的概念在国内的研究中使用较为广泛。因此，我们主要从对外贸易与失业的关系入手，进而探讨贸易与劳动力市场均衡的关系。

一 对外贸易、要素禀赋与失业

要素禀赋通常是指一个经济体所拥有各种生产要素的丰裕度。具体来说，当一国某种要素的供给所占比例大于其他国家同种要素供给比例且价格低于其他国家，则该国的这种要素相对丰裕，反之则相对稀缺。对外贸易发展与一国或地区的要素禀赋高度相关，而对外贸易能够对劳动力市场产生影响。因此，我们可以从一国或地区要素禀赋出发，探讨对外贸易和劳动力市场均衡的内在机制。

在理论研究方面，大多数学者在进行贸易和失业的研究时，通常将失业理论的搜寻匹配模型与国际贸易模型结合起来进行分析。搜寻匹配理论解释了在劳动力市场存在摩擦性这一前提下，失业者和企业如何搜寻匹配，以及探究降低劳动失业率的可能路径。不同于传统的充分就业模型，搜寻匹配模型允许劳动力市场存在失业。将搜寻匹配模型与国际贸易理论模型相结合的研究更贴合实际状况。早期 Davidson 等（1988，1999）通过将搜寻模型引入比较优势模型中以探究对外贸易和失业之间的关系，探讨了对外贸易、要素禀赋和失业三者之间的关系，为后续相关研究的开展提供了基石。随着搜寻匹配理论的不断丰富和扩展以及皮萨里德斯搜索匹配模型的提出，更好地刻画了对外贸易和失业之间的关系，到 21 世纪后，大多数学者研究对外贸易与失业的关系沿用皮萨里德斯的搜索匹配模型。Dutt 等（2008）在分析对外贸易和失业二者关系时，将搜索匹配模型分别纳入李嘉图模型和赫克歇尔—俄林（H－O）模型进行研究。研究发现，在不同的贸易模型中，对外贸易对失业的影响是不一致的。具体而言，在比较优势模型下，由于搜寻匹配效率的提高，对外贸易有利于失业率的下降；在 H－O 模型中，对外贸易与失业的关系在要素丰裕度的不同地方表现各异，在劳动力资源丰裕的国家，对外贸易能够降低该国的失业率，反之则会上升（Dutt 等，2008）。虽然文章没有直接论述要素禀赋和失业之间的关系，但从侧面说明了对外贸易与失业的关系在一定程度上也受要素禀赋的影响。此外，Albert 和 Meckl（2001）利用 H－O 模型和效率工资模型，同样发现贸易对失业的影响和各国要素禀赋有关。

在实证研究方面，Grossman（1982）利用 1967—1979 年美国 9 个制造业部分数据分析贸易和失业的关系，发现进口贸易只造成了一个行业大量工作岗位的流失，并没有显著影响其余部门的就业。在进口竞争性行业中，进口增加会明显导致就业减少，失业率上升（Kletzer，1998）。Jenkins 和 Sen（2006）通过对孟加拉国、肯尼亚、南非和越南四个国家的比较研究，发现在孟加拉国和越南两个国家，对外贸易和就业存在正向作用，相比之下，在肯尼亚和南非对外贸易不利于就业的增加。这可能和四个国家的要素密集度以及经济发展有关。国内有关对外贸易、要素禀赋和失业的研究多聚焦于不同要素密集度地区或行业的分析。Bhorat（2000）对南非发展中国家对外贸易与就业的一项研究显示，对外贸易尤其是出口贸易导致了大量的非技术工人失业。Carneiro（2003）通过对巴西的对外贸易与就业关系的研究表明，对外贸易带来的经济福利对贸易部门的部分技术工人会产生积极影响。

余官胜和马颖（2011）借鉴 Dutt 等（2008）的分析框架，利用我国省际面板数据，对中国贸易开放与失业之间的关系进行实证分析，研究发现贸易开放对就业的间接影响取决于一个地区的要素禀赋，在资本密集度高的地区，对外贸易将会增加失业，而在劳动密集度高的地区，对外贸易则有可能减少失业。占华和于津平（2016）在要素禀赋理论框架内构建贸易与失业的理论模型，实证发现各国的要素丰裕度在贸易与失业关系上起着关键作用。陈陶然等（2018）利用2002—2018年的海关数据和中国城镇住户调查数据发现，出口贸易的显著增长降低了劳动密集型产业主导地区的失业，对于资本相对密集的国有企业，正向出口的增长提高了东部地区资本密集产业主导地区国有部门的失业率。从服务业贸易角度来看，进口贸易对要素密集度不同的部门产生的就业效应千差万别。资本密集型服务进口显著地促进就业增长，而劳动密集型服务进口不利于就业的增长，这与我们之前的分析有所不同。其原因可能是，资本密集型服务中有很多中间投入服务，这种中间投入服务的进口可以帮助国内生产的最终产品适用出口市场，进而促进下游企业扩大生产规模，增加就业；而由于劳动密集型服务进口能够对国内同类型服务产生较强的替代效应，这种服务的进口就不利于就业的增长（李杨等，2015）。

结合 H – O 的理论模型以及我国国情，探讨我国对外贸易、要素禀赋与失业之间的作用机制。H – O 理论指出，基于完全竞争市场、两国技术水平相同、规模报酬不变、生产要素国家内部自由流动且需求偏好相同的前提假设下，各国应根据自身的要素禀赋合理的进出口。换言之，劳动相对丰裕的国家应当出口劳动密集型产品，进口资本密集型产品；资本相对丰裕的国家应当出口资本密集型商品，进口劳动密集型商品。我国作为劳动力相对丰裕的国家，对外贸易的发展必将带动劳动密集型产业的扩张以及调整，同时贸易还会通过加剧国内消费市场的竞争程度影响我国资本密集型企业的发展，进而影响我国劳动力市场的均衡失业率。从劳动密集型产业而言，由于我国是劳动力资源相对丰富的国家，且中低技能劳动力占很大一部分比例，出口贸易的扩张有利于劳动密集型产业发挥比较优势，增加对劳动力的需求。因此，我国对外贸易的发展有利于中低技能劳动力就业的增加，我国劳动密集型企业对低技能劳动力需求增加（盛斌和牛蕊，2009），降低了低技能劳动力的失业率。相对劳动密集型产业而言，资本密集型产业的就业分析相对复杂。一方面，由于我国劳动力资源相对丰富，进口贸易多以中间品、资本品等蕴含大量先进技术的资本密集型产品为主，在国内需求不变的情况下，进口贸易的发展必将会加剧资本品市场的竞争程度，缩减国内资本密集型企业的市场份额，进而减少对劳动力的需求。另一方面，资本密集型行业与上下游产业连接紧密，就业乘数效应较高，出口贸易的发展能够带动上下游产业就业（王有鑫等，2013），从这一个方面来讲，对外贸易也能提高资本密集型企业的劳动力需求。

从我国实际情况来看，自 21 世纪以来，尤其是加入世界贸易组织后，我国对外贸易迅速扩张。如图 4−5 所示，出口贸易由 2000 年的20.63 千亿元上升至 2020 年的 179.33 千亿元，增长了约 7.69 倍；与此同时进口贸易也得到了快速发展，同期进口贸易总额增加了 123.59 千亿元，增长了约 6.63 倍。城镇登记失业率总体呈现先升后降的趋势，

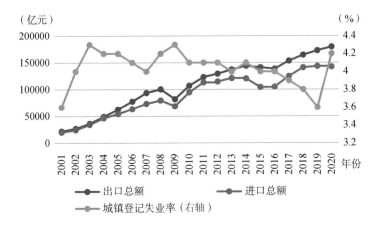

图 4−5　2001—2020 年我国进出口总额与城镇调查失业率情况

资料来源：作者根据国家统计局的数据绘制而成。

2000—2003 年，城镇登记失业率呈现上升态势，这可能与劳动力要素流动性较弱有关。2008 年和 2009 年受国际金融危机波及，失业率又有所上升，随后，伴随技术水平交通运输的快速发展，以及 2001 年我国加入世界贸易组织后，贸易效果初显，自 2009 年后城镇登记失业率变化趋势与进出口贸易变动趋于一致，失业率逐步由 2009 年的 4.3% 下降到 2019 年的 3.6%，就业情况逐渐向好，2020 年受新冠肺炎疫情，失业率又升至 4.2%。

为进一步探讨对外贸易和失业的关系，分析不同行业的要素禀赋对外贸易和失业的关系。以制造业为例，将 36 个制造业分为四大类，见表 4-1，分别为资源密集型、劳动密集型、资本密集型和技术密集型，具体方法参考黄先海（2006）。使用制造业中规模以上企业数据，依据要素密集度对各产业进行分类汇总，2003—2016 年，随着经济发展和科学技术水平不断提升，总体来讲，中国出口贸易的交货值都在上升，受 2008 年国际金融危机的影响，2009 年出口交货值出现明显下滑，2010 年开始稳定增长。其中，劳动密集型行业的出口交货值占比整体呈下降趋势，资本品密集型受到金融危机冲击最大，如图 4-6 所示，技术密集型行业的出口交货值远远高于其他类型，这是因为我国出口商品结构的不断优化（吕亚倩，2017）。

表 4-1　　　　　依据要素密集度划分的四类制造业行业

要素密集度	产业类型
资源密集型	煤炭采选业、石油和天然气开采业、黑色金属矿采选业、有色金属矿采选业、非金属矿采选业、木材及竹材业、电力煤气及水生产供应、煤气的生产及供应
劳动密集型	农副食品加工业、食品制造业、饮料制造业、烟草加工业、纺织业、服装及其他纤维制品制造、皮革毛皮羽绒及其制品业、木材加工及竹藤棕草制品业

要素密集度	产业类型
资本密集型	家具制造业、造纸及纸制品业、印刷业记录媒介的复制、文教体育用品制造业、石油加工及炼焦业、化学纤维制造业、橡胶制品业、塑料制品业、非金属矿物制品业、黑色金属冶炼及压延加工业、有色金属冶炼及压延加工业、金属制品业
技术密集型	化学原料及制品制造业、医药制造业、普通机械制造业、专用设备制造业、交通运输设备制造业、电气机械及器材制造业、电子及通信设备制造业、仪器仪表文化办公用机械、办公用机械制造业、其他制造业

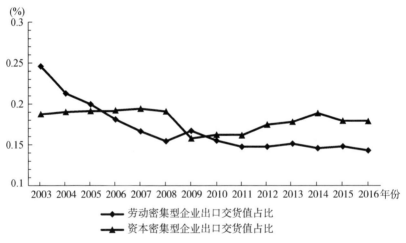

图4－6　2003—2016年我国劳动密集型和资本密集型制造业

企业出口交货值占比情况

资料来源：作者根据EPS数据库的数据绘制而成。

林霓裳（2010）将贸易商品分为资源密集型、劳动密集型、劳动—资本密集型、资本密集型和技术密集型产品五种类型，继而通过实证方法对贸易与就业的关系进行研究。研究发现劳动密集型产品的贸易在五类商品贸易中对国内就业起着最大的作用。

　　进一步以出口贸易就业弹性来分析贸易和失业之间的关系，贸易的就业弹性是用来衡量贸易额增加带动就业增长的指标，用某一时期的就业增长率与贸易额增长率的比率进行衡量。刘习平（2012）基于中国1978—2010 年的数据，对中国出口贸易、经济增长与就业关系进行实证研究，结论表明，出口贸易、经济增长和就业之间存在长期的协整关系，其中，出口贸易的就业弹性系数为 0.23，而 GDP 的就业弹性系数为 - 0.28。出口贸易的就业弹性系数为正，说明我国出口贸易每增加 1个单位，就业增加 0.23 个单位。同时，GDP 的弹性系数为 - 0.28，经济增长并没有对就业产生加速作用，而是减缓作用。林霓裳（2010）在其博士论文中计算了 1988—2007 年我国出口的就业弹性，得出绝大多数年间我国的出口就业弹性是正值，说明随着出口的增长，出口带动的就业数量也随之增长，从这点来看出口对我国国内就业是起到了促进作用的，然而在弹性大于 0 的年间，只有 5 年的弹性是大于 1 的，也就是说出口对国内就业的促进作用较大，而其余 9 年间的弹性均小于 1，说明出口带动的就业增长幅度小于出口的增长幅度，出口对就业的促进作用不是非常明显。还有 5 年的出口就业弹性是负值，这说明随着出口的增长，尽管出口业带动了一部分就业，然而带动的就业人数却并没有随之增长，相反则出现了减少。因此，我国出口带动就业的情况并非十分乐观，另外从趋势上看我国 20 年内出口就业弹性没有明显的变化趋势。

　　笔者参照 EPS 数据库整理了 2002—2009 年劳动密集型和资本密集型制造业贸易就业弹性情况见表 4 - 2。

表 4 - 2　2002—2009 年劳动密集型和资本密集型制造业贸易就业弹性

产业分类	2003 年	2004 年	2005 年	2006 年	2007 年	2008 年	2009 年
劳动密集型产业出口贸易就业弹性	0.48	0.49	0.41	0.53	2.39	0.211	0.34

续　表

产业分类	2003 年	2004 年	2005 年	2006 年	2007 年	2008 年	2009 年
资本密集型产业出口贸易就业弹性	0.28	0.17	0.19	0.29	1.11	0.02	0.25

资料来源：作者根据 EPS 数据库的数据整理得到。

二　对外贸易、全要素生产率与失业

全要素生产率，又称技术进步率，是指各要素（如资本和劳动等）投入之外的技术进步和能力实现等导致的产出增加（郭庆旺和贾俊雪，2005），也是用以衡量科技进步对经济增长贡献的指标（程中海和柴永乐，2021）。中国在经过"刘易斯转折点"并且"人口红利"面临消失的情况下，通过劳动力在部门间的转移所获得的资源重新配置效应，以及劳动力无限供给所赢得的稳定的资本报酬效应，都将逐渐消失。按照理论预期，中国的必然出路是把经济增长转到依靠全要素生产率，特别是与技术进步有关的生产率基础上（蔡昉，2013）。对外贸易能够带来技术水平的提高已成为共识，而全要素生产率的变动在一定程度上也会影响劳动力就业。

在理论方面，学者对外贸易、技术进步与失业三者之间关系进行了大量的理论探讨，且多数成果均发现对外贸易可以通过影响一国技术水平进而影响熟练劳动力需求。早期 Pissarides（1997）利用一般均衡分析法，研究了对外贸易、技术进步与发展中国家就业三者之间的关系，认为对外贸易促使技术从工业化国家向发展中国家转移，并且这种技术转移是技能偏向型的，增加了发展中国家熟练劳动力就业。Acemoglu（1998，2003）通过将对外贸易和偏向型技术进步结合起来研究南北国家的就业情况，认为对外贸易引发了技能偏向型的技术变革，进而改变了一国熟练劳动力需求。Zhou（2004）通过建立一般均衡模型，分析了周期产品贸易对一国劳动力就业的影响，认为周期产品的转移伴随着技术的转移，增加了发展中国家熟练劳动力的就业。单从技术进步与失业方面来看，技术进步直接影响失业状况（熊彼特，1999），Kreicke-meier（2006）通过建立一个一体化的两国世界模型（欧洲和美国）分析技术变化对失业及相对工资的影响，认为各国技术变动是导致国家间失业路径差异的重要原因，也就是说技术进步能够影响一国的均衡失业率。

在实证研究方面，Uysal 和 Yotov（2011）在 Melitz（2003）的理论框架上探究贸易自由化、企业异质性和劳动力失业的关系，认为从企业层面来看，企业生产率、贸易自由化以及它们之间的相互作用是企业裁员规模的关键决定因素。换言之，贸易自由化对失业的影响不仅取决于贸易自由化程度，同时也受全要素生产率的影响。对外贸易、技术进步和失业之间的关系大致可分为三类。

一是对外贸易加剧了国内市场竞争，促使本国企业通过防御性技术创新提高劳动生产率，进而导致失业率的上升（Greenaway 等，1999）。刘志成和刘斌（2014）基于企业异质性分析发现无论是出口企业还是内销型企业，全要素生产率的提高都会降低企业就业人数，扩大失业率。程中海和柴永乐（2019）基于 1990—2016 年新疆数据发现对外贸易、全要素生产率及就业存在长期相关关系，且进口贸易通过全要素生产率对就业产生负面影响。

二是部分学者认为由对外贸易所带来的技术进步是有偏的，这种技术进步增加了对熟练劳动力的需求（Berman 和 Machin，2000），也就是说对外贸易的发展有效地改善了熟练劳动力群体的失业情况。Thoenig 和 Verdier（2003）通过建立贸易和技术进步一般均衡模型，分析发现对外贸易能够通过技术进步间接地影响劳动力失业情况。Fajnzylber 和 Fernandes（2004）认为 FDI 和专利引进作为技能偏向性技术进步在国家间转移的重要途径，能够增加引进国对技能型人才的需求。就我国而言，中国技术进步朝偏向于技能劳动方向日益迅猛的发展（董直庆等，2014），由对外贸易这种外生的技术进步导致熟练劳动力需求的上升，换言之，技能偏向型技术进步将有利于熟练劳动力失业率的降低（刘玉海和张默涵，2017）。

三是由对外贸易所带来的技术进步对劳动力市场具有双重作用，其对劳动力市场均衡的影响取决于两种作用的净效应。Xu 和 Li（2008）利用 1500 家公司的样本数据发现出口扩张对技能劳动力需求有负的直接影响和正的间接影响。罗知（2012）利用 2000—2007 年工业行业面板数据分析发现出口贸易通过技术进步对失业的影响显著为负，而进口贸易的整体影响则为正向的。

关于对外贸易、技术进步和失业三者之间的作用机制，主要从两方面进行分析：一是对外贸易对技术水平的作用途径，二是技术进步对失业的影响机制。一般地，由贸易所带来的技术外溢是我国技术进步的重要途径之一，对外贸易主要以外商直接投资、对外直接投资、出口贸易和进口贸易四种技术外溢渠道影响一国技术水平。具体来说，外商直接投资和出口贸易都存在积极的外溢效应（王英和刘思峰，2008），进口贸易的技术溢出对我国技术进步同样存在显著的促进作用（方希桦等，2004；喻美辞和喻春娇，2006），主要通过技术传染效应、示范—模仿效应、竞争效应、关联效应、培训效应、产业关联效应等对国内技术进步产生深远影响。此外，我国外向 FDI 尤其是对 R&D 要素丰裕国家与地区的直接投资，具有较为明显的逆向技术溢出效应，其主要通过研发费用分摊机制、研发成果反馈机制、逆向技术转移机制以及外围研发剥离机制促进母国技术进步（赵伟等，2006）。技术进步和失业的分析相对复杂，从宏观上看，技术进步对失业影响大小主要取决于其所产生的就业挤出效应和就业补偿效应（安立仁，2010）。一方面，技术进步能够通过开发新产品、开辟新的生产服务领域和新的产业来创造新的就业岗位（姚战琪和夏杰长，2005）；另一方面，技术进步通过提高劳动生产率以及降低生产成本对就业产生挤出效应，技术进步对失业产生的影响取决于这两种效应的大小。综上所述，对外贸易能够通过提高全要素生产率进而影响劳动力市场均衡情况。

结合我国实际情况，以高新技术产品的进出口量作为衡量我国对外贸易中技术进步的指标。随着我国对外贸易规模的不断扩大，高新技术产品的进出口总量也在不断增长。如图 4 - 7 所示，高新技术产品的贸易总量由 2000 年的 895.5 亿美元增长至 2018 年的 14085.65 亿美元，增长了 14.7 倍；与此同时，高新技术产品在商品进口贸易总额比重也在逐年攀升，由 2000 年的 23.3% 上升至 2018 年的 30.5%，年均增长 2.7%。同期，高新技术产品的出口贸易额和进口贸易额分别增长了 7060 亿美元、6130 亿美元，年均分别增长 18.13%、14.15%；且它们在商品出口和进口贸易总额的占比也呈现逐年递增趋势。高新技术产品贸易作为我国学习和引进国外先进技术的重要渠道，不仅能够通过示范

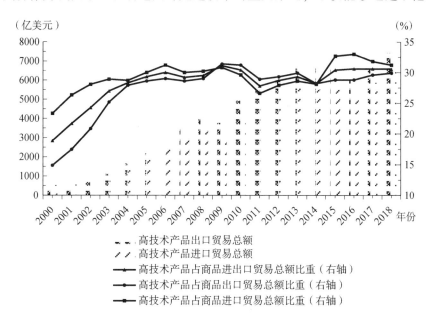

图 4 - 7　2000—2018 年我国高新产品进出口贸易情况

资料来源：作者根据国家统计局的数据绘制而成。

效应带动本部门技术水平的发展,同时也会通过技术扩散促进其他部门技术进步,实现整体技术水平的提升。进一步观察高技术产业贸易及其就业情况,如图4-8所示,2000—2018年,高技术产业对外贸易的发展与其行业从业人员之间整体上存在正相关关系,受金融危机和外企撤退的影响,小范围内呈现不同趋势。与此相对,失业和就业作为一个事件的两个方面,就业水平的增长意味着失业水平的下降,劳动力市场朝着均衡状态发展。

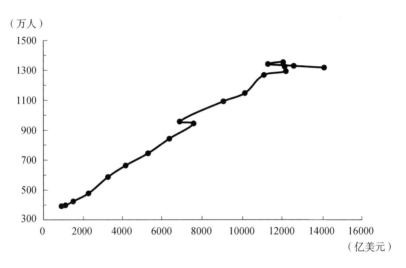

（万人）

（亿美元）

图4-8 2000—2018年高技术产业贸易与从业人员关系

资料来源：作者根据EPS数据库的数据绘制而成。

三 对外贸易、制度环境与失业

基于经典理论和文献的梳理,在这里我们说的制度环境只限于工资方面。分析对外贸易对失业影响的经典框架是将工资制度纳入国际贸易模型,包括最低工资制度和效率工资制度,且对外贸易对失业的影响方面也与工资制度息息相关。最低工资是指劳动者在法定工作时间内,提供正常劳动的前提下,用人单位应依法支付的最低劳动报酬（马瑄,

2015）。效率工资是指企业为了提高工人生产效率而支付的高于均衡工资的工资（林原，2012）。最低工资和效率工资都会对劳动力就业产生影响，造成实际失业率偏离自然失业率，促使劳动力市场偏离均衡。因此，从工资制度出发，探讨对外贸易和劳动力市场均衡的关系。

国外大部分研究在引入最低工资制度后发现对外贸易对失业产生不利影响，劳动力市场偏离均衡状态。早期 Brecher（1974）将最低工资与 H－O 模型结合起来分析贸易和失业的问题，认为一国发展对外贸易后可能将增加失业以及降低国内的福利水平，并且国外需求的增加可能会降低国内的就业和福利水平。Davis（1998）考察了欧洲和美国两地区在采用不同工资制度时发展贸易对各国就业和工资水平的影响，认为欧洲（采用最低工资制度）发展对外贸易相比封闭经济条件下的失业率将翻倍，且发展中国家参与全球化将提高欧洲的失业率，导致劳动力市场偏离均衡。Krueger（1983）在开放经济条件下研究了最低工资对城乡劳动力市场就业状况，指出城市地区最低工资的上涨将会引起资本要素的聚集，进而导致城市地区劳动力需求的下降，城市劳动力市场呈现非均衡现象。在引入企业异质性时，情况有所不同。在实际最低工资不变的情况下，价格下降导致名义工资下降，从而使生产率水平低的企业进入市场具有吸引力，新企业的进入增加了对生产工人的需求（Egger 等，2012），劳动力市场向均衡移动。

考虑效率工资模型，Matusz（1994）以效率工资模型为基础，建立一个同时包含失业和部门工资差异的两部门、两要素模型，研究贸易政策对失业水平和就业结构的影响，认为贸易政策的实施将会改变就业水平，且旨在吸引工人进入高工资、资本密集型出口部门的出口补贴可能导致失业上升以及产出水平下降。进一步，Matusz 还将效率模型和垄断竞争模型结合研究贸易和失业的关系，发现国际贸易所带来的中间产品的增加能够提高一国专业化生产水平，由此带来的生产率提高促进了劳动力工资的增长，从而放松了效率工资的限制，并允许就业的增加

（Matusz，1996）。Davis 和 Harrigan（2011）通过建立一个含有效率工资和异质企业贸易模型（Melitz 模型）（企业异质性垄断竞争模型）的分析框架，将产品市场波动和劳动力市场变化联系起来，发现多达 1/4 的现有"好工作"（平均工资以上的工作）可能在贸易自由化中被摧毁，失业率上升。Kamei（2014）通过将效率工资引入 GOLE 模型，发现贸易自由化促进了雇员实际工资的增长，同时也降低了劳动力市场的失业率。总体来看，无论是将最低工资还是效率工资引入贸易模型，由于学者所使用分析框架的假设条件以及工资制度的不同，对外贸易对失业的影响各不相同。

国内学者对于对外贸易、工资制度和失业三者关系的探讨较少，大多研究聚焦于最低工资与就业关系的视角。李太平和岑丹（2020）基于 2003—2018 年的相关数据，通过基准回归和稳健性检验，得到结论，最低工资的提升会对我国制造业就业产生较强冲击。王怀民（2009）认为新劳动法的实施（包括提高最低工资水平）导致劳动力成本大幅上升，使我国东部地区在劳动密集产品加工装配环节的比较优势丧失，次贷危机也使加工出口的外部环境恶化，劳动力市场失业问题严峻。周申和何冰（2018）通过构建以最低工资为门槛变量的面板门槛模型研究贸易开放对中国非正规就业的影响，认为当最低工资标准位于两个门槛值之间时，贸易开放对非正规就业具有显著的正效应。在纳入最低工资制度，对外贸易通过出口扩张效应和进口竞争效应促进了非正规就业的发展，与此同时，对外贸易对我国正规就业就有可能产生负面影响。有关最低工资与失业关系的研究主要分为两类。一是实行最低工资制度能够促进就业（傅端香，2011），可能的解释是最低工资政策的实行可能会对人力资本水平和劳动生产率的提升有促进作用进而促进就业（田贵贤，2015）。二是最低工资制度的实行对我国就业造成负面冲击（张五常，2006），最主要的论据是最低工资人为地提高了工资，导致劳动力市场非均衡。杨翠迎和王国洪（2015）的实证研究也表明最低工资对我国就业有一定抑制作用。此外，由于我国劳动力市场供给曲线相对国外较为平缓，工资的小幅变动也会带来较大的就业波动，相同的最低工资在中国会造成更多的失业（蔡昉等，2005）。

第三节 政策建议

就业作为第一民生，对于我国经济发展和社会稳定都具有重要作用。失业作为就业的另一面，同样也不容忽视。通过收集和梳理历年来对外贸易与失业的研究文献，从要素禀赋、全要素生产率、制度环境三个角度出发，对贸易和劳动力市场均衡的关系进行探讨。分析发现对外贸易能够通过一国（或地区）要素禀赋以及技术水平来影响当地劳动力市场均衡，并且使用不同工资制度的地区，其贸易发展对失业的影响也有所不同。我国劳动密集型产品具有比较优势，然而其优势并没有充分发挥，以低附加值的劳动密集型产品为主，而且该类产品贸易量占出口商品比例也出现了下降的趋势；近些年，我国技术密集型产业实力和国际市场竞争力不断增强，但仍以加工贸易为主要参与方式，创造价值与发达国家仍有差距；而资本密集型产品贸易大部分时间处在逆差，只不过逆差规模趋于缩小（林霓裳，2010）。从前面的研究成果，并结合我国贸易发展现状，为促进贸易发展并兼顾就业增长，提出以下建议。

第一，结合要素禀赋，合理制定贸易政策，充分发挥劳动力资源优势。自改革开放以来，随着我国对外开放力度的不断提高，对外贸易作为"三驾马车"之一，驱动我国经济快速增长。但扩大贸易开放并不一定能促进就业，各地区在制定更加开放贸易政策之前需审视本地区的要素禀赋和比较优势，否则有可能会造成贸易开放带来减少就业的负面效应（余官胜和马颖，2011）。大力发展劳动—资本密集型产品，对劳动密集型产品进行深加工和二次加工，提高劳动密集型产品的附加值，以发挥我国劳动力资源丰富的优势，保证就业，增加劳动者收入和产品在国际市场上的竞争力。

第二，提升劳动力素质，促进"人岗匹配"。对外贸易发展极大地提高了企业的全要素生产率，为实现经济社会以及劳动力市场的良性发展，需提高劳动力素质以保证全要素生产率与劳动力素质相匹配。具体而言，一是完善基础教育，切实普及九年义务教育，促进国民整体教育水平的提高；二是鼓励和发展职业技术教育，保障高技能人才的输送和供给；三是加强对现有劳动力技能培训，实现劳动力由低技能向高技能转变。

第三，通过技术溢出、竞争效应与规模效益，充分调动对外贸易对全要素生产率的提升作用，进而引导劳动力市场供给更多技术型人才。我国目前出口的技术密集型商品中，加工贸易所占比重较大，而具有自主知识产权和核心技术的产品所占比重较小。这就是我国技术密集型产品在出口中所占的比重越来越高，但是其所带动的就业的比重却没有明显提高的重要原因。在外贸过程中应鼓励技术密集型产品出口，加大各层研发费用的投入，提高科研水平和自主创新能力，扩大拥有自主知识品牌与核心技术的产品的出口比重（林霓裳，2010）。外贸中技术含量的提高必然带来全要素生产率的提升，而全要素生产率的提升，也会对人才的需求提出新的要求，从而影响就业，加大对技术型人才的需求量，引导市场加大对技术型人才的供给。

第四，政府在加快经济增长、缓解就业压力的同时，推动建立一个更优化地与经济发展水平及物价水平相联系的、反映劳动力市场变化的最低工资调整制度。循序渐进地调整最低工资标准，使企业有一个缓冲的过程。再者，政府可通过税收减免和就业补贴等财政政策缓解企业用工成本上升的压力。将我国普遍实施的最低工资标准制度转变为区域性最低工资标准、行业性最低工资标准及不同职业性最低工资标准相协调的一系列制度安排和政策工具（李太平和岑丹，2020）。

第五章　贸易与工资、收入

　　改革开放以来，我国的对外贸易迅速扩张，尤其是加入世界贸易组织后，中国的对外贸易，特别是出口贸易总额增速迅猛。虽然经历了金融危机等世界经济下行期，但我国的进出口贸易量与贸易额保持稳定上升的趋势。2000—2020 年，我国的出口贸易从 2.06 万亿元增至 17.93 万亿元，增幅接近 8 倍，年均增长率约为 36.69%，而同时期的进口年均增长率也超过 31%。对外贸易作为经济增长的引擎①，在中国四十多年来的经济持续增长中起着巨大的作用。如图 5-1 所示，在进出口总额增长迅猛的同时，我国的城乡居民收入也在迅速提高，2013 年我国城乡居民收入为 18311 元，短短 7 年，到 2020 年城乡居民收入已涨至 32189 元，年均增长 10.83%②，居民收入与对外贸易有着相同的增长趋势。那么，劳动者是否从我国对外贸易中受益？对外贸易又如何影响我国各个群体的工资报酬？这些问题的解答有助于更好地理解在国内外经济形势转变的情况下，我国如何继续发展对外贸易，运用好内外部资源以实现国强民富，改善民生的目标。

---

　　① 20 世纪 30 年代，经济学家罗伯特逊（D. H. Robertson）提出"对外贸易是经济增长的引擎"。

　　② 从 2013 年起，国家统计局开展了城乡一体化住户收支与生活状况调查，2013 年及以后数据来源于此项调查。与 2013 年前的分城镇和农村住户调查的调查范围、调查方法、指标口径有所不同。

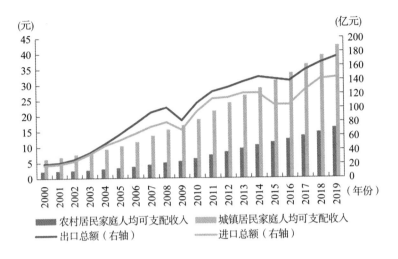

图 5 - 1　进出口总额与居民收入情况

资料来源：作者根据中国国家统计局的数据绘制而成。

第一节　对外贸易与工资增长

现有理论与实证研究对相关问题展开的分析，不管是从宏观还是从微观的角度，许多学者提出贸易开放能提高工资收入的观点。根据新古典贸易框架，对于劳动力要素相对丰富的发展中国家而言，贸易开放能够提高劳动力的收入。Bernard 等（1995）利用美国的微观制药业企业数据，分析发现出口企业比其他企业具有出口竞争和生产率优势，从而能够应对进入国际市场所带来的成本，为企业内工人提供更高的工资收入，出现了"工资溢价"现象。在此基础上，部分学者运用其他国家和地区的数据，也得出了贸易对工资有正向影响的结论，像发达国家中的美国（Bernard 等，2004）、瑞典（Hansson 等，2004），以及发展中国家如撒哈拉以南的非洲（Biesebrock，2005）等国家和地区，都出现了出口工资溢价的情况。而在我国，也有不少学者认为贸易提高了工资收入，例如张川川（2015）发现中国的出口不仅显著提高了制造业的劳动力工资收入，也带动了服务业从业者的工资收入增加。张志明等（2015）发现服务业进出口对服务业工资水平的影响跟企业与行业的异质性相关，总体影响显著为正。王秋红和李雅（2021）采用个体固定效应模型，从地区角度，就出口规模对工资水平影响的地区差异进行实证分析，结果表明，出口规模扩大对工资水平具有显著的正向作用，但是出口规模对工资水平的正向作用同样存在地区差异，对东部地区的正向作用最显著，其次为中部地区，对西部地区的正向作用最不显著。

贸易提高了劳动者对工资的集体议价能力。出口贸易显著提高了工人的工资集体议价能力，劳动收入占比增加；并且在出口方式为加工贸易的企业，可能由于加工产品具有较强的专业性，工人的议价能力相比于在一般贸易企业的工人的议价能力提高得更显著（Kramarz，2003；Leitner 等，2011）；在异质性产品部门，由于产品的技术含量较高，对劳动者的技术专业性要求更强，因此贸易对异质性产品部门的工人工资集体议价能力提高较同质性产品部门更显著（盛丹等，2016）。

虽然贸易极大地推动了我国的经济发展，但是出口贸易对提高劳动力的收入，提高工资增长率的积极作用还是受到不少学者的怀疑。就我国而言，在加入世界贸易组织后的一段时间内，我国出口贸易以劳动力成本较低的优势提高了在国际市场的竞争力和占有率，整体经济快速发展。但是这一出口扩张模式存在"低工资增长，高劳动生产率增长"和以加工贸易为主的特征，容易受到国际分工和国际贸易市场波动的影响，且出口规模越大，越阻碍国内工人工资增长率的提高，越抑制我国企业工资增长速度，尤其是劳动密集型行业的工人工资（包群等，2010）。

图 5 - 2 是 2001—2020 年我国出口贸易额与城镇单位就业人员平均工资指数的对比情况。由图可见，我国自加入世界贸易组织以来，出口额持续增长，2001 年出口总额为 22024.44 亿元，虽然 2009 年受国际金

融危机影响，曾有所下降，但到了 2020 年，出口额达到 179326.36 亿元，增幅达 7.14 倍。城镇单位就业人员的平均工资虽然每年都有增长，但增长速度不稳定。2001 年，我国城镇单位就业人员平均工资为 10834元，2020 年增长到 97379 元，增加了近 8 倍。从增长速度情况来看，却不尽乐观。选取城镇单位就业人员平均货币工资指数，以上年为 100，2001 年指数为 116.1，之后两年下降，2004 年又开始上升，2007 年达到峰值，达 118.5，随后曲折中下降，2020 年，该指数为 107.6，可见城镇单位就业人员平均工资增长速度并没有随着出口额的增长而稳步上升；相反，近 20 年的数字显示该速度总体是在减缓。

图 5 - 2　2001—2020 年我国出口贸易额与城镇单位就业人员

平均工资增长速度对比

资料来源：作者根据中国国家统计局的数据绘制而成。

毋庸置疑，贸易提高了各群体的工资收入，但贸易对劳动力工资的影响存在时间效应和群体差别。就时间效应而言，呈现出先增大后变小的趋势，并且该影响存在群体异质性，贸易开放初始阶段对高收入群体的工资提高作用明显，而之后对中等工资收入群体的正效应较强（王立勇等，2020）。对不同群体的收入进行研究后，张川川（2017）得出了出口对高年龄段、高教育水平、城镇户籍和女性制造业从业者的工资水平有更大影响的结论。总的来看，贸易对工资增长的效应可能由于劳动力群体不同而产生大小与方向不同的影响，即贸易对不同群体的工资收入产生的影响存在显著差异。

第二节　对外贸易与收入不平等

一　不同技能工人收入影响

对外贸易对居民收入的影响主要体现为对工人的工资收入产生影响，使得工人间收入产生差距。根据赫克歇尔—俄林理论和斯托尔帕—萨缪尔森定理，发展中国家，即劳动力资源相对丰富的国家或地区出口劳动密集型产品，导致进口国的低技能（或非熟练）工人失业率提高且工资下降，工人因技能差别而引发了收入不平等现象；而在出口国，劳动密集型产品出口的增加带来本国低技能工人就业率的提高，工资水平上升，从而能缩小工资收入差距。相反，若发达国家出口资本密集型产品，将使出口国的高技能（或熟练）工人的工资收入增加，同样扩大了收入差距。这些结论也得到了经验研究的证明（Mclaren 和 Hakoby-an，2010；Ebenstein 等，2011、2014；包群等，2011；李磊等，2011）。但对于劳动密集型产品出口国而言，随着贸易的增加，熟练工人和非熟练工人间也会产生收入差距（Verhoogen，2008；Topalova，2010）。依据目前绝大部分的研究，导致工人间收入出现不平等现象可以从两方面考虑，一是人力资本因素，如技能因素、学历因素等；二是企业的对外贸易结构与绩效差别。

（一）技能因素

工人自身差距的角度，即假设了劳动力市场是完全竞争的，劳动力具有异质性，工人的工资收入取决于能力等自身因素，主要由技能差别和学历高低产生。贸易开放使生产出口产品所需的劳动力需求迅速增加。短期内，劳动力供给保持稳定，出口增长一定程度上带动了相关行业劳动力工资收入的增加，而由于工人技能组成、受教育程度等的不同，使得熟练工人和非熟练工人之间的绩效、工资等出现差别；但短期内有可能由于工资价格黏性、关税保护等因素，使得公认的工资收入差距变化不明显。长期来看，当劳动力供给可以调整时，由劳动力供给曲线可知，均衡的工人工资收入不变，但是其他影响贸易和工资的市场因素也会发生变化，因而各技能群体间的工资收入差距的变动大小和范围也不能确定。而这一推导有助于分析已有文献中各研究对于贸易开放与工人收入差距的关系没有得到统一结论的原因。

国外学者对不同国家的对外贸易与高低技术工人之间的收入差距进行了分析，大多数得到了对外贸易扩大了二者收入差距的结论。Ar-bache（2001）对巴西的研究发现，尽管贸易自由化通过增加生产、降低国内物价、增加就业等促进了巴西的经济增长，但同样引发了对贸易部门高技术工人需求的增加，扩大了工资差距。Marjit 和 Acharyya（2002）发现斯里兰卡在1977—1985年严重的工资差距是由其采取的激进的贸易开放政策导致的，印度在以大规模的贸易改革和汇率改革为形式的开放过程中，也导致了工资差距的上升，而中国内地和香港地区工资差距的扩大也不可避免地受到贸易开放的影响。Goldberg 等（2005）研究了发展中国家贸易自由化和收入不平等的关系，发现贸易自由化在短期和中期内会降低低技能劳动的收入，从而扩大收入差距。

从中国情况来看，学者基于中国的数据研究得出对外贸易会扩大高低技能工人间工资收入差距的结论。这是由于对外贸易对高技能劳动力工资收入的积极影响大于对低技能劳动力的影响（李磊等，2011；李宏兵，2013）。这与中国的情况不满足传统贸易理论如 S – S 定理的条件有关（刘斌和李磊，2012）。一方面，中国处在二元经济结构中，大量的农业剩余低技能劳动力转移至现代工业部门，增加了现代工业部门的低技能劳动力供给，使得因对外贸易而增加的就业岗位可以被持续的劳动力供给补充，因此低技能工人的工资收入可能不会提高；另一方面，随着中国的贸易结构变得复杂，出口的产品可能需要匹配具有高技能或熟练的工人，增加对高技能劳动力的需求，高技能工人的工资收入可能因此会提高，收入差距会进一步扩大。例如，进口中间产品给熟练劳动力带来更显著的技术溢出效应和知识学习效应（喻美辞和熊启泉，2012），促进了劳动生产率的提高，从而增加了熟练劳动力的工资，拉大了工资收入差距或加剧了不同技能工人间收入的不平等。近年来，随着服务贸易的迅速发展，一些不能由劳动者的性别、受教育程度等个人特征得到完全解释的工资不平等现象可以由服务贸易开放得到较好的解释。王中华和梁俊伟（2012）认为在中国，工业行业的国际服务外包促进了就业，同样扩大了高技能劳动力与低技能劳动力之间的相对工资差距。

进一步从微观角度看，一是当贸易开放后，出口企业的销售和利润上升，如果技术工人具有更强的讨价还价能力，则将出现技术工人绩效工资的相对上升使其与非技术工人间的工资差距加大（陈波和贺超群，2013）。二是从技能本身出发，由于受教育水平一定程度上反映了技能的高低，因而有部分学者对高低学历组的工资差距进行分析，得出出口开放对高、低学历群体的工资均有促进作用，其中对高学历群体工资的促进作用比低学历群体高的结论（赵春明和李宏兵，2014），这与贸易开放对高技能劳动力的积极影响更明显相呼应。并且，根据以往对学历与性别有相关性的研究结论，部分学者认为女性在低技能工人中占比较大，尤其是在发展中国家，大部分女性劳动力的技术水平低于男性劳动力，即在贸易开放过程中，由于性别所反映的技能水平、劳动生产率高低等也会影响工人间的工资收入差距。卢晶亮和冯帅章（2015）认为贸易开放总体上拉大性别工资差距，特别是低技能劳动力的性别工资差距。这是因为相较于高技能部门的劳动力，低技能部门男性劳动力对女性劳动力的替代效应强，并且低技能女性劳动力的议价能力较弱，其劳动生产率较男性劳动力低，因此贸易开放拉大了低技能劳动力的性别工资差距，但在高技能劳动力部门，女性劳动力的情况则有很大的改观，因此贸易开放缩小了高技能劳动力的性别差距（刘斌和李磊，2012）。陈梅等（2020）则从产品贸易的类型出发，发现在考虑了中间品进口不同维度、异常样本点和内生性等问题后，无论是在促进女性就业还是缩减性别工资差异方面，中间产品进口均有助于促进我国劳动力市场上的性别平等，这一效果在资本密集行业和高技术行业、东部地区、对女性受教育水平高的地区以及外资企业中的影响更加明显。

（二）企业的对外贸易结构与绩效差别

自我国加入世界贸易组织以来，进出口额增加，我国整体的外贸依存度①在 2006 年甚至达到 0.65。随后整体的外贸依存度出现了下降，近十年虽然降幅明显，但仍保持在 0.3 以上，远远超过其他国家或组织如美国、日本和欧盟（近十年的外贸依存度均在 0.3 以下）。其间，制造业产品的贸易占据了我国对外贸易的主要部分，不仅我国的制造业得到发展，服务业与农业也随之提高。图 5 - 3 为对外贸易依存度与分行业城镇就业人员年均工资情况。由图可见，农业（用农林牧渔业代表）、制造业（以制造业、批发和零售业、交通运输业等为代表）和服务业（以租赁和商务服务业、金融业、信息技术服务业等为代表）的城镇就业人员平均工资均稳步上升，其中服务业的人均工资水平最高、增幅最大，而农业的就业人员年均工资较低、增幅也较缓和，行业间的收入差距明显。与大部分支持贸易促进工资收入增加观点的文献不同，从图中曲线的走势看出，贸易依存度虽然下降，但各行业就业人员的工

---

① 外贸依存度的计算：进出口总额占 GDP 的比重。

资均有不同幅度的上升。但由于图 5 - 3 未区分贸易的类型及结构，因此不能简单地根据该图来对贸易规模与工资收入之间的关系下结论。此外，贸易对不同行业的收入是否有明显影响也需要进一步研究。

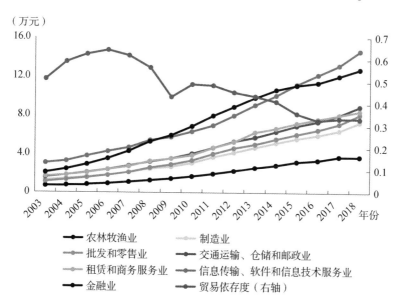

图 5 - 3　我国对外贸易依存度与分行业城镇就业人员年均工资走势

资料来源：作者根据中国国家统计局的数据绘制而成。

目前，已有研究对贸易扩张与企业间工资收入差距的相关性或因果关系进行了检验。有学者认为进口增长使美国企业面临严峻的需求竞争，从而降低了美国国内的制造业就业规模和相应的工资水平（Autor 和 Hanson，2013；Dauth 和 Suedekum，2014）。对于中国而言，刘灿雷和王永进（2019）将企业对员工支付的工资分解为利润分享和技能组成工资后发现，出口规模扩张主要通过利润分享机制扩大了工资收入差距，但对技能组成工资的影响较小，也即企业的绩效对工人工资收入差距扩大起主要作用。但也有学者认为我国的对外贸易缓和了工资分布不平等状况，而这主要是通过相对提高低工资企业劳动力的技能溢价来实现的（张杰和陈志远，2015）。总的来说，对外贸易企业的创新能力越强、生产率水平越高，企业绩效越好，则其工资溢价越明显（孙敬水和丁宁，2019），对收入以及收入不平等情况的影响也越显著，因为这类企业在开放竞争的条件下资本积累速度更快，在资本技术互补的假设下，高技能劳动力需求必然增加（汤学敏，2021）。

另外，学者也根据不同的行业情况和贸易类型进行分析。李佳和汤毅（2019）认为贸易自由化减小了行业内的工资收入差距，这主要是通过提高行业内低工资企业的工资水平，同时降低行业内高工资企业的工资水平而实现的。在制造业上，王苍峰和司传宁（2011）使用我国的制造业行业普查数据，实证检验发现进口和低技术行业的出口都能缩小我国制造业的相对工资差距；而技术水平较高的产品（如新产品）的出口和非港澳台地区的外资企业都会扩大我国制造业的工资差距。喻美辞和熊启泉（2012）同样研究了中间产品进口的技术溢出对我国制造业相对工资差距的影响，结果发现中间产品进口提高了我国制造业熟练劳动力的工资，扩大了工资差距。在工业上，滕瑜和朱晶（2011）使用我国工业部门的 31 个细分行业数据分析得出，中间产品贸易对熟练劳动的相对工资存在显著的正向影响，从而扩大了工业行业的相对工资差距；而最终产品贸易对熟练劳动相对工资却存在负向影响，熟练劳动与非熟练劳动的工资差距因此会缩小。随着我国中间产品贸易的发展，中间产品贸易占总体贸易比重不断增加，中间产品贸易的影响大于最终产品贸易，最终从总体上看，我国熟练劳动力和非熟练劳动力工资差距进一步扩大。对于高新技术产业，单希彦（2014）的研究认为，不管是在技术密集型行业还是非技术密集型行业，中间产品进口贸易都扩大了对该行业熟练劳动力的需求，从而提高熟练工人工资，显著扩大了熟练工人与非熟练工人之间的相对工资差距，而这一效应在技术密集型行业中更明显。但是，杜威剑和李梦洁（2017）认为在高技术行业中，出口对企业内熟练工人与非熟练工人之间的工资差距的影响不显著，反而是中低技术行业内，企业中不同类型劳动力工资差距显著提高，且持续性更强，因此总的来看，出口对熟练工人和非熟练工人之间的工资收入差距的影响在短期内不显著，在长期中扩大了工资收入差距。对于服务业，滕瑜和迟睿（2016）认为服务贸易进口会增加高技能劳动力的相对工资，不利于中低等技能劳动力相对工资的提高，从而扩大了高技能与中低等技能劳动力间的收入差距；但服务贸易出口的效果则相反，缩小了高技能和中低等技能劳动力的收入差距。

二　城乡居民收入差距

收入不平等还存在于城乡间。根据图5-4可知，贸易依存度与城乡收入比的趋势基本一致。在外贸依存度上升（或下降）的年份，城乡收入比也在上升（或下降）。但若从贸易的进口与出口趋势来看，进口贸易和出口贸易与城乡收入比的走势并不一致。因此，不少学者也对这些现象进行了研究。

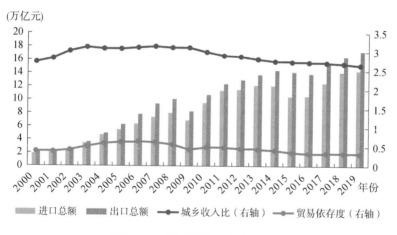

图5-4　对外贸易与城乡收入比

资料来源：作者根据中国国家统计局的数据绘制而成。

我国加工贸易占贸易总额的份额较为稳定，比重也较大，但加工贸易对城乡收入差距的影响比较复杂。加工贸易活动引起了农村剩余劳动力从农业部门流向城市部门，这些外出打工者又将在城市加工企业获得的报酬寄回农村老家，提高了农村的人均收入，缩小了城乡收入差距。但是，如果以户籍人口来计算人均收入，伴随有机资本构成提高，劳动报酬在 GDP 所占比例下降，实证结果显示，加工贸易活动引起的劳动力流动未能缩小我国的城乡收入差距。随着农民工的代际更替，加工贸易活动将会进一步拉大城乡收入差距（王怀民和王子睿，2018）。王东和王新（2013）也曾指出，在国际贸易和 GDP 快速增长时，普通劳动者，尤其是农民工工资相对于 GDP 增长缓慢，并导致了全国劳动报酬占 GDP 比重持续下降、消费不足和内外经济失衡。中国的外向型经济已经进入了一个拐点，需要重新审视"加工贸易带动经济增长"的比较优势路径。

随着中国的贸易规模增加和贸易结构的调整，市场对熟练劳动力的需求提高，而高技能或熟练劳动力更多地集中在城镇，在这一背景下，城镇劳动力收入将随着贸易开放的规模和结构优化的发展而得到提高，进一步拉大了城乡收入差距。鲁晓东（2007）通过对中国 21 个省份 1995—2005 年的面板数据进行实证分析，确实发现了对外贸易对中国的收入分配状况存在显著影响，这些影响呈现出城乡差异性，尤其是出口规模的持续扩张导致中国城乡收入差距扩大（沈颖郁和张二震，2011）。出现这一现象的原因，一方面，从贸易自身的情况出发。孙永强和巫和懋（2012）认为出口结构优化提供了城市熟练劳动力的需求与工资，而相应地压缩了农村非熟练劳动力的需求与工资，从而拉大了城乡收入差距。另一方面，从影响我国经济发展的其他因素出发。曾国彪和姜凌（2014）基于 CHNS 数据，研究发现劳动力流动障碍是造成我国贸易开放对收入差距和贫困的影响与传统贸易理论相悖的重要原因。具体来说，贸易开放减少了城市贫困，但对农村贫困没有显著影响，即贸易开放在劳动力要素流动较高的地区有利于缩小收入差距和降低贫困。

相反，也有部分学者认为贸易开放有助于缩小城乡收入差距。在考虑地方政府竞争因素后，孙华臣和焦勇（2017）发现贸易开放能够调节因地方政府竞争所带来的城乡收入差距，这是因为贸易开放弱化了地方政府竞争对城乡收入差距扩大的激励作用。而贸易开放对城乡收入差距的正向影响这一积极效应在我国中部地区效果最明显、东部次之、西部最小。这主要是由于中部地区的贸易方式主要为一般贸易，产品结构集中在劳动密集型的农产品和纺织品（徐芳芳，2015），从而对较低技能劳动力或农村剩余劳动力的需求变大，有利于缩小城乡收入差距。对于对外贸易与城乡收入差距的两种关系，魏浩和赵春明（2012）解释为就业数量扩大效应有利于缩小城乡收入差距，而就业质量偏向效应扩大了城乡收入差距，因此对外贸易对我国城乡居民收入差距的影响就是就业数量扩大效应和就业质量偏向效应这两种效应的综合；并且他们分析得出进出口贸易的发展都扩大了城乡收入差距，影响程度都表现为先下降、后上升的基本态势（魏浩和耿园，2015）。

目前大部分文献集中关注贸易结构与贸易规模对城乡收入差距的影响，但是，除了关注城乡收入差距外，从各群体福利的角度出发，也应该对对外贸易与城镇居民内部收入、对外贸易与农村居民内部收入的关系进行研究。例如，张川川（2015）运用我国的微观人口数据和贸易数据，发现我国加入世界贸易组织后的几年内，出口增长显著增加了城市内部的收入不平等。图5-5和图5-6分别为我国对外贸易依存度与城镇居民收入分组、对外贸易依存度与农村居民收入分组的走势情况。由于其他收入组别的走势类似，故在城镇居民收入分组和农村居民收入分组中选取了中等及高等水平的收入户来反映各收入组与贸易依存度的关系。由图可知，不管是城镇居民的收入还是农村居民的收入，对外贸易与各收入组间在2006年前的趋势相同，均为上升，在2006年后，二者的关系并非简单的线性关系。因此，对外贸易对城乡收入差距、城镇居民内部收入差距与农村居民内部收入差距的关系可能较为复杂，需要建立相应的分析框架来找到其中的相关性。

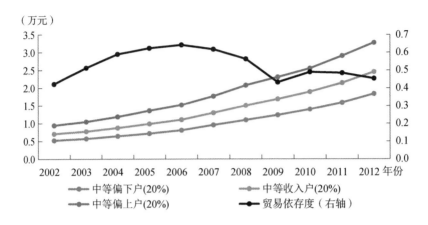

图 5-5　对外贸易依存度与城镇居民分组人均纯收入情况

资料来源：作者根据中国国家统计局的数据绘制而成。

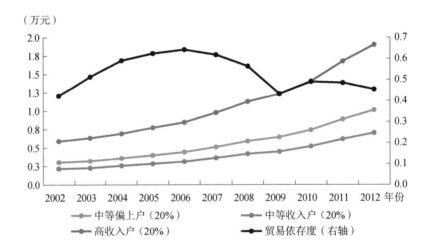

图 5-6　对外贸易依存度与农村居民分组人均纯收入情况

资料来源：作者根据中国国家统计局的数据绘制而成。

还有学者从城乡收入对贸易发展的影响入手，研究反向影响。周玲和胡俊华（2021）利用中国 2011—2018 年城乡收入差距与进出口贸易面板数据，使用固定效应回归方法分析城乡收入差距对贸易发展产生的影响，结果显示，城乡收入差距的扩大显著地抑制了贸易发展，具体来说，城乡收入差距的扩大对东部地区贸易发展的影响不显著，而对中西部地区贸易发展依然产生显著抑制作用。

三　区域间收入差距

分区域看，由于我国各省份的产业发展与劳动力情况有不同的特征，根据前文分析可知，贸易对相应的劳动力供给与需求在区域间必然存在差别。图5－7展示了2018年我国各省份的对外贸易依存度与不同行业的城镇职工平均工资的情况。在贸易大省如北京、上海、广东等省份，对外贸易依存度高，不仅服务业如信息传输业、计算机服务业等的工资水平与其他省份相比相对较高，而且在省份内部，服务业的整体工

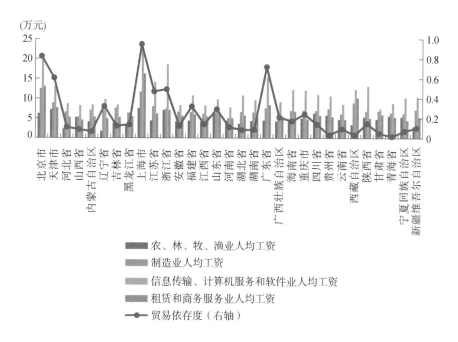

图5－7　2018年中国各省（直辖市、自治区）对外贸易依存度与
分行业城镇职工工资情况

资料来源：作者根据中国国家统计局的数据绘制而成。

资也比其他行业高。由该图可推测出,一方面,对外贸易对各省份的影响不同,必然使得区域间收入产生差距。另一方面,对外贸易对各省份中不同行业的影响程度不同,近年来服务业的职工工资水平增长明显,这也与我国的服务贸易发展息息相关。而目前,已有不少学者对贸易与区域间收入不平等的关系展开研究。

邓明和周慧(2021)使用1999—2007年的中国城市数据进行了实证检验,发现贸易开放度的提高对工资水平的影响在大城市要高于小城市,产生区域性差异。王少瑾(2007)通过对中国1991—2004年的省际面板数据的实证分析,发现贸易扩大了中国收入不平等的程度,但进口贸易与出口贸易对收入不平等的影响是不同的,进口贸易提高了各地区的收入不平等程度,而出口贸易则会缩小区域收入不平等。同样地,李振等(2015)利用2002—2008年中国省际层面的面板数据,分析贸易开放度和劳动力迁移对中国各地区居民收入不平等的影响,研究表明,贸易开放度高的地区,贸易规模不断扩大,贸易规模的扩大进一步提高了地区间的收入差距,人口流动在这一过程中起着重要作用,人口的迁出会加重该地区居民收入不平等的程度,人口的迁入有利于该地区居民收入的均衡。蔡宏波和刘志颖(2016)研究了出口贸易对我国民族地区与非民族地区收入水平的影响,结果发现,出口对于民族地区收入水平的拉动作用明显低于非民族地区,在一定程度上加剧了民族地区和非民族地区的收入差距。

此外,贸易结构也会对区域间收入不平等产生影响。出口贸易结构的优化在于推动资本密集型产品的出口,从而提高对城市熟练劳动力的需求和支付,同时压缩对农村非熟练劳动力的支付,扩大了城乡居民差距。分区域看,我国东部地区的对外贸易开放度较强,理论和实证研究均有表明贸易结构的优化对整体的工人工资收入的影响较中西部地区的大,但由于在东部地区从事劳动密集型生产的非熟练劳动力多来自中西部地区,出口结构的优化对收入差距,尤其是城乡居民收入差距的影响可能较中西部地区的小（孙永强等，2012）。陈怡和孙文远（2015）则从另一个角度印证了该结论，他们发现出口商品结构优化显著扩大了内陆地区城镇居民的收入差距，但对沿海地区城镇居民收入差距的影响不显著，即出口商品结构优化在不同地区城镇居民收入水平的影响强度上存在差别。这是导致我国地区间收入差距的一个重要因素。

第六章　贸易与劳动生产率

　　劳动生产率是经济学中的核心概念，是衡量产出绩效的核心指标。本章在对劳动生产率的内涵与外延概念进行介绍的基础上，从宏观和微观两个层面对贸易与劳动生产率的关系进行了研究，并从宏观层面和微观层面分别梳理了贸易影响劳动生产率的作用机理和主要实现路径，接着分析了中国劳动生产率演变历程，并结合数据展开贸易与劳动生产率的经验分析，以便从实证层面进一步阐释贸易对劳动生产率的影响，最后从贸易政策和相关配套政策等方面提出提升劳动生产率的政策建议。

　　劳动生产率是衡量一个国家或地区的经济发展水平和一个行业或企业的生产力发展水平的核心指标。这是因为劳动生产率与经济增长高度相关。从世界平均水平来看，劳动生产率增速加快时，经济增速也加快；劳动生产率增速回落时，经济增速也会减缓。但是，目前关于劳动生产率的内涵和外延解释存在一定的差异，二者的计量方法也明显不同。下文将从内涵与外延两个侧面对劳动生产率进行概念厘定，并对其相应的计算方法进行介绍。

　　劳动生产率也称劳动生产力，是指劳动的生产能力或效率。劳动生产率的高低有两种表示方式：一是单位时间内生产产品的数量，二是生产单位产品所消耗的劳动时间。单位时间内生产的产品数量越多，劳动生产率就越高，是企业生产技术水平、经营和组织管理水平、生产设备的组合和效能、劳动对象的状况及自然条件、劳动者的熟练程度和劳动积极性的综合表现（宋涛等，2020）。社会必要劳动时间决定着商品的价值量，为了获得更多的剩余价值，企业一般会自主提高企业自身的劳动生产率，降低企业个别劳动时间，只要单位商品生产的个别劳动时间低于社会必要劳动时间，单位时间内就可以生产出更多的产品，从而获得更有利的竞争地位。个别劳动生产率的积累必然带来社会劳动生产率的提升。从世界平均水平来看，劳动生产率增速加快时，经济增速也加快；劳动生产率增速回落时，经济增速也会减缓。就劳动生产率的内涵而言，界定十分清晰，指的是将投入转换为产出的生产效率，主要是表示同一时间不同国家或同一国家不同时期要素投入效率之间的差异。劳动生产率常用的计算方法包括单位时间内劳动者所生产产品的数量、生产单位产品所消耗的劳动时间。

但是，就劳动生产率的外延概念来说，测度模糊、方法多样且难以量化。在以往的研究中，包括用劳动生产率等单一投入生产率来度量、用资本—劳动组合投入生产率、全要素生产率等投入生产率来表示。宏观层面的估计方法有基于索洛的增长核算法、随机生产前沿估计法、数据包络分析法以及 Malmquist 指数法等；微观企业层面较常采用 OP 法、LP 法以及 ACF 等方法考察生产率。总的来说，经验研究中基于统计计算所得的生产率联结了产出与已知要素投入，等同于度量未知部分的"黑匣子"，因此难以用理论框架来表明该指标会受到哪些因素的影响。除了技术进步外，学者对"投入—产出"生产过程的认知，对要素投入的测算与估计过程中内生性问题都会影响到生产率。

在古典经济学中主要用劳动生产率表示经济增长的效率，而在新古典经济增长理论阶段，则主要采用全要素生产率表示。全要素生产率是衡量单位总投入的总产量的生产率指标，即总产量与全部要素投入量的比值，是企业所有各种投入要素的综合生产率。全要素生产率的增长率往往被视为科技进步的指标，来源包括技术进步、组织创新、专业化和生产创新等。而劳动生产率是指生产劳动者的劳动效率，相当于劳动者的生产成果与相应的劳动消耗之间的比率，作为一项综合性的经济指标，它能够反映出一定时期内劳动者创造使用价值的能力。

劳动生产率是产出与劳动投入的比值，而由于生产投入不止一种，还包括资本等要素，而全要素生产率则是产出与加权投入的比值。也就是说，全要素生产率增长比劳动生产率增长多考虑了资本及其他投入的增长因素。如果要研究贸易与劳动生产率的关系，就要考虑到这一点，综合各种因素。从这个角度上看，这里所说的本章所用的劳动生产率是一个广义上的劳动生产率，用来表示为资本深化和全要素生产率增长之和。下文的文献梳理将会加入贸易与全要素生产率的相关研究，在一定程度上说明贸易对劳动生产率的影响。

第一节　贸易对劳动生产率的影响

由于国际贸易并不能显著提高生产函数中的物质资本存量，因此国际贸易主要是通过技术水平和人力资本两个因素实现对生产率的影响。国际贸易促进技术进步的机制包括进出口竞争效应、出口干中学效应、进口数量效应和种类效应等。下文将从宏观层面和微观层面进行分析。

一　宏观层面

劳动生产率与国际贸易密切相关，根据李嘉图比较优势理论，劳动生产率的差异是各国发生国际贸易的动因。那么，国际贸易是否会影响各国的劳动生产率和以何种机制影响成为许多学者研究的问题。

（一）贸易与生产率的关系

新古典增长理论认为，通过规模经济、积累物质资本和优化配置资源，国际贸易能促进提升劳动生产率。而新增长理论认为劳动生产率的提升依赖国际贸易的技术外溢性和人力资本的学习积累。许多学者在实证研究中也得到了这一结论（王睿哲，2019）。李佳和汤毅（2019）发现，贸易开放通过影响技术进步显著促进了中国省际全要素生产率的提高。张志明等（2019）从总体来看，嵌入亚太价值链显著提升了中国劳动生产率水平，而且后向嵌入亚太价值链对劳动生产率的提升作用显著大于前向嵌入。但也有学者认为贸易对生产率会有负面影响（宇宸，2018），这是因为我国主要出口劳动力密集型产品，进口资本和技术密集型产品。而劳动力密集型产品的国际市场价格比资本和技术密集型产品价格低得多，因此贸易条件对全要素生产率的贡献率为负。而李小平等（2008）认为由于我国没有完全建立完备的市场制度和体系，同时缺乏出口核心竞争力，企业获利少、市场份额少，因此出口和生产率增长的关系表现得并不显著。

经济增长可以归因于劳动生产率的增长和劳动投入的增长。其中，劳动生产率的增长又可以归因于技术进步和人均资本增长，即技术溢出路径和人力资本积累的影响。

（二）贸易通过技术溢出影响生产率

技术进步是在生产活动等经济活动中不断采取新技术，提高要素使用效率，提高同等投入下产出的过程。Helpman 和 Hoffmaister（1997）提出国际贸易促进技术进步的不同途径：一是技术落后国能通过国际贸易学习模仿先进技术，本质上等同于通过"干中学"提高技术水平；二是得益于投入产出效应，进口新的中间产品能提升该进口国的生产率；三是国际贸易增进了各国之间的市场、生产、设计等不同信息的交流，在交流过程中提升了各国的劳动生产率；四是进出口避免了各国重复劳动，对全球的分工进行优化，效率得到提升。出口企业通过学习效应，提升企业的技术水平和全要素生产率，进而提高出口企业的国际竞争力；出口企业再通过知识溢出效应，影响非出口企业的效率，提高全部生产部门的效率，促进我国经济增长（包群等，2003；李雷和周端明，2021）。

贸易开放通过贸易成本下降一方面促进产品质量升级，另一方面为中间产品部门提供显著的技术溢出效应和规模经济，进而激发发达国家进行创新活动，并激励发展中国家模仿学习，进而促进生产率的提升（殷德生等，2011）。从进口贸易视角研究技术溢出效应提升本国全要素生产率的国内外学者很多，但鲜有基于出口贸易视角分析逆向技术溢出效应促进全要素生产率提高的研究。学者通常把通过进口贸易途径获得的技术溢出称作正向技术溢出，而出口贸易为逆向技术溢出，其中的机制包括"干中学"效应、演示和培训效应、竞争效应、传染效应和规模效应。另外，这种技术效益可能具有空间扩散作用，叶明确和方莹（2013）研究发现出口可能对本地区全要素生产率没有显著影响，但促进了其他地区全要素生产率的提高。

在国际经济中，国际贸易能够通过广义上的技术溢出效应提高劳动生产率，包含管理、服务和销售等方法创新。在全球化的背景下，国际经济和技术合作带来的技术溢出效应能够利用他国对技术研发的资本投入来提高全要素生产率。通过进口贸易和出口贸易，发达国家技术领先企业所研发的技术可以溢出到其他国家的企业，全要素生产率随之增长。

（三）贸易通过人力资本积累影响生产率

国际贸易影响下的人力资本积累，主要是通过贸易过程中的学习效应对生产率产生影响。在专业化的生产过程中，劳动者通过"干中学"提高其人力资本量进而提高劳动生产率。人力资本积累速度实际上取决于一国人力资本存量，在这个过程中，国际贸易使人力资本差异扩大，进而劳动生产率差异有所变化。也就是说，国际贸易通过人力资本积累来对劳动生产率产生影响的作用方向并不确定。当一国人力资本存量较大时，国际贸易通过专业化生产会促进人力资本积累速度，加快劳动生产率增长速度；而当一国人力资本存量较小时，专业化生产可能对一国生产率的增长有阻碍作用。杨东亮和李春凤（2020）发现高技能人口集聚对劳动生产率具有显著的正向影响，且针对第二产业的作用更显著；同时，高技能人才资本的集聚积累也有利于缩小中国区域劳动生产率的差距，且影响程度存在地区差异，呈现边际递减特征。

劳动生产率可以用劳均 GDP 表示，而国际贸易可以利用国际市场在技术、资金等方面的优势，通过促进企业技术进步、加强市场竞争等促进经济增长，因此国际贸易对劳动生产率的影响与对经济增长的影响密切相关。但由于制度等方面的限制，中国经济仍存在较多扭曲，而贸易也面临诸多障碍。由于中国同时存在劳动力市场扭曲和贸易开放的现象，许多学者认为有必要建立统一的框架，Tombe（2015）在EK 模型的框架下引入了劳动力市场扭曲，重点强调了农产品贸易对解释国家间生产效率差异的影响，分析得出农业部门的开放对发展中国家有更重要的影响。而盖庆恩等（2019）选择中国为研究对象，从时间的视角来分析贸易成本、劳动力市场扭曲对劳动生产率的影响，重点强调二者的相互影响，进一步丰富了要素市场扭曲和贸易研究的相关进展。其研究表明，中国农业部门的贸易成本要显著高于制造业部门。该研究用统一的分析框架研究了劳动力市场扭曲和贸易成本对中国经济增长的影响，强调了贸易成本和劳动力市场扭曲对劳动生产率改进存在的相互影响，并且劳动力市场扭曲降低了贸易成本所带来的效率改进。凌家慧（2021）基于空间计量模型，使用中国省级层面数据探究劳动力市场扭曲程度和贸易依存度对地区全要素生产率的影响，研究结果表明，劳动力市场扭曲对地区生产率存在显著的负向影响，抑制了地区经济增长，贸易开放水平对经济发展有着正向促进作用。对比中国不同区域可以发现，东部地区在劳动力市场与国际贸易市场上发展较为完善，中西部地区劳动力市场扭曲、贸易开放度不够，全要素生产率较低。国内对贸易与劳动生产率的研究多是将人力资本积累的作用与全要素生产率相联系，而不是单纯地探究劳动生产率。这是因为人力资本积累有助于提高物质资本的利用率，人力资本积累水平的提高对生产率的影响比对经济增长的影响更加直接，它主要通过影响生产率而对经济增长产生更为显著的影响作用。贸易开放度也主要是通过影响人力资本的积累水平而影响全要素生产率，并且效应存在东、中、西部的区域差异（许和连等，2006）。与此结论类似，魏下海（2009）基于分位数回归方法得出人力资本对生产率增长存在较弱的即期效应，仅在东部地区具有较强的即期效应。许和连等（2007）在贸易溢出模型（CH 模型）的基础上，利用我国和 15 个 OECD 国家1990—2004 年的数据，运用不同的人力资本度量指标对进口贸易技术扩散效应进行了检验。实证结果表明，通过进口贸易传导机制，国外研发的溢出对我国技术进步产生了显著的促进作用，但由于存在人力资本的临界效应，我国人力资本与国外研发溢出还没有很好地结合，在一定程度上阻碍了进口贸易的技术扩散。

国内有少数学者将人力资本吸收能力纳入国际技术溢出的研究框架。张全红（2008）认为在考虑到人力资本的动态吸收能力时，进口贸易则对生产率具有正向的促进作用，但其作用随着进口技术系数的提高而缓慢下降。

二 微观层面

（一）企业异质性的理论

不同于要素禀赋理论和规模经济贸易理论基于企业同质性假定所进行的分析，Melitz（2003）异质企业贸易模型解释了国际贸易中企业的差异和出口决策行为之间的关系，其主要结论是贸易能够引发生产率较高的企业进入出口市场，而生产率较低的企业只能继续为本土市场生产产品，甚至退出市场，国际贸易进一步使资源流向生产率较高的企业。

在企业层面的研究中，国际贸易对生产率的影响机制主要有两种。一是由于异质性企业中存在沉没成本，贸易引发的选择效应使资源从低生产率企业流向高生产率企业，使总的生产率提升，也就是说，企业出口行为能通过市场竞争甄别出优质企业，生产率比较高的企业才选择进入出口市场；二是出口和进口学习效应促进技术发展，提升产品质量和生产效率，出口市场上的激烈竞争形成创新激励，迫使企业进入出口市场后提高生产率。

我国有许多学者从企业异质性理论的视角考察了贸易对生产率的影响。李苏苏等（2020）运用 Combes 等（2012）提出的无条件分布特征—参数对应分析方法，识别和分解中国出口企业生产率优势效应，指出出口对生产率的影响机制在不同行业、不同贸易对象国、不同规模、不同所有制、不同年龄、不同地区以及进口/出口差异等的企业中都表现出明显的异质性。唐宜红和林发勤（2009）实证研究结果显示，生产率越高的企业更容易出口，说明了异质企业模型适合于我国的实际情况。李建萍和辛大楞（2019）运用中国 2000—2007 年工业企业数据库和海关统计数据库数据合并进行检验，结果表明从微观角度看，中国异质性企业在多元化的出口过程中，出口—生产率关系呈多元情形。

（二）企业进出口与生产率

近年来企业异质性的国际贸易理论的发展，引发了大量学者从企业层面研究国际贸易与生产率关系。生产率异质性和"出口—生产率"关系是异质性企业贸易理论核心假设和主要内容，此前许多研究基于不同国家的企业数据得到了基本一致的结论，即出口企业具有更高的生产率。然而中国工业企业层面数据经验研究结果却是出口企业生产率显著低于内销企业，这与前沿理论的核心论断存在矛盾，被称为"出口—生产率悖论"（钱学锋，2015；余淼杰，2015；李春顶，

2015）。生产率高低也并不必然直接影响企业国际贸易的选择，国际贸易与企业生产率之间的联系还受其他因素影响，或者说存在许多其他因素会影响企业的生产率以及企业从事贸易活动的倾向，就算出口企业生产率低于非出口企业，贸易开放也可以显著地提高行业平均生产率水平和一国的总贸易利益，且总贸易利益大于"悖论情形"（李建萍和辛大楞，2019）。

在众多影响中国生产率增长的因素中，贸易结构是重要因素之一。吕大国和耿强（2015）研究发现，一般贸易和其他贸易显著促进了全要素生产率的增长，而加工贸易则阻碍了生产率的增长。由于加工贸易占据中国出口贸易的半壁江山，加工贸易对生产率增长的阻碍作用抵销了一般贸易的促进作用，导致总出口对生产率增长没有显著影响。张丽等（2021）也支持这种观点，认为大量存在的加工贸易企业是导致我国外资及港澳台企业产生"出口—生产率悖论"的重要原因。李苏苏等（2020）虽然认为中国工业企业并不存在"出口—生产率悖论"，却也指出我国加工贸易类企业学习效应相对最小。因此，中国应该更加重视一般贸易和混合贸易出口，充分利用其对生产率的促进作用带动经济转型升级。此外，20 世纪 90 年代以来，随着信息技术的迅速发展与通信成本急剧下降，许多不可贸易服务的跨国流动成为可能。于是许多学者开始关注服务贸易对企业产品质量进而对企业生产率的影响。相关理论研究显示，服务贸易自由化产生的比较优势和效率带来的分工细化，将促进进口国和出口国各自企业生产水平的提高。本国或本地区生产率处于何种状态，与生产服务业开放带来先进的、技术含量高的中间投入服务产品的状态息息相关，因为它们是进一步提升生产率的重要条件之一（陈明等，2019）。为此，更多研究开始考察贸易企业特征及其市场行为，进而引入其他变量，延伸发展出新的研究框架，包括东道国市场特性、创新、贸易产品结构以及市场竞争，这为研究企业进出口与生产率之间的关系提供了实证依据。

（三）贸易—生产率机制的研究

国际贸易市场具有不确定性和动态变化的特征，企业自身的国际贸易状态也处于不断变化的动态发展，因此国际贸易对生产率的影响需要综合考虑各方面的因素。一方面，在动态变化中，贸易自由化发展会冲击无效率企业，迫使企业进行重新选择，并进行更多创新，从而提升生产率；另一方面，由于贸易的非竞争性效应不断降低企业价格和利润率，迫使企业通过创新降低成本。因此许多研究开始突破原有的研究框架，不断深入"贸易—生产率"的链条内部，使国际贸易与企业生产率之间的联系机制从静态研究逐渐向动态研究发展。毛其淋和盛斌（2013）从多个维度全面、细致地考察了贸易自由化对企业出口动态的影响，发现企业的出口动态对制造业总体生产率增长产生了重要影响，并且企业出口动态也是贸易自由化促进生产率提升的重要途径。

1. 贸易结构动态变化

在对多产品出口企业行为的研究视角下，关于贸易对生产率影响的研究关注到贸易冲击对多产品出口企业的市场行为。一方面，企业内部贸易结构的动态变化使得资源在企业间进行重新配置，贸易冲击的"选择效应"决定选择出口的企业类型和产品进入的市场类型；另一方面，企业内部贸易结构的动态变化也会使得资源在不同产品结构间进行重新配置，贸易冲击带来的"偏度效应"影响不同产品在不同市场的份额。因此，贸易通过这两种效应影响企业生产率和不同企业的市场份额，从而使企业间生产率产生变化。

然而，企业市场份额的变化也受到源自技术变化的影响，所以直接测算贸易冲击所带来的资源在企业间重新配置对生产率的影响难度比较大，而控制企业内的技术变化以及测算企业内产品组合在不同国家销售情况的变化则相对比较容易。汇率变化、市场需求变化、贸易自由化、市场竞争变化、贸易壁垒变化等都可能引发贸易冲击，不同生产率的企业对这些因素变化的反应程度不同（Mayer等，2014）。一般来说，对于竞争力强的绩优产品，汇率贬值时可以更大幅度地提高价格和加成率，从而使得企业调整产品结构，企业生产率得以提高。然而，生产率低、竞争力低下的企业市场份额将下降甚至退出行业。在行业资源重新配置的过程中，行业生产率将大幅度提升。因此，市场的竞争效应和其引发的出口产品结构优化效应主要向绩优产品倾斜（Mayer 等，2016），进而提升绩优产品所在企业的生产率。

许和连和成丽红（2015）检验了我国要素结构动态变化对服务贸易出口结构的影响。研究表明，我国的服务贸易以劳动、资源密集型的传统服务为主。从要素的绝对数量上看，中国服务业仍明显处于劳动力丰裕的状态，人力资本、基础设施、服务业 FDI、技术与服务业的开放度等高级要素虽然逐年上升，但仍低于美国、日本的要素水平。基础设施相对于劳动力要素结构的变化与服务出口结构水平显著正相关，而服务业 FDI 的流入影响作用不显著。

2. 企业贸易模式动态变化

随着企业层面的数据不断丰富，学者开始关注在国际贸易研究框架下细化企业的贸易模式，包括只进口企业、只出口企业、双向贸易企业、非贸易企业的贸易模式。多数研究都表明，由于同时进口和出口的贸易成本最高，往往是生产率最高的企业自主选择进行双向贸易，且由于其可以同时获得进口和出口的生产率溢价效应，因此国际贸易后双向贸易企业的生产率提升幅度最大（Castellani 等，2010；Kasahara 和 Lapham，2013；Castellani 和 Fassio，2016）。

此外，许多文献从动态视角分析，进口中间品对企业未来出口活动具有重要作用，大量中间品的投入能促进企业增加效率，提升技术，引入产品创新，增强企业的出口能力，推动进口企业演变为双向贸易企业（Damjian 和 Kostevc，2015）；而且进口可以提升企业出口更多产品的能力，促进企业改善出口产品结构，提升出口产品质量，从而提升企业的生产率水平（Lo Turco 和 Maggioni，2015）。

3. 企业贸易状态动态变化

尽管进入市场会产生沉淀成本，但总是存在企业进入后又退出进出口贸易市场的现象，同时也总会有新的企业进入进出口贸易市场，或扩展新的市场（Eatonetal，2007；Kasahara 和 Rodrigue，2008）。由于新的贸易企业从事贸易对其生产率的影响可能不同于持续贸易企业，因此，越来越多文献开始关注到企业贸易状态变化对生产率的影响效应（Albornoz 等，2012）。

Altomonte 和 Beckes（2008）研究发现，只进口或出口企业转换为双向贸易企业、非贸易企业转换为出口或进口企业都促进了企业生产率提高，出口生产率溢价得益于进口生产率溢价。但 Gopinath 和 Neiman（2014）分析阿根廷 2000—2002 年危机期间的数据发现，企业进入或退出对时段内进口减少的影响很小。

贸易对生产率的影响可以从宏观的国家、省级层面和微观的企业层面进行梳理。宏观层面来讲，国际贸易主要是通过技术水平和人力资本两个因素实现对生产率的影响。其中国际贸易促进技术进步的机制主要包括进出口竞争效应、出口干中学效应、进口数量效应和种类效应等。另外，人力资本积累受到贸易的影响也会对技术溢出效应做出反应，进而对生产率产生作用，但是学术领域在该问题上的研究结论尚未达成一致口径。微观层面则主要以企业异质性视角梳理，企业进出口贸易—生产率的影响机制始终处于动态发展的过程，这也是近年来许多学者关注的热点话题。基于以上，贸易自由化对于生产率的影响可以概括为以下几条实现路径。

第一，贸易自由化加强了各地市场的联系，使得市场规模不断扩大，规模效应得以发挥作用，最终促进生产率的提高。第二，在贸易中，无论是技术产品、技术服务的直接交易，或是贸易设备中蕴含的技术信息，都能促进区域间的技术扩散，导致技术流入地区的生产率显著提高。第三，贸易出口方也会因为贸易的发生而通过学习效应提高技术水平和生产率，并通过知识溢出效应，提升出口国整体的技术水平和生产效率。第四，贸易有助于一国进口中间品的种类多样化，产品质量显著提高，这将通过相对价格变动等途径使得最终产品企业随着需求变化进行技术优化，进而大大促进生产率水平。

第二节　贸易与劳动生产率的经验研究

一　中国进出口贸易的演变过程及现状

相对于发达国家来说，中国拥有的比较优势是丰富的劳动力资源，因此应当更多地出口劳动密集型产品并注重进口技术密集型产品弥补技术劣势。目前来看，我国开展国际贸易的方式也是基本遵照这种分工格局。然而，这种贸易模式下，中国企业在国际市场难以取得优势地位。改革开放以来，我国的进出口贸易得到了长足的发展，见表 6 - 1。2001 年加入世界贸易组织后，进、出口额均得到了快速增长，贸易顺差持续扩大，2005 年贸易顺差增长幅度达到最高，比 2004 年增长了213.93%。受 2008 年国际金融危机影响，2009 年我国进、出口额和贸易进出口差额均出现下降，顺差额从 2008 年的 20868.41 亿元降至 2009年的 13411.32 亿元，同比降低了 35.73%，之后两年，进、出口额强势回归，2010 年出口额比上年增长了 30.47%，进口额比上年增长了38.01%，总额增长了 33.9%，但顺差额持续下降，直至 2012 年才得以继续扩大，后金融危机时代特征凸显。

高速增长的外贸进出口额并没有给我国带来有利的国际市场竞争地位，贸易结构不合理等问题越来越突出。因此，我们对现有的贸易模式需要进行一定的反思，我国应当注重培育出口产品的核心竞争力，一方面，需要提升出口产品的竞争优势；另一方面，需要为出口企业创造更多的动态利益，从而显著促进生产率水平提高。

表 6 - 1   中国进出口额增长率   单位:%

年份	进出口增长率	出口额增长率	进口额增长率	进出口差额增长率
2001	7.41	6.74	8.16	- 6.53
2002	21.80	22.35	21.19	34.97
2003	37.19	34.66	39.97	- 16.89
2004	35.55	35.32	35.79	27.49
2005	22.38	27.58	16.88	213.93
2006	20.57	23.86	16.77	69.82
2007	18.41	20.66	15.65	42.96
2008	7.79	7.23	8.50	2.65
2009	- 16.27	- 18.29	- 13.72	- 35.73
2010	33.90	30.47	38.01	- 8.11
2011	17.19	15.15	19.50	- 18.21
2012	3.28	4.96	1.45	44.44
2013	5.74	6.01	5.43	10.55
2014	2.35	4.92	- 0.56	46.18
2015	- 7.09	- 1.89	- 13.31	56.56
2016	- 0.86	- 1.95	0.60	- 9.17
2017	14.26	10.76	18.88	- 14.74
2018	9.68	7.06	12.89	- 18.49
2019	3.44	5.00	1.62	25.26

资料来源:作者根据中国国家统计局的数据计算整理而成。

二 中国劳动生产率的演变过程及经验研究

我国 1952 年完成土地改革，国民经济开始好转，1953 年开始，国家集中主要力量发展重工业，建立了国家工业的初步基础，同时加强交通运输业、农业和商业的发展，培养建设人才，开始"一五"计划。以 1952 年为基期，参照国家统计局对全员劳动生产率的计算方法，得出中国劳动生产率（元/人）和同比增长率（%），见表 6 - 2①。根据变化规律，可以分为三个阶段。第一阶段（1949—1977 年）：在改革开放前的计划经济阶段，我国建立了较为独立的工业体系，为后续的工业和其他产业发展打下了基础，其中该阶段工业呈重型化发展。第二阶段（1978—2000 年）：1978 年我国实行对内改革、对外开放的政策，体制机制改革极大地提高了劳动积极性，产业发展掀开了新篇章。第三阶段（2001—2019 年）：2001 年我国加入世界贸易组织，中国融入全球化进程，产业发展进入飞速发展阶段，而世界各国之间产业竞争激烈，机遇与挑战并存。

表 6 - 2　　　　　　　　　1952—2019 年中国劳动生产率

年份	劳动生产率（万/人）	增长率（%）	年份	劳动生产率（万/人）	增长率（%）	年份	劳动生产率（万/人）	增长率（%）
1952	327.61	—	1975	796.35	5.24	1998	12061.03	5.64
1953	385.88	17.79	1976	769.58	- 3.36	1999	11933.15	- 1.06
1954	393.83	2.06	1977	825.35	7.25	2000	13911.37	16.58
1955	408.28	3.67	1978	916.19	11.01	2001	15229.08	9.47
1956	447.78	9.67	1979	999.54	9.10	2002	16609.91	9.07

---

① 全员劳动生产率参照国家统计局方法，国内生产总值（按年价格计算）与全部就业人员的比率计算而得。

年份	劳动生产率（万/人）	增长率（%）	年份	劳动生产率（万/人）	增长率（%）	年份	劳动生产率（万/人）	增长率（%）
1957	450.72	0.66	1980	1082.98	8.35	2003	18637.03	12.20
1958	493.35	9.46	1981	1128.83	4.23	2004	21792.55	16.93
1959	553.05	12.10	1982	1186.31	5.09	2005	25093.96	15.15
1960	568.04	2.71	1983	1296.60	9.30	2006	29267.05	16.63
1961	481.56	-15.23	1984	1510.16	16.47	2007	35858.83	22.52
1962	448.55	-6.85	1985	1824.41	20.81	2008	42248.24	17.82
1963	468.58	4.47	1986	2023.36	10.90	2009	45961.61	8.79
1964	529.96	13.10	1987	2306.54	14.00	2010	54151.41	17.82
1965	604.81	14.12	1988	2793.90	21.13	2011	64037.51	18.26
1966	633.69	4.77	1989	3105.01	11.14	2012	70629.74	10.29
1967	582.27	-8.11	1990	2914.78	-6.13	2013	77713.69	10.03
1968	546.48	-6.15	1991	3360.10	15.28	2014	84292.28	8.47
1969	590.58	8.07	1992	4110.91	22.35	2015	90259.20	7.08
1970	662.09	12.11	1993	5339.66	29.89	2016	97894.30	8.46
1971	689.75	4.18	1994	7210.36	35.03	2017	109394.92	11.75
1972	711.89	3.21	1995	9011.96	24.99	2018	121306.00	10.89
1973	751.99	5.63	1996	10415.32	15.57	2019	130756.05	7.79
1974	756.70	0.63	1997	11417.22	9.62	2020	135349.33	3.51

资料来源：作者根据中国国家统计局的数据计算整理而成。

表6-2中1952—2020年的劳动生产率及其变化情况的数据显示，我国单位劳动产出大幅提高。1952年，我国单位劳动产出率仅为327.61元/人，2020年已提高到135349.33元/人，增幅超过412倍。选取典型年份看，1978年，改革开放之初，我国的劳动生产率只有

916.19 元/人，虽然已经是 1952 年的 2.8 倍，但仍然非常落后；经过 22 年的发展，到了 2000 年，中国加入世界贸易组织之前，我国的劳动生产率已经增长至 13911.37 元/人，是 1952 年的 42.46 倍，1978 年的 15.18 倍，改革开放经济增长带动效应显著；2020 年最新数据显示，中国的劳动产出已经是 2001 年的 8.89 倍，这说明伴随加入世界贸易组织，贸易开放度的提高又使我国的全员劳动生产率得到了进一步的提升。

再从劳动生产率增长速度来看。在 1978 年前，我国的劳动生产率增长速度波动较大，有 5 年增长率在 10% 以上，还有 4 年出现了负增长，其他年份增速乏力，较为缓慢；1978—2000 年，我国劳动生产率快速发展，有 14 年增长率在 10% 以上，其中 6 年增长幅度在 20% 以上，1994 年比上年更是增长了 35.03%；进入 21 世纪以来，加入世贸组织，我国的劳动生产率呈现持续增长、波动较小的态势，就算是在 2008 年国际金融危机之后，劳动生产率仍在快速上涨，有 13 年的增幅在 10% 以上，其他年份也都有 7%、8%，2020 年受新冠肺炎疫情影响，只有 3.51% 的增长。可见，我国劳动效率一直在持续加速提升，如图 6-1 所示。

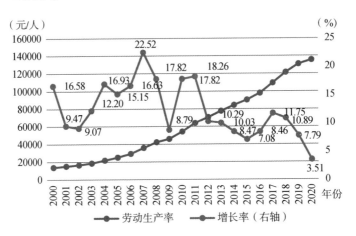

图 6-1　2000—2019 年中国劳动生产率与增长率

资料来源：作者根据中国国家统计局的数据绘制而成。

根据国家统计局国际统计信息中心数据显示，见表6-3和表6-4，与美国、欧洲、日本等发达经济体相比，我国单位劳动产出水平较低，但增速较快。1996—2015年，我国劳动生产率平均增速为8.6%，比世界平均水平高7.3个百分点，明显高于美国1.6%的水平。印度的基本国情和贸易模式特征与我国相近，1996—2015年，印度劳动生产率增速平均为5.3%，虽然比世界平均水平高4个百分点，但这样的增长水平明显低于我国同期水平。

因此可见，我国经济动力强、发展潜力大，是全球经济不可或缺的部分。随着贸易进程的不断深化，我国开始寻求技术发展、转型升级摆脱产品低价值生产环节的束缚，提高生产效能、劳动生产率和竞争力，占据全球价值链的高端。

表6-3　　　　　　世界及部分经济体劳动生产率增长率　　　　　单位:%

年份	世界	美国	日本	印度	中国
2000	2.8	2.9	2.8	2.1	7.0
2001	0.0	0.9	0.3	1.2	7.6
2002	0.7	2.3	1.7	1.6	8.1
2003	1.0	2.3	1.8	4.4	9.1
2004	2.4	2.8	2.0	4.9	9.4
2005	1.6	1.5	0.9	6.9	10.3
2006	2.5	0.5	1.3	8.9	12.0
2007	2.4	1.4	1.3	8.8	13.1
2008	0.3	-0.6	-0.7	4.3	9.6
2009	-2.3	1.4	-4.3	8.2	9.0

年份	世界	美国	日本	印度	中国
2010	2.9	2.7	4.5	9.1	10.1
2011	1.5	0.7	0.6	6.5	8.6
2012	1.0	0.4	1.9	4.0	7.2
2013	1.3	1.8	0.6	5.4	7.2
2014	1.0	0.4	-0.8	5.7	6.9
2015	1.3	0.9	0.9	5.6	6.9

注：该数据来自国际劳工组织，与中国统计年鉴数据之间因为统计口径不同而有差异。

资料来源：国家统计局国际统计信息中心收集于国际劳工组织，以2005年为不变价计算的劳动生产率（美元/人）。

表 6 - 4　　　　世界及部分经济体平均劳动生产率增长率　　　　单位：%

时间	世界	美国	欧元区	日本	印度	中国
1996—2015	1.3	1.6	0.7	0.9	5.3	8.6
1996—2007	1.7	2.0	1	1.2	4.8	8.9
2008—2010	0.3	1.2	-0.2	-0.2	7.2	9.6
2011—2015	1.2	0.8	0.5	0.7	5.4	7.3

资料来源：作者根据国际劳工组织的数据计算整理而成。

三　贸易与劳动生产率的经验研究

（一）贸易与劳动生产率的经验研究

从2001—2019年的数据来看，如图6-2所示，2001—2007年，随着中国加入世界贸易组织，进出口贸易得到巨大的增长红利，促进了生产率的提高，该阶段，我国的进出口总额增长了295.71%，其中出口总额增长了325.11%，进口总额增长了263.59%，而生产率在这个阶段增长了 1.35 倍。国际金融危机后，即 2008—2009 年，在全球经济下行压力的影响下，中国进出口贸易增长下降，2009 年我国的进、出口贸易额均出现下降，分别比上年降低了 18.29% 和 13.72%，由此，生产率增长率也由 2007 年的 22.52% 大幅下降至 2009 年的 8.79%。而在 2009—2010 年，进出口贸易增长率大幅度地恢复上升趋势，2010 年我国进出口贸易总额增长了 33.9%，其中出口贸易额增长了 30.47%，进口贸易额增长了 38.01%，此时生产率增长率增长达到 2010 年的 17.82% 和 2011 年的 18.26%。自 2012 年后，贸易增长率缩小，2015 年和 2016 年贸易额甚至出现了负增长，2017 年又有所上升，贸易结构在不断调整，而这个阶段生产率增长率的变化幅度也有所缩小，说明生产率呈现稳定增长趋势，波动较小。以上数据分析一定程度上可以证明，劳动生产率的变化趋势与我国进出口贸易增长变化是基本一致的。

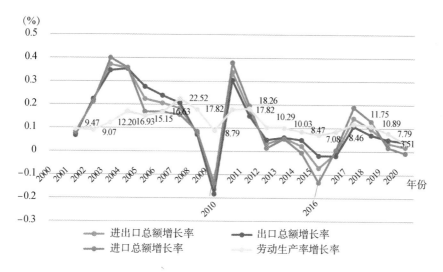

图 6 - 2　2001—2019 年中国贸易增长率与劳动生产率增长

资料来源：作者根据中国国家统计局的数据绘制而成。

（二）分地区层面贸易与劳动生产率的经验研究

按国家统计局制定的划分办法，将我国经济区域划分为东部、中部、西部和东北四大地区，从这四个地区 2000—2020 年进出口额和劳动生产率的数据来看，见表 6 - 5、表 6 - 6、表 6 - 7、表 6 - 8。其中每个地区的出口额均以货源地为统计口径，将区域内各省份作为货源地的出口额合计，如将东部十省份生产的产品合计为东部地区的出口贸易额，其他地区计算方法相同。而每个地区的进口额均以进口境内目的地为计算基础，将以各区域内各省份为进口目的地的进口额合计，如将以辽宁、吉林和黑龙江为进口目的地的进口产品合计为东北地区的进口贸易额，其他地区计算方法相同。将以境内货源地计算的出口额及以境内目的地计算的进口额合计为进出口总额，进、出口额均以千美元为单位。劳动生产率选取全国平均劳动生产率，以元/人为单位。

表 6 - 5　　2001—2020 年我国东部地区进出口额和全国劳动生产率

年份	劳动生产率 （元/人）	进出口总额 （千美元）	出口总额 （千美元）	进口总额 （千美元）
2001	15229. 08	442183970	230501570	211682400
2002	16609. 91	544419600	284824940	259594680
2003	18637. 03	748283560	385073800	363209790
2004	21792. 55	1017852850	523193090	494659730
2005	25093. 96	1258454262	674686587	583767673
2006	29267. 05	1562316208	860499873	701816337
2007	35858. 83	1912967260	1074501239	838466021
2008	42248. 24	2223316737	1244610278	978706458
2009	45961. 61	1934595279	1067727100	866868190
2010	54151. 41	2595921249	1398367534	1197553715
2011	64037. 51	3130303859	1655177331	1475126528
2012	70629. 74	3277539618	1753821407	1523718211

年份	劳动生产率（元/人）	进出口总额（千美元）	出口总额（千美元）	进口总额（千美元）
2013	77713.69	3514835804	1878795213	1636040592
2014	84292.28	3573586049	1958483971	1615102081
2015	90259.20	3299698258	1912296740	1387401516
2016	97894.30	3081984115	1771048645	1310935469
2017	109394.92	3389336517	1884504992	1504831524
2018	121306.00	3767360145	2040787168	1726572978
2019	130756.05	3682275624	2033099735	1649175890
2020	135349.33	3711339142	2087595091	1623744049

资料来源：作者根据中国国家统计局的数据计算整理而成。

表 6-6　　2001—2020 年我国中部地区进出口额和全国劳动生产率

年份	劳动生产率（元/人）	进出口总额（千美元）	出口总额（千美元）	进口总额（千美元）
2001	15229.08	19230910	11227080	8003830
2002	16609.91	21334830	12348390	8986440
2003	18637.03	29900880	15979180	13921710
2004	21792.55	41874470	24158980	17715480
2005	25093.96	49334407	27702687	21631719
2006	29267.05	60237734	35406172	24831561
2007	35858.83	81001244	47272094	33729144
2008	42248.24	109598191	65596583	44001607
2009	45961.61	83157344	44532130	38625240

续　表

年份	劳动生产率 （元/人）	进出口总额 （千美元）	出口总额 （千美元）	进口总额 （千美元）
2010	54151.41	119845767	64157145	55688622
2011	64037.51	163983437	91784358	72199079
2012	70629.74	188009994	112141168	75868826
2013	77713.69	212465807	129476956	82988853
2014	84292.28	238449841	148811995	89637845
2015	90259.2	251414043	161195474	90218572
2016	97894.3	231453656	147004066	84449592
2017	109394.92	266272025	165470507	100801518
2018	121306	299463950	190470174	108993778
2019	130756.05	314851870	201260093	113591776
2020	135349.33	360461653	231755149	128706507

资料来源：作者根据中国国家统计局的数据计算整理而成。

表 6 - 7　　2001—2020 年我国西部地区进出口额和全国劳动生产率

年份	劳动生产率 （元/人）	进出口总额 （千美元）	出口总额 （千美元）	进口总额 （千美元）
2001	15229.08	19709700	9971870	9737830
2002	16609.91	22823380	12082260	10741100
2003	18637.03	29996370	15994130	14002250
2004	21792.55	40223530	20751330	19472210
2005	25093.96	49249549	26338966	22910584
2006	29267.05	62645231	34528578	28116652

续 表

年份	劳动生产率 （元/人）	进出口总额 （千美元）	出口总额 （千美元）	进口总额 （千美元）
2007	35858.83	84841248	46274642	38566600
2008	42248.24	114134132	64120219	50013913
2009	45961.61	94691103	46934690	47756420
2010	54151.41	127577354	59274656	68302698
2011	64037.51	185411884	85596444	99815440
2012	70629.74	230540589	114299377	116241212
2013	77713.69	257744309	129386067	128358241
2014	84292.28	307641938	160923400	146718539
2015	90259.2	258544838	137195306	121349531
2016	97894.3	242808373	124938047	117870326
2017	109394.92	302522032	153441202	149080829
2018	121306	376237978	187031346	189206632
2019	130756.05	402805605	198411264	204394341
2020	135349.33	416951961	215180325	201771638

资料来源：作者根据中国国家统计局的数据计算整理而成。

表6-8 2001—2020年我国东北地区进出口额和全国劳动生产率

年份	劳动生产率 （元/人）	进出口总额 （千美元）	出口总额 （千美元）	进口总额 （千美元）
2001	15229.08	28643550	14454120	14189430
2002	16609.91	32188310	16340380	15847920
2003	18637.03	42806740	21180670	21626070

年份	劳动生产率 （元/人）	进出口总额 （千美元）	出口总额 （千美元）	进口总额 （千美元）
2004	21792.55	54603520	25222170	29381340
2005	25093.96	64867954	33225168	31642786
2006	29267.05	75197298	38500980	36696317
2007	35858.83	94916278	49727781	45188497
2008	42248.24	116206169	56365985	59840183
2009	45961.61	95091277	42417930	52673350
2010	54151.41	130653950	55954981	74698969
2011	64037.51	162165268	65822755	96342513
2012	70629.74	171029221	68452466	102576755
2013	77713.69	173947546	71345763	102601782
2014	84292.28	181849516	74073331	107776185
2015	90259.2	143375584	62780703	80594880
2016	97894.3	129311268	54640433	74670835
2017	109394.92	149033697	59954626	89079071
2018	121306	179353319	68392823	110960496
2019	130756.05	177957453	66710753	111246701
2020	135349.33	157504615	56114993	101389624

资料来源：作者根据中国国家统计局的数据计算整理而成。

可以看出，四大地区的进出口总额近20年走势相似。受2008年国际金融危机的影响，四大地区2009年的进口额和出口额都表现出一定程度的下降，其中东部地区进出口总额从2008年的22233.17亿美元下降至 19345.95 亿美元，降幅近 13%；中部地区同期从 1095.98 亿美元的高位下降至 831.57 亿美元，降幅达 24.13%；西部地区从 1141.34 亿美元降至 946.91 亿美元，降幅 17.04%；东北地区从 1162.06 亿美元降至 950.91 亿美元，降幅 18.17%。随着全球经济逐渐复苏，中国不断推行扩大开放的政策，在 2010—2014 年，三大地区的出口和进口都受到明显的积极影响，其中东部的进出口额从 2010 年的 25959.21 亿美元升至 2014 年度的 35735.86 亿美元，涨幅为 37.66%；中部地区从 2010 年的 1198.46 亿美元升至 2014 年的 2384.50 亿美元，涨幅达 98.96%；西部地区从 2010 年的 1275.77 亿美元升至 2014 年的 3076.42 亿美元，涨幅高达 141.11%；东北地区从 2010 年的 1306.54 亿美元升至 2014 年的 1818.50 亿美元，涨幅为 39.14%。四大地区在此期间都实现了极大幅度的提高，其中，东部十省份、西部十二省份和东北三省升降步伐一致，中部六省份的上升一直延续到 2015 年，西部和中部地区涨幅均超过了 100%，增长了一倍有余，增长势头迅猛。而在 2015—2016 年东、西、东北地区又连续两年下降，中部地区 2016 年也出现下降。这是由很多因素造成的，但出口额下降的主要原因包括，一是人民币升值压力大，且中国劳动力成本大幅提升，中国货品的低成本价格的比较优势有所下降；二是新兴的加工型国家出现，印度、印度尼西亚、越南等国家学习模仿中国制造的模式，且其劳动力资源价格更为低廉，而受到劳动力、环境资源约束，我国传统产业竞争优势正在削弱，出口企业成本升高，发展动力明显不足，因此世界工厂的中心逐渐转向东南亚地区；三是世界经济复苏缓慢，无法支撑我国外贸高速增长。发达国家经济低迷，购买需求不足，对全球的进出口贸易有负面影响。而进口额下降的原因则与国际市场大宗商品价格的快速下滑有直接关系，因全球大宗商品价格快速下降，拉低了我国进口增速。

2016 年后，我国对外贸易发展在提质量、提效益、优结构方面取得积极进展。第一，在保持与欧美等传统市场双边贸易的良好态势的同时，对东盟、印度、非洲等新兴市场双边贸易比重增大，市场进一步趋于多元化；第二，一般贸易比重加大，贸易方式更趋于合理化；第三，民营企业进出口额的比重提升，外贸内生动力进一步增强，外贸自主发展能力继续增强；第四，进出口商品结构也不断优化升级。因此体现为四大地区进出口额都取得了进一步的突破性进展，到了 2020 年东部贸易总额达 37113.40 亿美元，这一数值是 2001 年的 8.39 倍，是 2009 年的 1.92 倍；中部进出口总额 2020 年上升至 3604.62 亿美元，是 2001 年的 18.74 倍，是 2009 年的 4.33 倍；西部地区同期贸易额为 4169.52 亿美元，是 2001 年加入世界贸易组织之初的 21.15 倍，2009 年金融危机后的 4.40 倍；东北地区 2020 年进出口额为 1575.05 亿美元，是 2001 年的 5.50 倍，2009 年的 1.66 倍。四大地区在此期间都实现了更大幅度的提高，其中，中西部地区增长势头最猛，这可能和该地区的贸易基础有关，而在近 20 年国家政策的偏向又使之得到了充分的发展，因此增幅较大。

从 2020 年我国进出口贸易的地区分布情况看如图 6 - 3 所示，东部十省份无论是进出口总额，还是进口总额、出口总额在全国占比都遥遥领先，其中进出口总额占了全国的 79.88%，出口总额占全国的 80.58%，进口总额占 78.99%，地区间的贸易发展差距，可能受其自身地理位置、交通设施以及相关政策的影响。

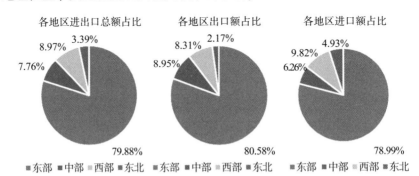

图 6 - 3　2020 年我国进、出口贸易额的地区分布

资料来源：作者根据中国国家统计局的数据绘制而成。

再从东、中、西、东北四地区进、出口贸易额与劳动生产率变化情况来看，如图6－4、图6－5、图6－6和图6－7所示，四地区中进出口贸易总额、进口总额、出口总额和劳动生产率在近20年中均有上涨。其中劳动生产率上涨较为平稳；贸易总额与进出口额在各地区也都上涨，但有波动，这种波动在东部和东北地区表现得更加明显，曲线更加曲折，总体增幅也较大；而中部和西部地区波动相对较小，贸易额增长曲线较为平缓，增幅也略缓。改革开放以来，中国进、出口贸易额不断上升，进、出口规模也越来越大，生产率水平不断升高。众多学者从这个角度探究进、出口行为对生产率的影响。目前，我国出口企业的生产类型仍然以单一加工企业为主，出口产品的产值较低，中国出口企业的生产率水平仍处在较低水平，与大国竞争压力大，从数据可见生产率增长率始终维持稳定，且为正数，有良好的发展前景。

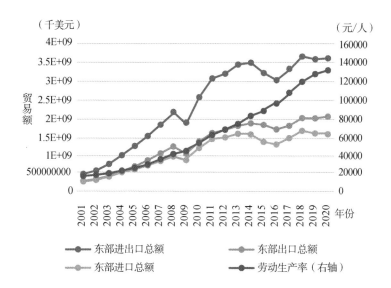

图6－4　2001—2020年中国东部进、出口额与劳动生产率变化情况

资料来源：作者根据中国国家统计局的数据计算绘制而成。

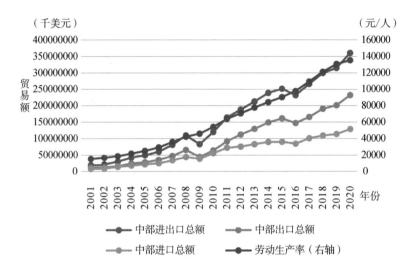

图 6 – 5 2001—2020 年中国中部进、出口额与劳动生产率变化情况

资料来源：作者根据中国国家统计局的数据计算绘制而成。

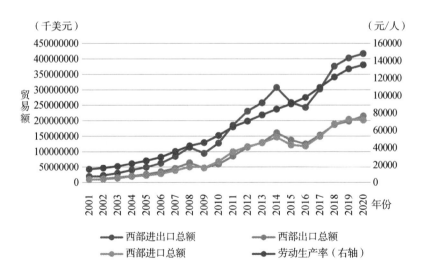

图 6 – 6 2001—2020 年中国西部进、出口额与劳动生产率变化情况

资料来源：作者根据中国国家统计局的数据计算绘制而成。

图 6 – 7　2001—2020 年中国东北进、出口额与劳动生产率变化情况

资料来源：作者根据中国国家统计局的数据计算绘制而成。

最后，对东、中、西和东北四大地区的进、出口增长率与中国劳动生产率增长率的变化关系进行分析，结果如图 6 – 8、图 6 – 9 和图 6 – 10所示。由图可见，劳动生产率与各地区进出口总额、出口额和进口额增长率变化趋势基本一致。其中，出口额的变化趋势与劳动生产率的变化趋势最为类似，这也与现有研究结论相吻合。

图 6 – 8　2002—2020 年各地区进出口总额增长率与劳动

生产率增长率的变化关系

资料来源：作者根据中国国家统计局的数据计算绘制而成。

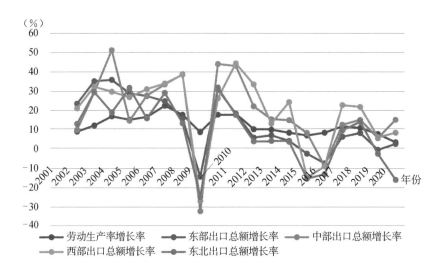

图 6 - 9   2002—2020 年各地区出口额增长率与劳动生产率增长率的变化关系

资料来源：作者根据中国国家统计局的数据计算绘制而成。

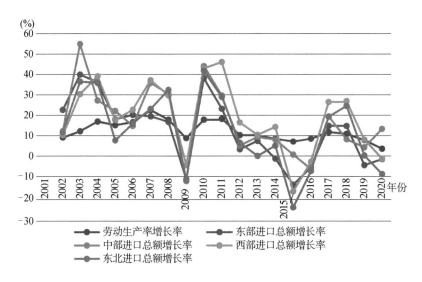

图 6 - 10   2002—2020 年各地区进口额增长率劳动生产率增长率的变化关系

资料来源：作者根据中国国家统计局的数据计算绘制而成。

从数据来看，我国各地劳动生产率也有显著区别，且在市场一体化进程中，东部地区产业结构先行调整，低生产率企业外迁，引发了地区经济差距的缩小和生产率差距的扩大（吕大国等，2019）。

第三节 政策建议

学者的研究和现实的数据告诉我们，伴随着贸易开放度的提高，劳动生产率大幅、快速增长。贸易在微观上，促使参与贸易的进出口企业不断提高技术，拉动上下游企业联动，再通过技术的溢出效应和人力资本积累，在国际局势与要素禀赋动态变化过程中，优胜劣汰，促进全社会劳动生产率提升。依据上述论断，为促进贸易和劳动生产率发展，本章提出以下建议。

第一，进一步提高开放度。出口企业主要通过学习效应影响企业的生产率，并通过溢出效应影响全社会生产率。因此，我国应坚定不移地对外开放，让更多企业参与国际竞争，实现出口的生产率分布优化收益，以求实现出口的普惠性受益。在此过程中，政府应该鼓励企业进一步深入融入全球经济，提升企业在全球价值链中的位置，以更好地吸纳前沿科技，进一步挖掘和发挥出口的学习效应机制的潜力（苏冰冰等，2020）。

第二，提高各行业技术效率。从这个角度上说，我国应该促进传统优势的劳动力密集型产业的转型升级，同时大力发展资本和技术密集型产业，在网络智能化与制造业服务化的大趋势下，使用大数据、云计算、新材料和新技术等生产要素，生产并出口附加值高的高科技、高质量的新型产品，这样，贸易条件对生产率就会产生更大的促进作用。出口企业应当利用好政府提供的优惠政策，积极研发试验新产品，促进落实新专利产品的市场化。技术只有被充分应用，才能发挥其优势，在市场中释放红利。大数据、人工智能等高新技术带来的产业生产力和效率的提高，扩大了就业规模，使人均收入水平也得到显著提高，然而，这要求配套的基础设施和技术水平都要与之匹配，否则高技术产业应用规模扩张对生产效率的正向效应会受到限制。因此，各地区在提高人工智能技术普及范围的同时，需要更注重城乡地区的基础设施建设，并且更加重视科技研发，加快高新技术的生产率进步。

第三，完善人才培养机制和金融支持体系。人力资源积累在贸易与生产率的影响中具有重要的作用，因此我国应当不断完善人才培养机制，加强国内高素质人才和技术型人才的培养；同时，增强技术溢出效应需要完善金融支持体系。国内相关部门机构要建立健全融资体系，促进资金供给方和高技术企业的沟通，降低融资成本，保障出口企业的核心竞争力。

第四，注重区域平衡发展。由于规模效应、集聚效应的存在，发达地区对欠发达地区的"虹吸效应"会更加显著，贸易自由化对生产率的促进作用会受到影响。因此，为了应对"虹吸效应"的负面影响，政府需要制定和实施向中西部地区倾斜的对外开放政策，在保持对东部地区人力资本投资的基础上，加大对中西部地区的人力资本投资力度，提高教育投资利用效率，以增加人力资本积累，增强欠发达地区对市场资本、人力资本的吸引力，实现各地区享受到均衡的贸易红利（许和连和成丽红，2015）。

第五，调整贸易结构。我国加工贸易占比较高，尽管加工贸易在创造劳动力就业和发挥中国比较优势方面发挥了不可替代的作用，但是长期的经济增长在很大程度上取决于生产率的进步，而低附加值、盈利能力较弱的加工贸易企业，生产率普遍不高且增长缓慢。从这个角度而言，提升加工贸易企业附加值，向自主技术和品牌转型，以提升加工贸易企业的生产率很有必要（张丽等，2021）。

此外，我国服务贸易中高端要素在要素结构中占比较低，结构亟待升级，随着全球化进程加深，不可贸易性服务交流的不断实现，对提高我国服务业的劳动生产率是重要机遇，因此政府要实现高水平的贸易和投资自由化。例如，健全文化体系和市场体系的开放；对整个医疗卫生体制进行改革，建立中国特色的医疗卫生制度；加快金融开放等。全面的开放要求推进金融、教育、文化、医疗等服务业领域有序开放，电力、民航、铁路、石油、天然气、邮政、市政公用等行业开始逐渐放开。通过对内和对外开放，引进先进的技术，加大竞争，可以提高服务业的劳动生产率。

第七章　贸易与劳动力流动

　　随着经济全球化、贸易自由化程度的提高，越来越多的国家积极融入国际生产分工，不仅实现了资本、技术和信息等要素资源在国际间流动，同时对劳动力资源流动也产生了重大的影响，具体表现为劳动力要素能够在全球范围内进行流动，充分发挥了劳动力的优势和促进了人才资源配置。但近年来，逆全球化和贸易保护主义抬头，劳动产品和劳务的交易面临阻碍，使得价值实现难以完成，产品市场与劳动力市场的均衡受到破坏，经济效率的进一步提高受到限制。因此，贸易开放对劳动力流动的影响值得我们关注。基于中国劳动力流动演变发展特征来看，在跨国流动层面上，中国海外投资总量和进口份额的提升加大了劳动力迈出国门的步伐，但中国劳动力跨国流动多是进入了工业部门，目前，随着服务业劳动力需求的增长和中国工业化进入中后期，未来中国跨国劳动力将更多流向服务业部门（张原，2018）。在国内流动层面上，中国流动人口规模庞大，这是因为我国实行对外开放政策以来，贸易出口便成为我国经济增长的重要引擎，不仅拉动了投资和消费，还提供了大量的就业岗位，对劳动力市场的运行和国民的收入分配均产生了重要影响。劳动力的流向受多重因素影响，目前探讨贸易对劳动力流动影响的研究主要从就业机会、工资收入和生活成本三方面进行拓展。本章在梳理贸易对劳动力流动的相关研究基础上，结合中国贸易结构演变特征事实分析了对外贸易影响劳动力流动的路径及原因。

第一节　贸易开放与劳动力流动

一　贸易开放对地区间劳动力流动的影响

研究有关贸易对地区间劳动力流动影响问题的代表理论有"推—拉"理论和"二元经济"模型。推拉理论首次由 Bagne（1959）提出，阐述了劳动力流动的主要原因是向往更好的生活水平，因此为了改善生活水平，劳动力会被具有更好的生活环境和更广的就业机会这种无形的"拉力"拉进经济发达地区，相反较低的生活水平等劣势表现为"推力"，推动劳动力流出经济相对落后地区。随后 Lee（1966）基于 Bagne 的"推—拉"理论基础上，通过对影响劳动力流动的因素进行划分，他认为流出地和流入地同时存在拉力和推力，随即又补充了第三个因素——中间障碍因素。其主要包括两地之间的距离远近、物质障碍、语言文化差异的障碍，以及流动人口本人对上述因素的主观判断等。他认为"推力"是消极因素，不仅包括较低的收入和较少的就业机会，还有大城市的生活成本和竞争压力，这些因素会导致人口迁移出原住所；而"拉力"是积极因素，不仅包括较高的工资水平、更多的就业机会和较完善的基础设施建设，同时也包括城市舒适的生活环境和家人陪伴等软环境，城市的这些积极因素都会表现为拉力，促进人口的迁入。

除了"推—拉"理论，刘易斯（1954）提出的"二元经济"模型也常被用来解释贸易与劳动力流动的关系。他阐述了在发展中国家经济包含两个部门，即工业部门与农业部门。传统部门由于劳动力人口过剩，生产技术水平受限，产量达到一定数量后其边际生产率趋于零甚至为负数，而城市工业体系相对较发达，其生产速度大于劳动力人口增长速度，因此城市工业部门支付给劳动力的工资会比传统农业部门要多，由于两部门工资存在差异，将会吸引传统农业的剩余劳动力向城市工业部门转移。而贸易开放创造了更多的制造业就业岗位，吸引农村劳动者的涌入（卢晶亮和冯帅章，2015）。

贸易开放对劳动力地区间流动的影响一直是国际贸易学界研究热点之一。不少学者认为中国东西部城市发展的不均衡很大程度上源自国际贸易的影响（万广华，2013）。一定规模的大城市具有广阔的劳动力市场和消费市场，在贸易开放的条件下更有优势，并且由于大城市规模经济更强，在基础设施、中间产品多样性、产业前后向关联以及人力资本和知识溢出等多方面具有优势，贸易开放将首先增强大城市的集聚向心力，推动城市规模分布趋于集中（李威，2017）。如 Zhai 和 Wang（2002）的一般均衡模型研究认为，中国加入 WTO 将使得更多的农村劳动力流入城市。Poncet 和 Zhu（2003）认为，全球化进程扩大了中国各省份对劳动力的吸纳能力，从而降低了他们跨省流动的意愿。郭东杰和王晓庆（2015）通过实证研究，在结论中指出我国对外贸易发展较快的省份，迁出水平低，迁入水平高，劳动力流入更多，迁入地贸易依存度系数远高于迁出地的系数，说明在迁入地对外贸易对劳动力流动的影响更多地表现为对外地劳动力的拉力作用。付华英（2019）选用2008—2018 年 29 个省份的面板数据，通过检验得到结论，我国东部地区地理位置优越，基础设施完善，改革开放早，贸易开放度高，吸引外商投资的能力强，两者形成高度空间耦合关联性，资本积累效应明显，更容易吸引高技术及应用型人才向该区域迁移和聚集。Tellez 等（2010）实证研究发现，全球化进程增加了巴西工人在外企工作的机会和在出口企业工作的稳定性，从而促进了劳动力地区间流动。贸易开放使发展中国家融入全球产业分工链，其制造业规模迅速扩大增强了对劳动力要素的需求，进而就业机会增加，吸引大量流动人口向大城市流入。不过在劳动力向大城市集聚的同时，贸易开放水平的提高也会对城市集中产生负效应。城市规模达到一定程度后，由于边际成本递增效应会导致企业和劳动者的生活成本增加，进而导致企业向经济不太发达的中西部转移，最终由于就业机会的减少与生活成本的提高会反过来抑制劳动者流入中心城市。基于此现象，学者主要从就业机会、工资收入和生活成本三个方面分析贸易开放对劳动力流动的影响。

（一）城市规模与就业机会

劳动者为了改善生活水平而选择迁移，那么能否在流入地找到工作获得更高的收益是劳动者迁移的前提条件。学者通过实证研究分析认为，就业机会更广的城市相对来说会更吸引流动人口的流入。针对具体的就业情况，不同学者用不同的指标进行衡量，其中用得最广泛的就业衡量指标是就业率（刘爱华，2017）和失业率（蔡昉和王德文，2003；郭东杰和王晓庆，2015），因为二者反映了地区就业机会和就业程度。通常经济发展水平能够代表当地就业机会的多少，即经济发展水平较高的地区就业机会相对较多，反之较少，所以有学者分析中国流动人口选择时，通过控制城市的人均 GDP 以间接控制了该城市的失业率（童玉芬和王莹莹，2015）。夏怡然等（2015）通过分析 2010 年第六次人口普查中 287 个地级市的流动人口数据，发现流动人口占比排名前五的城市占全国流动人口总数的 24.74%，这五个城市分别是上海、北京、深圳、东莞、广州，其共同特点是第二产业和第三产业发展速度较快，为流动人口提供了大量的就业机会。

同时，随着一个区域贸易开放水平的提高，学者关于贸易开放对就业机会的影响程度和方向也出现了争议。一方面，贸易开放使该区域融入全球分工体系同时也获得巨大的国际市场，由于规模收益递增的作用，该地区会形成厂商集聚，加大对劳动力要素的需求，吸引更多的流动人口流入该地。Duda-Nyczak 和 Viegelahn（2016）在研究企业进出口对就业数量与结构的影响时，通过对 2006—2014 年 47 个非洲国家的企业数据进行实证分析，发现贸易企业比非贸易企业雇用的全职工人多，且女性就业占比高。赵春明和贺彩银（2016）基于劳动力流动视角，通过理论与实证分析研究贸易开放对我国城镇化进程影响机制，指出贸易开放所产生的价格效应、收入分配效应以及产业聚集效应显著地促进了城镇化率的提高，从而带来劳动力的聚集，但其作用效应在国内东、中、西三大区域之间存在差异。另一方面，厂商集聚会产生竞争效应导致生产要素上涨，进而导致产品价格上涨，厂商的利润减少，厂商为了追求更高的利润开始选择向要素价格更低的周边城市或地区分散。企业的迁移减少了当地的就业机会，无法就业或就业困难将抑制流动人口向该地流入，此时持续提高的贸易开放水平对劳动力流动产生了负效应。杨浩昌等（2014）通过对2001—2012年我国省级面板数据进行分析，发现逐渐上升的工资水平加重了制造业企业的生产经营负担，导致国内制造业企业的劳动力需求减少。此外，贸易开放区域加深了与发达国家之间的技术交流，企业创新能力提高的同时也会产生就业替代效应（黄解宇，2013）。韩孟孟等（2016）采用2012年世界银行关于中国工业企业的调查数据分析不同地区技术创新对就业的影响，发现与东部沿海地区相比，中西部地区技术创新的就业替代效应更为明显。

（二）工资收入

斯托尔帕—萨缪尔森定理（1941）的经典论述表明，国际贸易会提高整体的福利水平，但是并不对每一个国家或地区都有利，要素丰裕的国家或地区收入会增加，要素稀缺的国家或地区则收入会减少，可见国际贸易会对不同国家或地区之间要素收入分配格局产生异质性的影响，导致区域工资收入不平等程度加剧。众多学者通过理论与实证分析得出工资差异是劳动力流动的动因，最早Lewis（1954）从部门工资差异研究了二元经济结构中传统部门的剩余劳动力向现代部门流动的问题，随后Todaro（1969）也指出劳动力流动转移决策主要取决于城乡之间的实际收入差距。

改革开放以来，我国工资水平快速提升，但是区域收入不均衡问题也逐渐凸显。易苗和周申（2011）从新经济地理学角度探究经济开放因素对劳动力流动的影响作用，得出实际工资是导致劳动力做出迁移决策的主要因素，且对外贸易是导致实际工资差距的主要原因。随后，郭东杰和王晓庆（2015）发现平均工资越高的省份对劳动力流动具有更大的拉力。除此之外，由于对外贸易开放对不同的行业产生的影响不同，这同样会导致不同行业之间劳动力工资存在差异。杨春艳（2012）通过贸易开放对中国制造业行业的影响研究发现，技术进步机制和劳动生产率机制是贸易开放影响行业工资差距扩大的主要途径，所以劳动力会更倾向于流入技术先进、劳动生产率更高的行业。

（三）生活成本

由于流动人口流入一个地区的意愿主要以改善生活水平为主，在进行决策时这一群体会对收益率着重考虑，因此这一群体对生活成本的变动十分敏感。从"推—拉"理论的分析可知，生活成本是重要的"推力"因素之一，当一个地区的生活成本增加会不利于流动人口向该地区迁移。贸易自由化引致的进口关税削减会降低中国城市居民家庭的消费品与消费性服务的生活成本指数。通常可以通过生活成本反映流入地的经济发展水平和地区的集聚程度。但是，一个区域贸易开放程度的提高会引起产业集聚与劳动力人口大规模涌入，推动土地价格提高、房价上涨，导致生活成本提高。随着城市规模的持续扩大，中心城市会更多地表现为拥挤效应和竞争效应，这将在一定程度上抵消中心城市在生产率和工资方面的优势，因此当中心城市中拥挤效应和竞争效应引起的推力大于市场聚集效应带来的拉力时，企业将会退出中心城市市场，转移到价格相对便宜的郊区或相邻城市，这将导致中心城市就业机会不断减少，流动人口流入中心城市的意愿逐渐减弱。生活成本主要是指流动人口在流入地的生活消费支出，有学者用个体在流入地总支出衡量生活成本（童玉芬和王莹莹，2015），还有以房价表示生活成本，根据不同地区商品房平均销售价格来衡量（刘杜若和邓明，2017）。李辉等

（2019）发现随着生活成本的增加进一步制约了中、高收入水平下的留城意愿，并使各收入水平下留城意愿的差异减弱。我国东部地区经济发展水平较高，房价和其他消费品的价格都较高，而某些行业，如商贸流通企业雇用的劳动者与其他行业相比收入相对较低，因而过高的生活成本迫使该行业大量的低收入劳动者逃离东部地区（文婕和张晓玲，2021）。除了直接生活成本，城市的基础设施和公共服务水平这些简洁生活成本也会影响流动人口的流入意愿，例如，当城市的公共服务水平上升会促进流动人口向大城市集聚（李拓和但斌，2015）。

二　贸易开放对产业间劳动力流动的影响

19 世纪 90 年代，马歇尔首次提出产业集聚与劳动力集聚存在动态关系，因为产业集聚能够降低搜寻成本，带动劳动力集聚，形成路径依赖后使产业集聚地区获得先行发展优势。随后 Krugman（1991）建立了以核心—边缘模型为基础的新经济地理理论，在新经济地理学中，该理论改变了新国际贸易理论模型中劳动力不能自由流动的假定，然后从劳动力集聚和产业集聚的相互关系来界定劳动力集聚的程度、变迁和优化。学者开始从新经济地理的角度构建模型分析贸易开放条件下产业集聚与劳动力流动问题。有学者基于 Krugman 所构建的模型框架作为基础理论，构建描述劳动力流动微观选择机制的模型，并加入国际贸易因素的影响，通过实证分析来研究国内特定区域或产业的劳动力流动问题。例如，国外学者 Crozet（2004）在新经济地理学模型基础上使用 20 世纪八九十年代和五个欧洲国家的双边移民数据进行了准结构估计，结论显示，劳动力流动对区域产业集聚有正向作用，劳动力存在明显地向市场潜力高的地区流动的趋势。

国内学者针对贸易自由化带来的产业集聚与劳动力流动之间的相关关系做了大量研究。自加入 WTO 后，我国东部沿海地区贸易率先发展起来，范剑勇等（2004）从劳动力转移的结构、数量、城镇类别选择、行业选择等特点进行分析，发现绝大部分劳动力从人口较为密集的中部地区和西南地区流入经济水平较高且产业集中的东部沿海地区。敖荣军等（2015）根据 1982—2010 年全国第 4 次人口普查和第 3 次人口抽样调查数据，证实了在市场进入性引导下，劳动力持续向产业集聚地迁移，是产业集聚累积循环过程的基本推动因素。此外，根据三大产业的发展趋势，第三产业的就业吸引力更强。肖智等（2011）根据新经济地理学理论构建劳动力流动与第三产业的联立方程，系统分析 2006—2009 年中国各省份劳动力流动与第三产业发展的影响因素及两者之间的内生性关系，研究结果表明劳动力流动与第三产业发展的相互作用会引起劳动力在东部的聚集效应和在中西部的分散效应。刘爱华（2017）也得出类似结论，发现第三产业占 GDP 比重大和人均 GDP 水平高的地区对人口流向会形成强大吸引力，特别是城市发展核心区和近郊区。卢晶亮和冯帅章（2015）研究发现，城镇劳动者（尤其是女性劳动者）更多地转向非制造业部门就业，制造业中城镇女性劳动者，尤其是低技能女性劳动者的比例不断下降，而服务业中的女性劳动者比例保持稳定。

近年来，我国产业结构向高质量发展，一些中低端产业逐步向中、西部地区转移，导致劳动力流动趋势发生了一些变化。樊士德等（2014）通过建立劳动力流动、产业转移以及地区差距研究的分析框架，通过对这三者之间的内在关系进行分析，发现高技能劳动力与普通劳动力流入经济发达地区后均呈现出强烈扎根于流入地的意愿，尤其是接受过高等教育的新生代劳动力，即使与流入地社会融合程度较低，也不再回流，构成了劳动力流动转移刚性，这一特征导致中国经济发展中一个悖论的出现，即产业通常由发达地区向欠发达地区转移，而劳动力由欠发达地区向发达地区流动。易苗和周申（2014）在研究中国东部地区劳动力流动作用机制时发现只要我国对外贸易开放的基本国策不变，产业仍将向东部地区集聚，劳动力也将持续从中、西部地区向东部地区流动。姜乾之和权衡（2015）也得出类似结果，发现我国东、中、西部三大区域之间长期存在的"劳动力流动与区域发展差距并存悖论",且目前我国的劳动力流动与地区产业集聚之间表现出互为因果的关联性。

三 贸易开放对异质性劳动力流动的影响

在劳动经济学领域,Borjas(1987)最早提出不同技能者的就业地选择理论:技能回报的地区差异决定了不同技能者对就业地点的选择,低技能者会倾向于"负向选择",被迫留在技能回报低的地区,高技能者会倾向于"正向选择",主动流向技能回报高的地区。而国际贸易学主要涉及要素禀赋理论,在传统贸易理论中贸易开放会引起劳动力的跨部门流动,劳动力从比较劣势部门流入比较优势部门。在新新贸易理论的框架下,除了继承传统贸易的相关理论,还提出关于异质企业模型和企业内生边界模型的理论,这两个理论将国际贸易的研究范畴从研究传统贸易的产业间贸易转变为研究产业内贸易,重点研究同一产业内部有差异的企业在国际贸易中所做的选择。基于此理论发现,出口扩大了出口企业的市场范围,增加了其对劳动力的需求,劳动力由生产效率低的企业流入生产效率高的企业,此时劳动力的流动表现在产业内部。可见,新新贸易理论在当今形势中对劳动力流动的解释更贴近现实。因此学者通常以新新古典贸易理论为基础,对此分析框架进行适当扩展,推广到研究对外贸易开放与劳动力流动的关系上。

综上所述,贸易的发展不仅影响不同地区、产业之间劳动力的流动,对于不同技术水平下的劳动力,其流动趋势也受到了影响。国内外学者针对贸易开放对异质性劳动力流动的影响做了相关研究。Stephan(2010)通过将流动劳动力按照不同的素质分为熟练劳动力和非熟练劳动力来研究不同类型劳动力对区域产业集聚的影响,研究发现非熟练劳动力的流动在产业集聚的过程中发挥着重要的作用,对产业集聚模式也产生了一定的影响。但是在高昂的贸易成本下,熟练和不熟练的劳动力移民相互促进，导致同一地区的两种类型的劳动力聚集。为了降低贸易成本，非熟练劳动力会移民，而熟练劳动力仍会集中。早期国内学者对劳动者技能水平与就业地选择关系展开了丰富的研究，发现高学历者更倾向于选择北上广等这些教育回报率较高的地区（邢春冰等 2013；童玉芬等，2015）。随后越来越多的学者探究了我国贸易开放对不同技能水平劳动力就业地选择的不同影响。李琴（2015）通过广东省农民工调查数据研究发现在加工贸易产业转移背景下，受教育程度较高、外出务工经验更丰富的广东省外农民工更倾向于留在产业转出地。而刘杜若等（2017）发现自己家乡贸易开放程度越深，技能水平越低的劳动力还是更倾向向外流动寻找就业机会，而高技能劳动力这时更愿意留在自己家乡工作。

四　小结

随着贸易自由化程度加深，国与国、区域与区域之间的产业结构关联度加大。各国为了更好地在全球价值链中抢占优势位置，其对外贸易结构将会不断地进行调整，导致劳动力要素流动成为一个重要现象，并且劳动力的流动趋势不仅体现在一国的不同地区，而且在国与国之间的流动频率也会逐渐增加。国内外研究者对贸易开放与劳动力流动的相关问题进行了大量实证研究，大部分学者在分析时把国际贸易问题作为一个开放经济条件下的微观经济学课题来研究，因为劳动力流动涉及微观个体的选择过程。另外，如何界定劳动力流动也是一个难题。从现有文献来看，直接研究贸易开放与劳动力流动关系的理论与实证分析在国内外并不多见。基于现有的文献研究，贸易对劳动力流动的影响路径主要可以从以下两个方面加以概括。一是从宏观层面上说，由于不同国家或地区的贸易发展存在差异，这将导致区域经济发展水平不一致，从而引起各区域劳动力市场的推力与拉力发生动态变化，进而导致劳动力要素的跨区或跨国迁移；二是从微观层面上说，以劳动者个体来看，劳动力的流动主要是一个"经济地理"的形成过程,如规模经济导致的产业集聚,所以在国际贸易理论基础上,也可以从新经济地理学的视角探讨贸易对劳动力流动的影响路径与作用机制。根据以往文献研究来看,研究对外贸易与劳动力流动的思路主要有新经济地理学思路和要素流动思路。

实证结果表明贸易开放与劳动力流动有相关关系。然而,大部分文献都是从省际层面分析贸易开放对各地区劳动力流动的影响情况,而没有将问题细分到城市层面去研究,没有进一步分析贸易开放对流动人口向不同城市流入的差异化影响问题,没有深入分析提高贸易开放程度是否对城市的流动人口流入率具有同等的促进作用等问题。此外,现有文献中关于贸易对劳动力流动的影响研究多对经济发达的东部城市进行分析,对于经济较为落后的中西部城市的分析较为缺乏。对于经济较为落后的城市,贸易开放对劳动力流动的影响机制又是如何?这些问题还需要更严格的实证分析来探究。

第二节　中国贸易开放与劳动力流动的实证分析

一　中国对外贸易的发展现状

改革开放以来,我国贸易发展取得了非凡的成就,在 2018 年已成为世界第一贸易大国(第一大出口国,第二大进口国)。1978 年我国对外贸易总额仅为 355 亿元,且存在 19.8 亿元的贸易逆差;到 2001 年对外贸易总额与 1978 年相比增加了 120 倍;2020 年贸易顺差已达到 37096 亿元。我国自改革开放以来贸易发展一直呈向上趋势,加入世界贸易组织后,增长势头更加迅猛,从图 7 – 1 可知,虽然 2007 年美国次贷危机引发的国际金融危机对我国的对外贸易造成了巨大冲击,导致我国贸易总额有所下降,但是在 2010 年以后我国对外贸易逐渐恢复过来并继续呈向上发展趋势。近年来，我国贸易顺差在有些年份呈现上涨趋势，有些年份却又出现向下滑落趋势，这是因为一方面是受中美贸易摩擦的影响，另一方面则是我国正处于产业转型升级阶段，逐渐减少了低端制造业的出口。

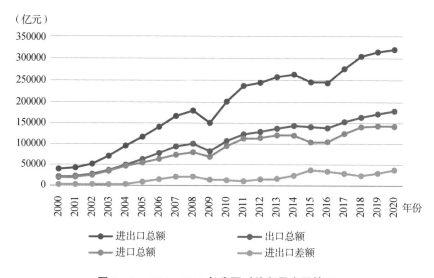

图 7 - 1　2001—2020 年我国对外贸易发展情况

资料来源：作者根据中国国家统计局的数据绘制而成。

一国或地区贸易开放程度的关键衡量指标之一是贸易依存度。根据图 7 - 2 可知，我国贸易依存度以及进出口贸易依存度的变化趋势趋于一致，并在 2006 年达到最高值，其中我国贸易依存度由 1978 年的 0.1 上升到 2006 年的 0.64，此后呈下降趋势，仅在 2010 年有过短暂回升，主要原因是 2008 年国际金融危机导致发达国家和部分发展中国家经济发展受到严重损害，我国出口大幅度减少，随后待经济回暖后我国进出口额回归正常趋势。不过正是 2008 年这场由美国引发的国际金融危机，使我国清醒地认识到长期依赖大量出口来发展经济是行不通的，需调整经济发展战略才能走可持续发展的道路。我国有经济体量大的优势，因此逐渐向内需拉动型经济转型，贸易依存度开始逐年下降。值得注意的是将图 7-2 与图 7-1 对比，可以发现自 2006 年后，虽然我国对外贸易依存度整体大幅度下降，但我国进口贸易总额和出口贸易总额仍向上增长，在一定程度上说明我国经济发展水平逐年提高，国内消费市场被带动了起来，同时也反映了我国产业结构转型升级有一定成效，低端制造业逐渐被取代。

图 7-2　1978—2019 年我国外贸依存度

资料来源：作者根据中国国家统计局的数据绘制而成。

二　贸易开放对国内劳动力流动的影响

（一）贸易开放条件下劳动力国内流动趋势

1. 流动总人数呈先增后降的趋势

从图 7-3 中可以看出近二十年来我国流动人口总人数的变动情况，2000—2010 年的流动人口总数处于高速上涨的趋势，2011 年开始缓慢上升，至 2014 年达到峰值，随后开始缓慢下降。整体来看，近年来流动人口占人口总数的比重趋势与外贸依存度相似。

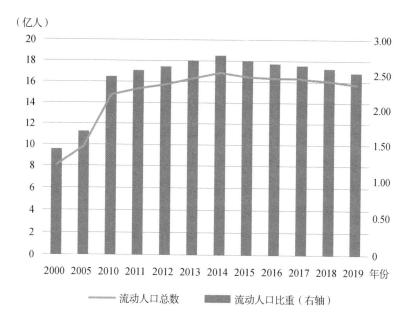

（亿人）

流动人口总数　　　流动人口比重（右轴）

图 7 - 3　2000—2019 年中国劳动力流动总人数

资料来源：作者根据中国国家统计局的数据绘制而成。

2. 流入地区以东部沿海城市为主

改革开放推动了中国经济迅速发展，但对外开放历程从兴办经济特区开始逐步向沿海、沿江至内地推进，根据开放的先后顺序我国劳动力人口流动趋势主要是从农村向城市、从中西部地区向东部沿海地区的流动。从图 7 - 4 可知，我国乡村人口占比逐年递减，主要原因表现在两个方面：一是开放经济条件下的沿海劳动密集型产业发展迅速，对劳动力要素产生了巨大和持久的需求；二是农业现代化降低了对劳动力的体力强度提高了劳动生产率，进一步削弱了对农业劳动力的需求，所以我国劳动力不断从农村迁移到城镇。

相较于内陆地区，沿海城市拥有港口，海外交通便利，且历史上就有过对外开放贸易等有利条件。同时这些沿海地区享有比内地更加开放、对外资更加优惠的国家政策，有利于集中地吸收大量外资，引进发

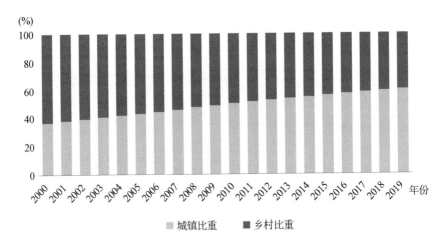

图 7 - 4 2000—2019 年城镇与乡村人口比重

资料来源：作者根据中国国家统计局的数据绘制而成。

达国家先进技术和管理经验，因此大部分外贸企业都优先选择在东部沿海地区投资办厂。对外贸易增加了产品的外部需求，东部地区企业需要更多的劳动力让生产力跟上资金的投入，从而派生出对劳动力需求的增加，吸引越来越多的劳动力流入。从表 7 - 1 农民工就业地区分布占比情况可以发现东部地区是农民工主要流入地。

表 7 - 1 农民工就业地区分布占比

年份	东部地区	中部地区	西部地区	东北地区
2014	60. 0	21. 1	18. 6	—
2015	59. 4	21. 2	18. 8	—
2016	56. 7	20. 4	19. 5	3. 2
2017	55. 8	20. 6	20. 1	3. 2
2018	54. 8	20. 6	20. 1	3. 2

资料来源：作者根据中国国家统计局的数据绘制而成。

（二）贸易开放条件下影响劳动力流动的主要因素

贸易开放给劳动力市场带来的收入不平等是其中一个重要方面。我国对外贸易近年来蓬勃发展，贸易结构的变化导致劳动力市场供求变化、要素价格变化以及技术的提升等一系列相关反应无不影响着区域间的收入水平。由于东部沿海地区优先对外开放，广东、上海等沿海地区平均工资快速增长，与中西部地区工资收入差距逐渐拉大，据国家统计局数据显示，2001 年东部地区平均工资约是中西部地区的 2.75 倍。近年来，随着中西部地区承接产业转移、西部大开发战略、振兴东北老工业基地等发展战略的实施，地区间工资收入差距有所缓解，工资差距基本保持在 2.4 倍左右。从表 7 – 2 中可以发现东部地区的可支配收入一直遥遥领先，并且近年来与中、西部及东北地区的人均可支配收入差距逐步在上升。

表 7 – 2　　　2013—2019 年全国居民地区分组的人均可支配收入　　单位：元

年份	2013	2014	2015	2016	2017	2018	2019
东部地区	23658	25954	28223	30655	33414	36298	39439
中部地区	15264	16868	18442	20006	21834	23798	26025
西部地区	13919	15376	16868	18407	20130	21936	23986
东北地区	17893	19604	21008	22352	23901	25543	27370

资料来源：作者根据中国国家统计局的数据绘制而成。

工资收入差距导致了劳动力流动，而收入水平较高的长三角地区和珠三角地区成为吸引劳动力流入的主要区域。将流入群体分为两种，一是以农民工为主体的劳动力流动，由于近几年来产业转移以及国家扶贫政策在努力缩小收入差距，从表 7 – 1 可知虽然中西部农民工人数增长速度高于东部地区，但是整体上东部地区吸纳的比例仍在 50% 以上，工资水平较高的地区会吸引更多的农民工，且在现实生活中当劳动力流入主要东部地区内部后，农民工也会在一定程度上因工资水平差异而在珠三角和长三角等区域间流动。二是流动劳动力中"新生代"，2016 年我国新生代流动人口达 64.7%，成为流动人口中的主力军，且占总流动人口比重还在不断上升。与老一代流动人口相比，新生代流动人口开放多元的就业理念以及普遍受教育水平提高，将有助于加快沿海地区产业结构向"服务化"的转变，以更好地服务于中国社会发展。

三 贸易开放对劳动力跨国流动的影响

劳动力对外劳务输出、跨国流动就业是中国经济发展阶段和结构调整的必然趋势。但就我国是劳动力净输入国，还是净输出国，已有研究中并未得到一致的结论，王会娟等（2018）指出，如果仅考虑直接附加在贸易品上的劳动价值，中国是人力资本净输入国；如果考虑到贸易品的完全劳动价值，则中国是人力资本净输出国。无论是直接，还是完全分析，高学历虚拟劳动力的输入总是大于输出。从国际层面来看，发达国家人口基数小，老龄化问题日益严重，导致这些劳动力结构性短缺的国家在世界劳务市场对劳动力的需求不断增加，为我国的劳务输出市场提供了发展的机遇。从国内层面来看，随着农业生产效率的提升，以及制造业产业由劳动密集型向技术密集型的升级转化，大量劳动力被释放出来。同时国内政策鼓励依托"一带一路"开放合作新平台，同其他国家尤其是广大亚非拉国家加强经贸联系，这促使部分剩余劳动力开始对外输出，并呈现出不断增多的趋势。对外劳务输出不但能够有效缓解国内就业压力，而且可以有效促进国内外商品的交换，有助于我国企业"走出去"。我国对外劳务输出主要是以承包工程带动劳务输出和纯劳务合作两种方式进行。根据近年来的实际情况，涌现出多家经营有方的对外承包工程和劳务合作公司。例如，中国的建筑工程总公司和中国公路建设公司等多家中国对外承包企业。探究进出口贸易与我国劳务输出的影响机制，有助于为我国在进一步扩大对外开放背景下如何合理分配劳动力以及推进"一带一路"建设提供理论依据和实践经验。

（一）对外劳务合作总体概况

截至2020年2月末，中国在外各类劳务人员总计有77.8万人，我国已经成为国际劳动力市场上的一支重要力量。据商务部数据统计，在2018年年末我国对外劳务合作业务累计派出各类人员已达951.4万人，对外劳务合作年末在外各类劳务人员60.61万人，对外承包工程年末在外人数39.07万人，对外劳务合作派出各类劳务人员26.5万人，较2017年同期减少了3.5万人，出现较大降幅。从图7-5的趋势可知，对外劳务合作年末在外人数与加工贸易的顺差趋势趋于一致，这是因为对外贸易开放和跨国投资对劳动力跨国流动会产生重要影响，两者之间存在替代关系（Russell 和 Teitelbaum，1992），表现为从中国进口较多商品的贸易伙伴国不会大量地雇用中国劳动力，而向中国出口大量商品的贸易伙伴国则会需要大量的中国劳动力。此外，"蒙代尔命题"表明

图7-5　2000—2018年对外劳务合作状况

资料来源：作者根据中国国家统计局的数据绘制而成。

一般劳动力跨国流动与贸易还存在互补关系，劳动力跨国流动会增加输出国的外汇收入，从而增加投资和出口贸易，因此会进一步促进劳动力外流。随着中国经济进入高质量发展阶段，对外贸易结构也相应地做出调整，这对中国劳动力跨国流动产生了影响。

我国在外劳务人员主要分布在中国澳门、日本、中国香港、新加坡、阿尔及利亚、印度尼西亚、巴基斯坦、老挝、马来西亚、沙特阿拉伯等国家和地区。起初我国的劳务输出主要集中在中东市场，随着全球经济形势和国际劳务市场需求的变化，以及"一带一路"倡议提出后，我国在稳住中东市场的同时坚持多方位开拓新市场的发展战略。总体上看，中国劳动力跨国流动市场还是以亚洲为主，但其在整个国外劳务市场份额的占比相对有所下降，而其在非洲、欧洲和拉丁美洲劳务市场的比重略有上升，这也反映了中国劳务输出在以传统市场为依托的同时，不断开拓多元化市场战略取得了一定成绩。尽管我国对外劳务输出的整体实力在不断增强，但欧洲、北美洲和大洋洲等大多数发达国家劳务市场对我国基本上是关闭的。总体上看，我国在世界劳务市场上不具有明显的优势，在数量和质量上都有待提升，我国作为一个拥有近 14 亿人口的大国，当下劳务输出这一现状与我国丰富的劳动力资源是极不相称的，因此我国在发展劳务输出业务上具有很大潜力和发展空间。

（二）对外劳务输出区域分布

我国对外劳务输出数量在不断上升，但不同省份之间有着明显的差异。从图 7-6 可知，2018 年在境外从事劳务合作的前十名省份或地区中，只有湖南、河南、吉林三个中部省份上榜，其他均为东部省份，其中对外输出人数最多的是山东省和广东省，且占总对外输出人数比重大。根据劳动力流动倾向，我们可以发现对外劳务输出地数量与各地劳动力资源紧密相关，东部沿海地区劳动力资源丰富，山东、广东、江苏、辽宁、福建和上海等沿海省份和城市输出的人数相对较多，而内陆城市就相对较少。进一步细分原因，东部沿海地区因其靠近港口的地理优势和更高的对外开放水平，能够比中西部地区先一步知道世界劳动力市场上劳务需求的最新动向，再加上其交通设施更便利、受教育程度更高等方面优势，跨国企业更愿意在这些东部沿海地区培养符合国际标准的企业员工。而中西部地区外资企业较少且大多数为国家老重工业基地，这些国有大、中型企业虽然为中西部地区提供了大量的就业岗位，但是限制了中西部地区劳动者素质的提升，不利于劳动力赴海外就业。

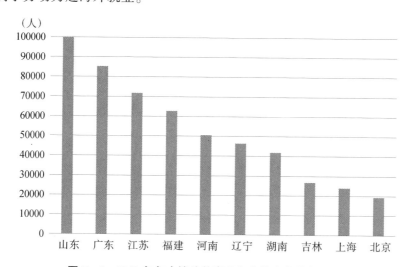

图 7 - 6　2018 年年末境外从事劳务合作人数排名前十

资料来源：作者根据中国国家统计局的数据绘制而成。

第三节　加工贸易产业转移背景下的劳动力流动

改革开放四十多年，中国对外贸易发展获得的成就有目共睹。在外贸增长迅速的背后是中国紧握住了欧美发达国家制造业产业转移的机遇，加工贸易顺势而为，因此我国贸易发展成绩斐然离不开我国加工贸易的蓬勃发展。加工贸易的特征是通过进口原料、材料或零件，利用本国的生产能力和技术进行加工后再出口，从而利用汇率优势获得附加价值，其本质上是为了实现资源最优配置，根据比较优势，在各个国家完成不同的生产工序，以提高产品的竞争力。自 20 世纪 90 年代，日益壮大的加工贸易产业已成为国民经济中重要支柱产业。近十多年以来，我国货物出口中一般贸易出口和其他贸易出口比重有所上升，加工贸易出口的比重虽然有所下降，但其一直处于贸易顺差并且一直占有领先地位，可见加工贸易仍然是我国首要对外贸易方式。随着国内产业结构转型升级的需要，部分加工贸易产业逐步往中西部地区迁移，而加工贸易产业拥有较强就业吸纳能力，它的转移会对我国劳动力流动产生什么影响？

一 加工贸易产业发展的演变历程

（一）加工贸易的发展历程

自 20 世纪 80 年代起，中国加工贸易经历了从无到有、从小到大，从图 7 - 7 和图 7 - 8 可知，加工贸易的发展主要分为以下四个阶段。

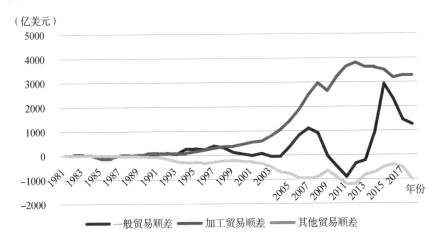

图 7 - 7 我国主要贸易方式进出口情况

资料来源：作者根据历年《中国贸易外经统计年鉴》的数据绘制而成。

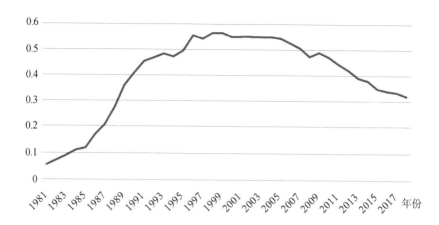

图7-8 加工贸易出口情况

资料来源：作者根据历年《中国贸易外经统计年鉴》的数据绘制而成。

第一阶段（1978—1987年）：以来料加工为主。早期，中国由于外汇资金与原材料的缺乏，以来料加工为主的贸易模式既有助于弥补工艺能力低、设备不足等缺陷，同时又利用了国内劳动力价格廉价的优势。起初，外商规模比较小，以一些来自港澳台的中小型企业为代表，它们开始试探性地进入我国劳动密集型行业。国务院陆陆续续出台了扶持加工贸易产业发展的政策，如在沿海创建经济特区，借鉴国外开设"自由贸易区""出口加工区"等，这些政策为吸引外商投资创造了有利条件，加快了中国对外开放的步伐。据国家统计局数据显示，1987年我国出口总额为394.4亿美元，其中加工贸易出口占20%，加工贸易出口增速为58.3%，进口增速为48.7%。总体来说，这一阶段，我国加工贸易规模小、层次低，且形式单一，处于刚刚起步时期。

第二阶段（1988—2000年）：推动进料加工和外向型经济发展。在来料加工的基础上，我国工业能力不断增强且持有一定外汇资产。这一时期国内加工企业开始在国际市场通过自有外汇购买原材料和设备零件，按自己的设计偏好进行加工，组装成成品再出口到国外市场，这种模式又被称为"以进养出"。在这一阶段加工贸易发展有以下几个特点。一是加工贸易成为主要贸易方式。根据图 7-8 可以发现，自 1995 年开始，加工贸易占总出口额一半以上，可谓占据我国贸易"半壁江山"。二是主要开展以进料为主的加工方式。这一时期我国劳动密集型产品出口逐渐减少，资本与技术密集型产品出口份额逐渐增加。三是外商投资规模不断增加。欧美日等大型公司继港澳台之后也纷纷带资入驻中国，20 世纪 90 年代以后，跨国企业逐渐成为我国加工贸易的主体。在这一期间，不仅加快了工业化进程，还创造了大量的就业机会。

第三阶段（2001—2007 年）：推进加工贸易产业调整升级。2001 年进入世贸组织后，我国的对外开放力度进一步增强，加工贸易进入调整阶段，这为承接国际产业转移和参与全球分工提供了良好的条件。从简单的加工、组装到机械技术，然后开始承接了以 IT、汽车和机电产品等为代表的现代制造业，这些从劳动密集型产品到技术密集型产品的转换隐藏着我国加工贸易正不断转型升级的轨迹。此时，国际服务业也渐渐向中国转移。据图 7-8 可知，加入世界贸易组织后到 2007 年加工贸易出口总额在总出口额中的占比一直处于 50% 以上，我国经济也在迅速发展。

第四阶段（2008 年至今）：加工贸易持续转型升级。根据图 7-8可知，2008 年以后加工贸易出口额占比整体呈下降趋势，主要原因有以下几点。一是 2008 年在金融危机的影响下，整个国际贸易市场不景气，企业面临资金链短缺，部分粗放型加工企业被淘汰。二是我国常年处于全球生产价值链低端，附加值低，再加上国内沿海地区劳动力价格上升，以及企业用工难等问题，国家决定着力引导加工贸易向产业链高端发展，促进加工贸易转型升级，提高加工贸易的附加值。为了使加工贸易的产品结构和区域布局得到优化，国家决定逐步将沿海地区加工贸易产业转移到中西部地区，加快产业结构升级，引导从"中国制造"向"中国创造"转变。

（二）加工贸易产业发展的现状分析

根据表 7－3 可知，近年来，我国加工贸易出口总额自 2012 年开始呈下降趋势，在 2015 年和 2016 年还出现了负增长情况。探究其主要原因，一方面是中国劳动力成本越来越高，劳动密集型的加工贸易耗能大，利润逐年下降甚至无利可图，向海外转移的企业越来越多。另一方面是 2012 年以来，受贸易保护主义影响，欧美和部分发展中国家对我国贸易政策收紧，导致我国遭遇了反倾销、反补贴等贸易纠纷调查，导致我国贸易摩擦风险加剧。在国内外多重不利因素影响作用下，我国加工贸易持续增长乏力，企业盈利空间缩小，这些因素致使加工贸易企业经营举步维艰。

2018 年，美国宣布将对中国进口的商品征收大规模关税，中美贸易争端开始，中美贸易摩擦无疑给我国部分本就利润薄弱的加工贸易企业雪上加霜，据国家统计局数据显示，2019 年中国加工贸易出口额同比下降了 7.7%，而进口总额同比下降了 11.2%，比 2017 年降低了约 4 个百分点，我国加工贸易规模明显萎缩。随着全球化的深入，各国经济紧密联系在一起，中美贸易摩擦不仅是中国对美国的影响，还会传导到中国对日本、韩国、欧洲等国家，从而对全球总需求和贸易链产生影响，导致中国加工贸易出口额进一步降低。

表 7－3　　　2014—2019 年中国加工贸易进出口额及增速

年份	出口（亿美元）	增速（%）	进口（亿美元）	增速（%）
2014	8842.18	2.8	5240.85	5.5
2015	7975.30	－9.8	4466.10	－14.8
2016	7153.31	－10.3	3964.38	－11.2
2017	7587.68	6.1	4312.77	8.8

续　表

年份	出口(亿美元)	增速(%)	进口(亿美元)	增速(%)
2018	7970.43	5.0	4700.84	9.0
2019	7354.36	−7.7	4172.92	−11.2

资料来源：作者根据历年《中国贸易外经统计年鉴》的数据整理而成。

二　加工贸易产业转移的趋势分析

(一) 加工贸易产业转移的趋势

改革开放的早期，我国东部沿海地区以外延式和粗放型为主的加工贸易发展模式导致了巨大的资源消耗、环境污染等问题，且劳动力成本以及土地等要素价格上涨，东部地区加工贸易发展受到严重阻碍。一方面，产业转型升级迫在眉睫，需要将东部沿海地区落后的产业转移出去；另一方面，中西部地区经济发展相对落后，东部沿海地区不仅对中西部地区的辐射能力未充分发挥，反而将中西部地区大量资金、劳动力等生产要素吸走。为了实现产业结构优化以及区域经济均衡发展，加工贸易产业逐步向中西部地区转移。国家商务部从 2007 年开始分三批确定了加工贸易产业转移的 44 个重点承接地，这些重点承接地分属于皖、赣、晋、豫、鄂、湘、桂等 19 个省份，从承接地数量上看，湖南最多，随后是安徽、江西、湖北、河南、广西，这 6 个省份的承接地数目占总数的 60% 以上。目前，湖南有郴州、岳阳等 6 个重点承接地，安徽、江西有合肥、南昌等 10 个重点承接地，湖北、河南、广西有武汉、洛阳、南宁等 12 个重点承接地。

(二) 各省份加工贸易转移的情况

随着劳动力、土地等要素成本上升，东部沿海地区部分处于生产链低端，附加值低的劳动密集型产业，如珠三角地区的纺织、服装、食品等产业迫切需要向中西部地区转移。据东部各省份的统计年报数据显示，自商务部确定第三批加工贸易梯度转移重点承接地以来，东部地区加工贸易出口额逐渐减少，一定程度上说明了加工贸易产业转移工作正在全面铺开。在东部地区的9个省份中广东、福建、浙江、天津、海南等地加工贸易出口总额增速为负，且下降速度快，意味着产业转移速度进程加快。相比之下，江苏的加工贸易产业在2014年和2015年转移速度大幅放缓，加工贸易出口额下降幅度不足1%，但2016年又恢复向外转移趋势，加工贸易出口额下降6.7%。

随着对外开放的发展和中央政府的政策支持，中西部地区加工贸易产业承接效果良好。据各省份的统计年报数据显示安徽、湖南、河南、山西等地加工贸易出口额比原先增加了3—4倍。但值得注意的是，产业转移机遇性很强。从国际层面上看，一轮产业转移的黄金周期可能只有3—5年，因此国内产业转移也不会无限持续下去，自2016年开始安徽、江西、湖南、湖北的加工贸易出口额增速为负，意味着东部沿海地区此次大规模产业转移阶段进入末期。

三　产业转移背景下劳动力流动的现状与趋势分析

（一）劳动力流动与产业转移趋势

东部沿海地区拥有天然的区位优势，再加上国家政策支持，为沿海地区承接发达国家制造业产业转移带来了机遇，吸引了大批厂商入驻东部地区，以及中西部地区的资金、人才也纷纷向东部地区转移。而东部地区的加工贸易企业的发展特点是出口劳动密集型产品，产品竞争力低。一方面，由于劳动力往东部地区大量流入，由于劳动力市场供大于求，东部地区劳动力工资水平会下降，进而导致企业利润减少。另一方面，2008年国际金融危机也导致企业生产成本提高利润下降，为了获得利润不得不将加工贸易企业转移到成本低的中西部地区。而对外地劳动者来说，工资降低、物价上涨让他们越来越无法融入大城市甚至连生存都可能无法得到保障，因此劳动力会逐渐倾向于本地就业。

与此同时，中西部地区在国家政策的推动下积极地吸引外资投资设厂，承接来自东部地区加工贸易产业转移，随着承接产业转移条件越来越成熟，产业转移规模也越来越大，新的产业会随加工贸易产业转移而出现，为转入地提供新的就业机会，因此大批外省务工的农民工开始返乡就业。

（二）异质性劳动力流动与产业转移趋势

在加工贸易产业转移背景下，中西部地区对外开放程度不断扩大，用人需求逐渐增加，外出务工的劳动者纷纷返回流出地，在该背景下不同技能水平劳动力的就业形势会呈现怎样的差异化值得我们思考。返乡劳动力经过在东部沿海地区打工阶段积累了一定的技术知识、市场信息，以及管理经验，导致出现了"回来的技能工人不够用，当地的非技能工人用不上"的现象。因此，高技能型的劳动力不仅更易从产业转移中获得更多的收益，还有利于家乡的人力资本积累和促进经济发展，技能型劳动力越来越倾向于在家乡就地就近就业创业。而低技能或非技能劳动力依旧属于低收入社会群体，为了改善生活这部分人迫切需要通过职业转换获取更高的收入。相比较而言，随着我国对外开放力度不断增强，东部沿海地区依托优越的地理位置优势率先发展，其就业市场规模比中西部地区要大得多，这部分劳动力将迫于就业市场的压力，离乡外出。

第四节　政策建议

在发展贸易过程中，中国需要充分利用劳动力的数量优势，改善人才结构的弱势，借助对外投资和服务贸易契机，扩大劳动力跨区域和跨产（行）业流动的渠道，同时加强劳动力教育和培训，提升就业层次。为此，本章提出以下建议。

第一，调整贸易结构，加大创新促进东部地区产业结构升级。从我国贸易发展形势上说，为使我国经济持续健康发展，贸易结构需要调整，降低加工贸易这种低附加值的出口比重。加工贸易出口在全球价值链中不稳定易受贸易摩擦影响，且主要以劳动密集型产业为主，对低技能劳动力需求大，不利于人力资本的长期积累，导致低素质的人才找不到工作，高素质人才又短缺，说明了我国对外贸易结构引致了劳动力供求结构冲突。随着我国产业向着高质量发展，部分加工贸易产业逐步向中西部地区转移，这为东部地区承接发达国家的资本和技术密集型产业腾出了空间。东部地区应把握时机，充分利用全球价值链重构的历史机遇，加快产品结构调整的步伐，同时也要重点培育一批高新技术产业，加大科技创新研发投入，使之成为国内科技先导企业，在区域内形成产业集群带动产业升级，转型成以资本和技术密集型为主的产业结构。在未来国际产业激烈的竞争中取得主动权。

第二，制定贸易开放政策时应充分考虑地区的差异性。贸易开放对我国区域就业效应影响重大，因此全面深入探究各区域贸易开放政策的合理性对促进经济发展和充分利用各区域剩余劳动力具有深远意义。因此，在我国区域之间经济发展不平衡的背景下，考虑差别化的贸易开放政策，有利于推进贸易开放与劳动力流动良性互动，通过贸易开放对就业影响的机制引导劳动力有序进入不同类型城镇。例如，东部沿海地区应更注重贸易开放的质量，引进高质量、高技术的中间品与外资，出口高附加值的产品，以及吸引国内外高端人才的流入。而对中西部地区需要实施贸易优惠政策，如减免中西部地区外贸企业的某些税收项目，以及承接东部地区转移产业相应的政策支持。同时，改善就业环境与公共基础设施建设再吸引人口集聚，这样才能够为高质量开放提供支撑。

第三，提高劳动力流动水平。贸易结构的改变会引起新一轮的劳动力流动浪潮，我国应该借此机会提高人力资本配置效率。首先，产业结构是影响该地区的劳动力需求结构的重要因素，各地政府据各地的劳动力的年龄、技能、性别等多层次结构规划产业发展，制定合理的产业政策，增加劳动力市场匹配的可能性。其次，应该减少劳动力流动的制度障碍，如子女教育会因户籍制度受到歧视，以及不能享受和当地居民一样的医疗保障，这都会制约劳动力供给无法迅速根据需求状况的变化而调整。

第四，完善低层劳动者保障制度。贸易结构优化对低技能劳动力带来了负面影响，尽管加工贸易产业往中西部地区迁移，扩大了内陆地区的就业市场，但出现了多地返乡农民工短期内再次外出务工的现象。导致这一现象的主要原因是这一类型劳动力往往技能不足，属于社会低收入群体，随着家乡贸易自由化程度加深，他们并未从中获取更大的收益，反而还加深了贫富差距。我们应对这一问题加以关注，否则不利于实现社会正义与公平，还可能对社会和谐稳定产生负面影响。因此，在进一步扩大对外开放的同时有必要完善对低层劳动者的保障制度，以及对非技能困难劳动者实施精准的扶贫脱贫策略，不仅有利于各地区实现均衡发展、共享改革开放发展成果，对维护社会持久繁荣稳定也具有重要意义。

第五，提高劳动力整体素质，加大技能培训力度。贸易结构需要升级，高技能劳动力必不可少，无论是东部沿海地区向高质量迈进，还是中西部地区承接沿海产业内移，都必须有较高素质的人才。同时一定的人力资源基础是知识和技术扩散源泉，因此各地要想在对外开放条件下能接收到知识和技术外溢带来的好处，需要有良好的人力资源基础和较好的技术条件。为此，各地区要加大人力资本的投入，重视人才的长期积累。

第八章　贸易与劳动分工

劳动分工与协作是进行国际贸易的基础，更是促进对外贸易开展的重要推力。由于各国要素禀赋不尽相同，因而各国内部社会分工随之不断深化发展。国际分工则是在此不断发展深化至国际市场领域过程中逐步形成的，并奠基了各国对外贸易的发展。同时，各国参与劳动分工的形式以及参与分工的深度和广度不仅决定着该国对外贸易结构、贸易内容以及贸易利得等相关贸易条件，并且对劳动力市场产生深远影响。在国际贸易过程中，专业化的分工带来了分工细化和深化，可以有效地提高劳动生产率，增加了世界范围内的产品数量，可以让更多的参与国在过程中获利，由此使得各国参与国际交换的必要性大大提高，促进国际贸易的发展。

我国参与国际贸易，劳动密集型产业具有比较优势。然而，随着中国参与国际分工程度的深入，各产业的竞争力发生变化：我国劳动密集型产业因为参与全球垂直专业化分工的水平较低，劳动生产率较低，国际竞争力呈下降趋势；而技术密集型产业通过承接发达国家的技术（资本）密集型产业中劳动密集型生产环节的国际转移，垂直专业化分工程度不断提高，对中国这类产业的国际竞争力的提升产生了良好的静态效应和动态效应，这与我国参与国际贸易的比较优势理论形成悖论。总体而言，从长期看，参与国际垂直专业化分工有利于中国产业的国际竞争力提升（张小蒂和孙景蔚，2006）。

第一节　国际贸易与国际垂直专业分工

改革开放以来，跨国公司不断涌现，其投资行为对贸易开放的发展影响逐渐凸显，使产业内贸易得到极大发展。从理论层面来看，跨国公司理论分为垂直一体化模式和水平一体化模式。但由于国内外学者少有研究水平一体化模式与国际贸易的影响关系，因此本节重点梳理垂直专业分工模式和贸易开放的相关文献，并在理论分析和经验分析两方面做出相应的阐述。

国际垂直专业化的不断发展和贸易的不断进步为国际贸易的快速增长提供了良好的路径，其中，基于垂直专业化下的贸易已经成为国际贸易的重要组成部分。从理论层面和现状分析，由于垂直专业化的贸易涉及的是产品跨国流动，甚至涉及多次跨越国界的情形，因此在运输和流动的过程中，关税和运费的降低对于运输成本有着相当大的影响，这也深刻影响着贸易的增长情况。也有学者通过研究指出，当平均关税水平比较高的时候，没有出现垂直专业化的现象，而当关税下降并且降低到一定临界值时，国际垂直专业化出现，并且在此情况下的劳动分工使得对于此临界值状态下的关税下降将产生更大影响。因此，积极参与垂直专业化的劳动分工对于一国经济增长和贸易发展有着深远影响。

一　国际贸易与国际垂直专业化分工的文献综述

（一）行业间贸易与行业内贸易理论与国际分工

基于标准的贸易理论框架分析国际垂直专业化和分工，主要从两大主要方面进行分析，即传统比较优势理论以及新贸易理论。最初决定和影响国际垂直专业化的因素奠基于传统的贸易理论。早期研究相关理论的学者认为比较优势同样也作为产品内分工的重要基础。Sanyal 和 Jones（1982）以及 Dixit 和 Grossman（1982）基于要素禀赋理论模型，在较早时期建立了国际垂直一体化和国际贸易的理论模型。他们的模型视生产为可以被分割成不同的阶段，并且模型中假设比较优势是专业化和贸易方式的决定因素。随着比较优势理论下模型的发展，后来的一些学者也相继运用了李嘉图模型和 H－O 模型来解释垂直专业化的基础和动因。要素禀赋存在着显著的国别差异，是各个国家在国际分工格局所处位置的决定因素，但有学者发现随着国际分工的发展和深入，世界经济水平的整体增长，要素禀赋的影响力有所下降，地理因素对新型国际分工格局有着越来越重要的影响，而要素禀赋对国际分工格局的影响更多地表现在区域内部的分工体系中（徐康宁和王剑，2006）。不同于在完全竞争市场基础之上的比较优势传统贸易理论，在经济处于不完全竞争条件下，新贸易理论在规模方面专攻于行业内贸易，来解释这种情况下的市场不完全性。垂直一体化是将最终产品的生产过程分为不同阶段，类比于将比较优势视为分析国际垂直一体化和贸易的发生方式，新贸易理论框架也将垂直专业化的研究范围从产品单位扩展到流程单位。由此说来，新贸易理论范式也将劳动分工从产品间的劳动分工转换为产品的劳动分工。

从理论角度分析采取垂直专业化以及分工的必要性在于，基于规模经济视角，如果产品在生产过程中，不同生产阶段的有效规模不同，并假设生产过程一体不可分割，整个生产则只能够按照有效规模来规划某个或某些关键生产环节的规模，那么，原本有效规模更大的生产阶段则无法实现规模经济。为解决上述规模经济无法实现的情况，采取产品内部分工的方式，将有效规模不同的生产环节安排在不同空间位置生产产品，不仅可以提高资源分配效率，节约成本，而且可以有效实现产品生产的规模经济。对于此种解释，Ishii 和 Yi（1997）以及卢峰（2004）认为，产品在不同生产阶段过程中，各个阶段的规模经济和生产要素存在差异，并相应地导致产品生产过程中投入比率的差异，要素上的差异决定了不同国家在不同生产环节的劳动分工，而在追求实现规模经济的过程中则不断加强了这种劳动分工。因而，他们也同样认为，比较优势和规模经济是实现国际垂直专业一体化的决定因素。考虑到新贸易理论在市场处于不完全竞争下讨论，那么在此种理论框架下，不完全竞争企业的竞争行为可看作国际贸易的独立原因。一些学者根据上述观点讨论了国际垂直一体化分工中不完全竞争的企业之间的市场竞争行为。例如，Chen 等（2004）将企业置于异质双头垄断模型讨论竞争行为，在此种模型中，国内企业和外国企业使用同质的中间品生产最终产品，并将最终产品在国内市场中竞争，相比之下，外国企业拥有更高的中间品投入效率。那么，国内企业对于最终产品的需求来自两条路径，即自行生产或者向外国企业购买。那么，国内企业为节约成本，从而采取将最终产品的生产外包给外国企业，或者直接向外国企业进行购买，因而外包行为将会在一定程度上削减外国企业的业务种类。

（二）其他拓展的贸易理论模型与国际分工

基于基础国际贸易理论解释国际垂直一体化和分工的分析框架也被一些其他后期学者拓展，他们将贸易模型中引入产业组织理论和契约理论概念，并在此基础上结合公司组织模型的选择来共同解释国际垂直专业化。由此形成了在国际垂直专业化理论和其经验研究方面的一个新的重要分支（Spencer，2005）。基于上述模型框架，企业可以选择包括自产以及外包生产在内的不同选择来获得某些中间投入品。在生产空间布局的选择上，公司内部生产可以选择在国内生产，也可以选择在国外进行产品生产，除此还可通过直接投资的方式进行企业内部贸易。对于选择外包生产产品的企业来说，既可以通过合同来获得特定的特定输入，也可以通过现货市场交易来获取特定的普通输入。与此同时，在外包空间布局的选择上，也同样包括国内外包和国际外包。在引入产业组织理论和契约理论的分析文献中，绝大部分文献是产权理论、交易成本理论和激励制度理论等的理论应用，其中企业边界的理论有效解释了在集成生产和外包间组织模式的选择情况。

除上述比较优势、规模经济以及交易成本等因素影响国际垂直专业一体化和贸易分工外，还有如技术进步、运输、通信、关税等因素的变动会对其发展产生不同的影响。Hummels 等（1998，2001）以及之后的其他学者，如 Jones（2000）卢峰（2007）等讨论了影响垂直专业化贸易发展的主要因素，主要包括两个方面，一方面是由于运输行业的不断发展和通信技术的不断进步，另一方面在于贸易壁垒的减少。其中，第一方面影响因素主要落脚点在于成本方面的升降，由于技术的不断进步和运输行业的不断发展，使得信息传输的成本大大降低，这不仅使企业之间相互协调配合的效率增强，而且有利于不同地域生产活动的互相监督。自 2020 年新冠肺炎疫情暴发并在全球范围内肆虐，全球航运成本飞涨，运输成本也成为国际贸易和国际垂直分工过程中不容忽视的制约因素。从贸易壁垒减少因素来讲，由于国际垂直专业化贸易的发展，产品生产牵涉多次跨国界合作，因此即便是小幅度的贸易壁垒减少，如关税的减让，都可以降低贸易成本，提升生产效率，对于国际贸易垂直专业化发展的影响也是极大的（王怀民，2006）。

二　国际贸易与国际垂直专业化分工

（一）国际垂直专业化的技术扩散效应

积极参与国际贸易有利于一国贸易的发展和经济增长以及国民福利的提高，其中国际垂直专业化分工中的技术扩散为国际贸易的发展带来了积极作用。一方面，国际垂直专业化分工使得国际分工更加具体细化，有利于实现和促进各国之间的技术扩散。另一方面，施行垂直专业化的企业会在此过程中通过以中间品贸易为载体的间接被动地，或直接主动地，转移相关技术，通过此途径实现技术溢出扩散（胡昭玲，2006）。Jabbour（2005）通过分析，也得出相关结论，国际垂直专业化的实施可以实现技术传播，除此之外，可以通过采取不同的国际垂直专业化模型，分析在不同模型下其对技术扩散的影响，以及探究技术传播对于国际垂直专业化过程的相关影响等途径，来解释国际垂直专业化发展如何影响一国技术进步进而促进一国的贸易发展。对于在参与国际垂直专业化发展的过程中，技术如何在各国之间进行有效扩散，Pack 和Saggi（2001）做出了相关研究，他们探究技术的扩散方式，即发达国家从发展中国家进口中间品的过程中，技术将通过此种贸易路径从发达国家扩散至发展中国家。那么，在此扩散方式下再假设传播至发展中国家的相关技术，也将同样地传播至该发展中国家的其他企业，进而将实现在中间投入品供应企业竞争以及贸易之中实现技术的有效扩散。除此之外，国际垂直专业化分工过程中的技术溢出效应不仅会对贸易企业有积极影响作用，甚至还会对整个国家企业的良性发展起到促进作用，最终使贸易得以有效发展。有部分学者对此方面进行了相关研究，如冯志坚（2015）发现外商直接投资和垂直专业化都促进了中国企业的研发规模的增长，其中对中高技术行业研发投入的促进作用最为突出。张小蒂和孙景蔚（2006）也发现，积极参与国际垂直专业化有利于劳动生产率的提高，并且也会使产业技术水平得以有效提升，虽然在不同产业中存在差异性，但总体而言促进中国产业发展，产业的竞争力也会因此而得到提高。除此之外，国际垂直专业化对于一国技术的影响不仅限于技术的有效扩散，还会促进技术创新和技术进步，使生产率进一步提升。加入世界贸易组织后，我国制造业参与国际分工程度不断提高（张彬和桑百川，2015），垂直专业化的国际分工提升了中国制造业行业的劳动生产率，并成为提升中国制造业技术进步的重要因素（王洋等，2013）。

（二）加工贸易、中间品贸易与国际垂直专业化

贸易的出发点为各国交换最终消费品，在国际垂直专业化分工的推动下，贸易目的扩展到交换中间品和发展加工贸易。加工贸易的发展更是带来了中间产品贸易量的剧增。中间产品贸易是在国际分工进一步深化，生产要素重新配置及生产国际化的产物（胡小娟和陈晓红，

2006）。而中间产品贸易大多用于加工贸易，进口半制成品或零部件，加工组装成最终消费品后再出口，进行中间产品贸易和加工贸易，是制造业参与国际垂直专业化分工的一种重要形式。

加工贸易是指企业进口全部或部分原辅材料、中间品，经过加工或装配后，将制成品复出口的经营活动，有来料加工、进料加工等。加工贸易是我国参与国际分工的重要途径之一（秦兴俊和王柏杰，2014）。加工贸易加速推进了中国工业化进程，有效弥补了中国制造业在技术、研发能力、管理、人才、品牌、国际销售渠道等方面的短板，缩小了与发达国家之间的差距；并有效地发挥了中国劳动力要素、土地要素的比较优势，提高经济运行效率，实现经济增长；承载着高新技术产业发展的重任，是实现中国制造业结构优化升级的阶梯（李国英和陆善勇，2019）。2008 年国际金融危机以来，我国对外贸易持续低迷，加工贸易增速放缓，这是因为中国加工贸易的劳动力、土地的比较优势逐渐减弱，未来加工贸易可能会流向中国中西部地区，也可能流向东南亚及南亚国家，甚至回流到劳动生产率更高的发达国家（郎丽华和赵红洁，2014）。

中间品，即中间产品，是相对于最终产品的一个概念，是为了再加工或转卖而用于产品生产过程中的物品和劳务，也统指生产过程中没有成为最终产品而处在加工过程中的产品的统称。还有学者从国际贸易的角度，将中间品定义为可以进行贸易但不可以消费的产品（Sanyal，1982）。中间产品的数量取决于工业生产规模和产品生产周期的长短。世界贸易组织在《世界贸易报告 2008》中曾指出，在 1988—2006 年，世界零部件贸易的增长速度明显快于世界货物贸易增长速度。王涛等（2021）基于欧盟公布的世界投入产出表，构造了国家（地区）间中间品贸易矩阵，继而对世界各国（地区）中间品贸易进行了特征描述和网络结构演变分析，指出全球中间品贸易增长速度较快，美国中间品贸易规模世界第一，中国增长速度最快，欧盟内部中间品贸易频繁，排名前十的国家占据了全球中间品贸易总额的 50% 以上。而中间商品的贸易在世界经济周期联动性上具有显著的正向效应，尤其是在发展中国家与发达国家以及发达国家之间（马淑琴等，2019）。这说明这些国家之间中间品贸易联系频繁，均在国际化垂直专业化分工中占有一席之地，即每个参与国家只在商品生产的某个或某几个生产环节进行专业化生产的分工。通过中间品贸易参与国际分工，普遍观点认为发达国家和发展中国家发展均能较好受益，发达国家通过进口可以获得价格低廉的中间产品，发展中国家更好地融合在世界分工体系中，通过干中学和技术外溢效应，实现技术进步（胡小娟和龙敏捷，2016）。

（三）外商直接投资与国际垂直专业化分工

跨国公司在国际垂直专业化的实现中起到了关键性作用，而外商直接投资则是垂直专业化的另一种表现形式。跨国公司具有规模优势、技术优势、企业管理优势、市场渠道优势、品牌优势等，通过跨国直接投资，在国际范围内实现分工，外商直接投资会促进当地分工的完善、人力资本和技术的积累、生产设备使用效率的提高，进而可以促进东道国经济发展，增加社会财富的总量，提高人民的生活水平。我国通过外商直接投资的方式积极参与国际分工，并在此过程中不断吸收先进的技术和有效的管理经验，并且结合我国自身的劳动力丰裕且成本较低的优势，使得我国在参与全球价值链分工时事半功倍，提升了积极参与全球价值链分工的能力。其中，作为外商直接投资重要媒介的跨国企业在实现垂直专业化的过程中发挥了重要作用。跨国公司首先通过进口中间产品的方式从发达国家进口国内所需中间投入品，并通过进一步加工制造中间品制成最终品销售至发达国家市场或者是国内市场中，在此过程中不断深度融入国际垂直化的分工，不仅使贸易得以发展，而且也会使技术得以提升。中国的外商直接投资的发展奠基于我国改革开放政策。20世纪 80 年代中期合资企业限制规定条款的修改进一步促进了我国 FDI 的发展。虽然我国 FDI 在此阶段得以稳步发展，但相较于发达国家，我国外商直接投资仍然处于较低水平，1986 年我国外商直接投资额为22.44 亿美元。20 世纪 90 年代我国法律政策不断改善，对外商股权结构限制逐步放松，自此外商直接投资在中国迅速发展，外商直接投资成为中国经济增长中重要驱动力，是中国最大外来资本的来源。2001 年得益于中国加入 WTO 和商业法规的完善，FDI 再次得以迅速增长。根据《中国统计年鉴》，2007—2016 年 FDI 年均产生 15% 的实收资本，以及约 6% 的固定资产投资。FDI 在此期间不仅创造超过 50% 的对外贸易，并且缓解我国劳动力市场的就业问题，使得 6% 的城镇人员重新就业。据商务部数据显示，截至 2020 年 12 月，我国全年实际利用外商直接投资金额达 1443.7 亿美元，同比增长达 4.5%。由此可见，"稳外资"是"稳就业、稳金融、稳外贸、稳外资、稳投资、稳预期"六稳工作的关键。从图 8-1 中可知，我国外商直接投资企业进出口总额不断增长，在 2016 年前后稍有下降，而后又逐步增长，但出口额均高于进口额，从数据和现状背景来看，这也从另一个侧面说明我国在垂直专业化分工中的加工链有所延长，参与国际垂直专业化的程度在不断加深。

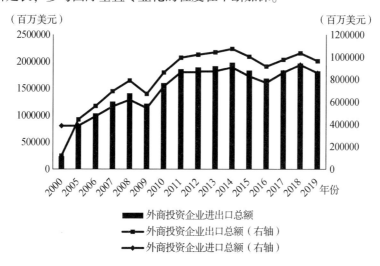

图 8-1　2000—2019 年中国外商投资企业进出口额

资料来源：作者根据历年《中国统计年鉴》的数据绘制而成。

我国改革开放以来，经济持续稳定增长，国际投资活动快速增长，外商直接投资在其中发挥了重要的推动作用，在促进我国对外开放、吸引国际资本流入、推动国内技术进步、工业化进程、产业结构升级调整和国际垂直专业化参与程度等方面发挥了重要的作用（林学军和张文凤，2020）。外资凭借与跨国公司全球价值链网络的天然联系，强化了中国融入全球价值链的深度和复杂度，但也因高加工贸易倾向促使中国制造业在融入过程中向全球价值链下游移动（罗伟和吕越，2019）。

2008 年国际金融危机后，全球外商直接投资大幅下降成为全球趋势，作为世界第一大外商直接投资的东道国，我国制造业接受的外商直接投资也出现大幅下滑，并呈现降幅不断扩大的趋势，所占比重持续下降。究其原因，与全球产业结构调整以及发达经济体的战略改变有关，欧美的"再工业化"战略促使工业投资在国内集中，且其对外投资能力萎缩，造成了外商直接投资源头缩水；而国内要素成本上升、制造业产能过剩、国际市场饱和、产业结构调整升级，政策偏离制造业，都造成了我国制造业外商直接投资的减少（桑百川等，2015），进而对我国参与国际垂直专业化分工产生影响。

近年来，全球贸易保护主义抬头，反全球化呼声重新响起。林学军和张文凤（2020）通过研究发现，我国的外商直接投资在全球产业分工体系调整以及国际贸易摩擦频发的背景下，也在进行结构调整，呈现高流入、高撤离的特点，对我国在国际分工的位置产生了影响。他们指出，贸易摩擦频率和持续时间会造成中国吸引外资的非效率，也会减弱外商直接投资对全球价值链地位攀升的促进作用。而且，有学者研究发现外商直接投资对贸易增加值规模的贡献也趋于下滑，对贸易增加值结构的影响与中国经济发展新阶段脱节（罗伟和吕越，2019）。

第二节　国际贸易与全球价值链分工

全球价值链起源于 20 世纪 80 年代美国经济学家波特（Porter，

1985）。波特指出在企业价值链中处于不同位置的生产环节将会创造不均等的价值，即一些链接产生高附加值，另有些生产环节中的链接创造的价值就相对较低，因而使得各个生产环节链接的利益分配产生差异。对于价值链理论而言，波特认为，合理有效地控制产业价值链中核心战略位置的生产环节，将是企业在产业竞争中展现并保持竞争优势的关键之举。在此之后，对于全球价值链更为可视化的描述则是在 20 世纪 90 年代由施振荣提出的著名的"微笑曲线"（Smiling Curve）。该曲线描绘出价值链的不同生产环节附加值的差异分布，曲线的左右两端朝上，代表产生高附加值的生产环节，通常是指研发设计、营销服务等环节，而曲线的中间位置凹陷，代表产生附加值较低的生产环节，通常是指成品组装等生产环节。21 世纪后，学术界对于全球价值链（Global Value Chain，GVC）的类型做出更为详细的说明，Gereffi（2001）表明，全球价值链分为生产者驱动和购买者驱动两种类型。在生产环节中，生产者将在价值链中创造更高的附加值，而在流通环节中，购买者则会创造高附加值。国际贸易的全球发展引致全球价值链的分工，由此将增加进口的中间品数量，动态贸易利益产生，从而促进一国或地区的经济增长。区别于产业链和供应链，价值量更多的是从价值创造、价值增值视角来看到产业和分工（施明霞和徐秋晨，2021）。因此，探究全球价值链分工和国际贸易的联系和影响机制，不仅有利于全球价值链分工以更有利于贸易增长的方式作用于贸易环节，而且有助于为探究经济增长的有效路径提供抓手。

一　全球价值链分工与国际贸易

（一）发达国家参与全球价值链分工与国际贸易

20 世纪 90 年代，随着国际贸易的逐步发展，包括发达国家在内的各国在追求利益最大化原则下以不同形式参与全球价值链的分工，许多国外学者对这一现象进行了相关研究。Feenstra 和 Hanson（1995）在全球价值链分工体系下考察了发达国家参与情况。他们发现，由于发达国家拥有相对丰富的资本，而发展中国家相对缺少资本但拥有丰富的劳动力资源，因此发达国家往往将产品生产环节中需要劳动密集型的环节外包给发展中国家。从该参与分工方式下产生的最终结果来看，发达国家不仅使国家福利提升，还提高了本国最终产品的国际竞争力。此外，参与全球价值链分工，在劳动密集型环节促进发展中国家的技术进步，对于发展中国家来说，技术人员的工资福利得以提高。对于最终贸易利得方面，部分学者也对此做出相关研究并得出结论，如 Deardorff（1998）首先假设贸易过程中使用同质要素，在此前提下研究发现，如果产品生产环节分离情况下该产品价格不受此因素影响，那么两个国家的最终产值将会有所增加。反之，如果受到该因素影响，那么其中一个国家将会因为贸易条件恶化而受到影响，导致最终产值减少。由此可见，全球价值链的稳定向好发展对于国家经济增长和最终福利都有着重要影响。21世纪以来，全球价值链分工得以更为成熟的发展。另一些学者也做了相关研究。Kaplinsky（2000）研究认为，发达国家在全球价值链分工中控制着一些进入壁垒很高的生产环节，如研发、设计、营销等。由于这些环节存在很高的贸易进入壁垒，进而参与全球价值链分工可以给发达国家带来相当大的利润空间。但是，发展中国家在价值链分工中常常处于进入壁垒较低的生产环节，因此各国之间竞争激烈，从中获利相对较低。同样地，对应到各国生产要素参与到全球价值链分工，发达国家在全球价值链分工中往往以技术、资本等生产要素参与，发展中国家参与到全球价值链分工中的生产要素往往是劳动力和土地等（张二震，2004）。因此，发达国家在全球价值链分工中往往可以获取分工以及贸易两个方面的福利，但发展中国家仅获得少部分利益，甚至不能获利（曹明福和李树民，2005）。基于上述研究可见，发达国家在全球价值链中占有主导地位，可以为了本国成本最小化将价值链中的环节进行组合调整，将生产产品的制造环节转移给发展中国家。不仅如此，发达国家在全球价值链分工体系下，不仅获得了从比较优势和规模经济中的贸易利益，还在商品交换中获得了价格倾斜优势的贸易利益（高敬峰和王庭东，2017）。

（二）发展中国家参与全球价值链分工与国际贸易

国际贸易的不断发展，使得发展中国家的进口贸易不断增强，这不仅增加了发展中国家中间产品的种类，而且在全球价值链分工中发展中国家吸收到更为先进的技术，促进了技术进步，也使得中间产品的品质得以提升（Romer，1990）。Grossman 和 Helpman 在 1991 年对上述结论也做出相关理论推理，并且从经验验证层面实证检验了发展中国家在全球价值链分工中的利得，结果发现，发展中国家通过发达国家来进口中间产品，得益于在此过程中产生的溢出效应，因而生产效率得以提升，生产力水平也随之提高，进而促进发展中国家的经济发展。不仅如此，发展中国家在国际贸易中通常可以以较低成本进口到来自发达国家的生产设备、机器零件等资本品和中间品，对中间产品进行模仿、吸收和创新，汲取到其中所蕴含的先进技术成果，并合理运用于本国的产品生产制造，进而促进了发展中国家的技术进步和经济增长（Eaton 和 Kortum，1997；Keller，1997；2001）。许多学者也对此做出了相关研究，结论表明，在全球价值链分工下增加进口中间产品，可以提高一国的生产率，进而提高总产出，经济结构也可以得到优化。傅缨捷和丁一兵（2014）基于开放经济条件下的两部门模型，研究在全球价值链分工体系下一国经济结构的变动，发现在此条件下，进口中间产品的行为会相应影响一国或地区的经济结构。由此可见，发展中国家在积极参与全球价值链分工的过程中增添了许多获取贸易利润的机会（徐毅，2007）。虽然中国在此过程中对外贸易不断发展，经济也因此得以高速增长，但与此同时也伴随着对经济发展的不利影响（徐康宁和陈健，2007）。中国在参与全球价值链分工获取贸易利益的同时也加重了对其他国家的依赖程度，并且伴随着中国的区域经济发展失衡的现象产生。林孝文和何陈念（2017）选取了 1992—2010 年我国国际垂直专业化指数和经济结构失衡总指数作为计量分析的数据样本，建立误差修正模型，运用格兰杰（Grange）因果关系检验分析我国国际垂直专业化分工和经济结构失衡的关系。滞后一阶，发现国际垂直专业化分工是经济结构失衡的单项 Granger 原因，滞后二阶以后，发现国际垂直专业化分工与经济结构失衡存在双向因果关系。

二　发展中国家参与全球价值链分工现状分析

通过参与全球价值链分工的形式进而融入全球生产网络，为发展中国家大力发展国际贸易和积极深度融入世界经济提供机遇。在参与全球价值链分工的模式下，一国可以凭借自身优势参与适合于本国优势的生产环节，参与全球生产网络，由此获得来自全球价值分工的贸易利益。在此过程中，发展中国家不仅可以提升自身技术，也可以提升在世界经济中的国际地位，提升产品竞争能力。

（一）发展中国家参与全球价值链分工的形式

20 世纪 90 年代，Gereffi 等对于全球价值链分工的类型进行了划分，主要是基于其不同驱动要素类型来对全球价值链分工类型做以区分。因此，在此种框架下将全球价值链分工划分为"生产者驱动"和"消费者驱动"两种类型。在同一时期，Henderson 在上述划分类型的基础上又对于全球价值链分工的划分做出了新的解释，即当生产者进行对外直接投资时，生产者驱动的全球价值链分工就逐步形成全球生产价值链的垂直分工体系。首先，说明发展中国家在生产者驱动下的全球价值链分工中的参与形式。由于生产者驱动的全球价值链中存在的企业往往是拥有技术优势较强的寡头企业，占据着全球生产网络中的中心位置，因此对于发展中国家来说进入生产者驱动的全球价值链参与壁垒相对较高，在此种全球价值链下，发展中国家通常通过其外资企业来用以加工制造产品来参与到生产网络中来。由于上述特征，生产者驱动的全球价值链的生产行业一般为飞机行业、计算机行业、重型机械行业等资本技术较为密集型的行业。其次，发展中国家在消费者驱动型的全球价值链参与分工的形式有所不同。在全球生产网络中，跨国企业由于拥有强大的品牌优势，以及畅通的销售渠道，在国际贸易中通过全球采购和贴牌生产的方式进行全球范围的产品流通，以此建立起消费者驱动形式的价值链。例如，纺织服饰类行业、家用电器、电子消费品等劳动密集型行业大多数属于消费者驱动型的全球价值链，而发展中国家往往以加工贸易的形式参与消费者驱动型的全球价值链分工生产。

相关学者在此之后对于上述两种全球价值链类型做出了许多相关更为深度研究，但是也有另一部分学者认为以这两种类型来划分全球价值链的分工过于简单化，很难提炼和归纳出全球价值链分工的整体特征，即由于某些产品生产过程环节较为复杂，导致这些行业的全球价值链体系中不同的生产环节存在的差异较大，因此这些产业难以被纳入生产者驱动全球价值链类型或者是消费者驱动的全球价值链类型。对于上述现象，张辉（2005）基于驱动要素视角，并通过多个方面对划分类型进行了多次比较，最终将全球价值链的类型重新划分为生产者驱动、消费者驱动以及中间类型驱动的全球价值链分工。从某种意义来说，随着国际贸易的不断发展，产品生产的价值链驱动模式并不总是一成不变的。例如，经济全球化的不断发展和国际环境的不断变化使得跨国公司的贸易关注点发生变化，跨国企业将会更加注重全球价值链中产品品牌、管理经验以及销售渠道等无形资产的重要作用，进而会将更多的生产制造环节调整转移到其他国家，获取更大的贸易利益，这样就会使得价值链原本的生产驱动性质转变为购买驱动形式的消费者驱动型全球价值链分工。

（二）发展中国家参与全球价值链分工的特点

全球价值链的发展与国际分工密切相关，类似于国际分工中将生产环节的"二次拆分"，从本质上说，全球价值链分工是将产品生产的各个工序根据不同国家的比较优势进行拆分，不同生产环节转移至不同的国家，进而再次通过国际贸易的方式将生产环节进行有效链接。因此，依据全球价值链分工的性质和特点，各国参与全球价值链分工的深度也取决于自身的比较优势以及进行跨境贸易的时间成本、物流成本、可变成本等贸易成本。除此之外，如果不同国家之间的成本优势相差越大，则参与全球价值链中国际垂直分工的可能性越大。发展中国家在参与全球价值链分工的过程有以下特点。

第一，发展中国家在全球价值链中往往是被动选择加入某个生产环节，以及具有一定的依附性。在全球价值链中，发展中国家往往处于只能获得低附加值的生产环节中。跨国企业的产业链条在发展的过程中需要对全球生产网络优化布局，进而形成了全球价值链的分工模式，在此基础上，由跨国公司主导的全球价值链可以通过多种方式建立起来，例如，对外直接投资形式、产权关系搭建形式等体现公司内部价值的建立形式，或者通过跨国采购形式以及品牌生产许可等多种以公司外部价值链凸显价值的搭建形式。从发展中国家参与全球价值链分工的动机来说，发展中国家为积极吸引外商投资以及为发展贸易鼓励出口生产，主动采取对外开放的市场政策，进而参与全球生产网络的国际分工，但是在参与全球价值链分工的分配上，分配至发展中国家的生产环节，生产产品的种类、生产产品的数量以及生产产品的方式都是被动选择的，受制于跨国企业在全球生产网络中的战略选择。正如同一些国家因为自身生产优势不足或者是技术创新程度不高等因素，被跨国企业转移至全球价值链产业分工布局之外，进而成为全球价值链分工的附属国，甚至成为生产原材料的储备国，完全如同帝国主义在"经典"时期的情形。换句话来说，对于身处全球经济垄断中心位置的发达国家以及跨国企业来说，那些完全处于全球生产网络分工布局视野之外的国家，已经在现实意义上失去了贸易往来的经济意义和战略意义。

第二，发展中国家由于不处于全球价值链分工的中心位置，因此在生产环节的角色分配上存在一定的竞争性，并且由于经济环境的变动，技术的不断发展等一系列不稳定因素的存在，导致分工角色也具有一定的流动性。发达国家在全球价值链的参与过程中，更加注重技术的改进和创新，不同的发展中国家在参与全球价值链分工时，由于其在全球价值链分工中的角色和地位通常具有一定的不稳定性，因而更加关注在竞争日益激烈的经济环境中找寻适合于自身发展的有利空间。从角色分配的竞争性方面来讲，若跨国企业所参与生产链为购买驱动型价值链，其会通过在全球生产网络进行大量采购以保证自身利益最大化。但在此过程中，跨国公司会因为被采购国家的人力资本价格提升、土地价格上涨、政策和经济环境发生变动而增加，这样就会使得跨国公司选择其他更加有利于自身利益最大化的替代国家进行采购，或直接利用这些替代国家进行产品的生产。与此同时，越来越多的发展中国家在上述过程中找寻到了自身融入全球价值链分工的合适契机，因而发展中国家之间产生分工角色上的竞争。也正是因为发展中国家往往缺乏核心生产技术，不能占据价值链的中心位置，在融入价值链的过程中生产的环节分配常常出现更换的流动情形，角色分工具有一定的流动性。因此，积极吸收来自价值链分工的优秀经验有利于提升发展中国家的国际竞争力。

第三，发展中国家在全球价值链分工中往往处于低附加值的生产环节，并且常常被剥夺其在价值链中的贸易利益。发达国家的跨国公司凭借着自身拥有先进的生产技术、管理经验以及规模优势占据价值链中生产利润高附加值的生产环节，并将一些低附加值、高能耗的生产环节转移至发展中国家，试图垄断全球价值链的生产。从经济利益获得角度来说，发展中国家通过参与价值链生产的不同环节，确实在一定程度上获取了国际贸易的经济收益，产品竞争力得以提高，管理经验和生产技术得以积累和提升，但是，跨国企业利用自身优势，控制产品价格，在很大程度上攫取了处于全球价值链中低附加值国家的经济利益，不仅使得全球生产网络的利益分配明显呈现分配利益不均等现象，同时对于发展中国家来说，由于生产环节的高能耗等不利因素，付出了巨大的环境恶化的社会代价。

但就算发展中国家参与全球价值链分工，处于低附加值的生产环节，对发达国家具有依附性，竞争流动性大，但参与其中，仍然可以获利。发展中国家在某些具有优势的环节或产品上参与国际分工，技术在分工过程中扩散，可以获得技术进步与产业升级的动态利益（胡昭玲，2006）。发展中国家参与全球价值链的模式也随着时间的推移发生变化。过去以被动模式（加工贸易和引进外来直接投资）为主，在早期这种参与模式对发展中国家国际分工地位的提升有着更加明显的促进作用，但当积累了一定的经验和实力后，主动参与模式（一般贸易）促进国际分工地位提升的正面效应逐渐超越了被动模式，成为更多的发展中国家参与全球价值链条的主要模式（梁碧波，2017），只有从实际出发，逐步降低加工贸易比重，提高一般贸易比重，扎实推进，才能沿着"微笑曲线"从低端向产业链高端全面升级（张二震，2014）。

（三）中国参与全球价值链国际分工现状

中国在深度融合参与全球价值链分工过程时通过如下两种途径实现自身价值。其一，由于中国拥有着丰裕的劳动力，相对于发达国家来说人力资本成本较低，因而发达国家利用此种成本优势，将一些人力资本成本较高的生产环节转移到中国，由此中国实现来料加工的贸易形式。其二，中国在出口产品的同时也会将一部分产品再次出口到发达国家或其他发展中国家，以此实现贸易增长。通过这两种方式积极参与国际垂直专业化分工的同时，也拓展了和其他国家贸易往来的网络联系。

我国参与国际价值链分工已经三十多年，制造业价值链地位得到了显著的提升，其中资本技术密集型行业中这种促进作用很明显，以半成品贸易为主的行业比以零部件贸易为主的行业更明显（邱斌等，

2012）。我国加工贸易占比一直较大，给我国带来了巨大的经济效益和大量的就业岗位，功不可没，加工贸易过程中大量进出口中间产品，使中国经济全面融入世界经济和国际分工体系，同时也带来了巨大的技术外溢效应，提升我国技术水平（胡小娟和龙敏捷，2016）。

进入 21 世纪后，加工贸易逐步转型升级，加速提升出口产品附加值，中高端产品占比不断加大（施明霞和徐秋晨，2021），正在从世界制造业大国向制造业强国迈进。加工贸易对我国制造业在国际分工中的地位影响，有两种观点。一种观点认为随着参与国际分工的深入，加工贸易的产业升级对国际分工地位的提升并没有帮助，相反产生了负面影响，抑制了国际分工地位的提升（梁碧波，2017）。而另一种观点则认为加工贸易制造业的国际分工地位较低，但大体却呈上升趋势；而非加工贸易制造业的国际分工地位较高，但大体呈下降趋势（刘艳和王诏怡，2018）。产生观点的差异在于我国加工贸易也处于变革之中，不断地通过产业结构优化去升级，不再是过去粗放式，单纯依赖于劳动力优势。

如图 8-2 所示，我国加工贸易与一般贸易走势基本一致，21 世纪后总体趋于增长，2000 年我国加工贸易总额为 2302.1 亿美元，2019 年增长至 11527.28 亿美元。观察曲线，可以看出，中国的加工贸易并非直线上升，而是曲折上涨。2009 年受 2008 年国际金融危机影响，世界经济不景气，外部需求总体疲软，曾出现下降，加工贸易的进出口降幅分别达到 14.82% 和 13.07%，随着经济回暖，强势回归，但到 2014 年达到峰值 14083.03 亿美元后又出现接连下降，其中出口额 2014 年就开始减速，2015 年贸易额出现下降，比 2014 年下降了 9.8%，2016 年继续下降 10.31%；加工贸易的进口额在这两年也接连下降，降幅分别达 14.78% 和 11.23%。2017 年和 2018 年加工贸易又略有增长，但到了 2019 年又出现了下降，进出口分别下降 11.23% 和 7.73%。

图 8-2 右纵轴表示我国加工贸易在贸易总额中占比的变化情况，

从趋势上看，近20年我国加工贸易在贸易总额中的比例稳步下降，2000年中国加工贸易出口额占总出口额的55.24%，而到了2019年，加工贸易出口占比仅为29.42%，这说明我国加工贸易结构在调整，工业附加值在增长。有学者研究表示，我国价值链地位的提升，促进了产业向外转移，其中中低技术行业产业转移对价值链嵌入位置的提升反应更为敏感（马广程和许坚，2020）。

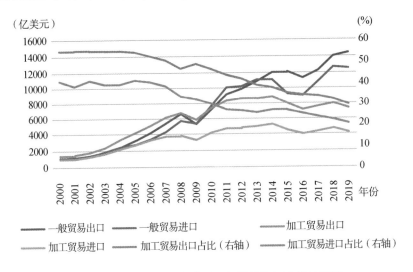

图 8 - 2 2000—2019 年我国一般贸易和加工贸易情况

资料来源：作者根据历年《中国贸易外经统计年鉴》的数据绘制而成。

具体来看，施晟等（2021）根据全球价值链参与方式的复杂程度不同将我国参与国际分工体系的方式分为初级产品、初级制造业、先进制造业和创新活动四种，这样的划分有利于更清楚地认识中国在整个全球价值链所处的位置。

作为强国之本和外贸主力军的制造业，参与国际分工促进了我国产业间和产业内升级（张彬和桑百川，2015；史本叶和李泽润，2014）。虽然我国制造业全球价值链的融入程度很好，但国际分工地位很低（金钰莹等，2020），还处于全球价值链的低端，制造业中核心技术和关键零部件受制于人，尤其是在贸易保护主义抬头和新冠肺炎疫情常态化等外部重大冲击下，以数量扩张、低价竞争的粗放型发展模式难以为继，当前以互联网、大数据、智能制造为特征的新一轮科技革命正在酝酿之中，制造业正加速向数字化、网络化、智能化方向推进，新技术革命为中国制造业带来百年不遇的机会窗口（付庆伟，2021）。制造业包罗万象，比较复杂。我国的劳动密集型制造业具有传统竞争优势，是第一大出口优势行业，但其全球价值链前向参与度一直较低（金钰莹等，2020），其中，纺织品、服装等相关产业的全球价值链参与指数最低，橡胶、塑料制品行业全球价值链参与度超过50%（朱世婧和陈志斌，2021）。国内要素的价格上涨对我国该类制造业参与国际分工的程度产生了显著的负效应（任燕，2014），优势逐渐减弱（高运胜和杨阳，2021）。我国某些中、高技术资本密集型程度较高的制造业的竞争优势显著，是我国新兴的优势制造业，该类产品的出口发展迅速，处于出超状态，国际化程度和地位都有着很大的领先优势，其中计算机、电子和电器设备行业全球价值链参与度高达78%（朱世婧和陈志斌，2021），贸易利得的水平和质量都在不断提升，引导着制造业的发展。全球垂直专业化深入发展，与主要竞争国相比，我国优势制造业中航空制造业的差距明显，低、高技术行业具有较强竞争力，中等技术行业中的机械制造业奋力追赶但仍有很大差距（李宏和陈圳，2018）。知识和技术密集型制造业还没有显著的竞争优势，但已具备"制造强国"的特征。中国已成为全球中间品的最大供应国，对发达国家后向依存度减弱的同时，成为多数国家中间品的来源国，在全球价值链中处于枢纽的关键节点（付庆伟，2021）。

作为新起之秀，我国的服务业总体处于竞争劣势，但其中交通运输、金融业、电水气供应、电信等呈现中间投入特征的生产性服务业有一定的竞争力（张彬和桑百川，2015）。金钰莹等（2020）从纵向分析，将2000年以来的数据分两段，来对服务业的地位进行测算分析，结果表明2000—2010年，我国服务业的全球价值链地位指数有所下降，主要原因在于2001年加入WTO并做出承诺减让，中国服务市场开放程度得到提高，然而中国大多数服务行业垄断，市场竞争不足，难以与国外高水平的服务行业抗衡，导致中国服务业进口多出口少，在全球价值链中的位置向下游偏移。2011—2017年，我国服务业在全球价值链的地位指数呈现上升趋势，这表明在加入WTO的缓冲期过后，中国服务业在与国外的竞争当中得到发展，在竞争中激发了中国服务业的创新动力，教育的加强、人力资本的积累以及服务业FDI的技术外溢效应共同推动着中国服务业在全球价值链中的位置向上游攀升。

但从总体上看，中国目前仍处于全球价值链的低端（刘磊，2014），主动参与的分工领域在扩展，承担的分工份额在增加，参与国际分工的精细程度在深化，加工增值率不断提高，这些都意味着我国在全球价值链中的位置正在发生变化，不断向高端迈进；如果要进一步提升地位，占据或掌控全球产品内分工体系中的关键环节，中国还需要依靠自有品牌及行业技术优势（梁碧波，2013）。我国只有加大力度进行自主技术研发活动，不断向高附加值环节挺进，带动产业升级，推动高端制造业的发展（张彬和桑百川，2015），才能提升国际竞争力，从而在国际分工价值链上攀升，实现我国经济持续发展，真正成为全球化进程中的参与者与获利者。

伴随着地理因素对新型国际分工格局的影响越来越大，区域内产业合作已经成为各国参与国际分工的重要形式。中国积极参与各类区域内国际分工，中国—东盟自由贸易区（CAFTA）是我国参与国际区域经济合作项目成效最显著的区域性合作组织。但在行业分布上看，中国在中国—东盟的合作项目上，分工水平略有差别，技术密集型合作分工水平明显高于资本密集型和劳动密集型产业，尤其是通信设备、计算机、仪器仪表、电器机械及设备制造方面有很好的合作基础和前景（邬丽萍和柴陆陆，2017）。

第三节 劳动分工与劳动生产率

无论在古典理论还是基于新新贸易理论中，均在不同层面和不同视角阐述了生产率对于国际贸易的重要作用。综观生产率与国际贸易的理论分析，经历了宏观至微观的演进，这就意味着生产率在解释国际贸易的过程中具有微观经济基础。也正是由于新新贸易理论对于异质性生产率的设定，以及对于生产率分布函数的构建，搭建了生产率解释产业内贸易和国际分工的桥梁。深化改革强化国际市场分工协作与扩大开放提升国际分工参与度，能够有效提升全要素生产率。因此，本节主要探讨垂直专业分工对劳动生产率的影响机制，并基于已有文献分行业和企业两个层面分别阐述垂直专业分工对劳动生产率的影响机制。

一 行业层面垂直专业分工对劳动生产率的影响机制

对于发达国家来说，全球价值链分工对行业层面的影响，主要有两种观点（杨翠红等，2020）。一是认为垂直专业分工特别是中间产品来自海外的国际分工，可以帮助提高国内产业的劳动生产率。由于公司将效率较低的生产链转移到了低成本国家，因此产品单位成本的下降意味着更高的生产效率。此外，国际分工还为企业集中更多资源并投资于有效的生产活动（如产品研发、流程创新等）创造了条件，这不仅会大大地提高劳动生产率，同时也使企业的整体生产可能性边界向外扩展（Amiti 和 Wei，2006；2009；Bhagwati，2004）。二是认为发达国家过多地融入全球价值链会导致技术外溢和国际竞争力的转移，不利于本身产业的升级和发展（Samuelson，2004；Hira，2008）。对于发展中国家而言，全球价值链对产业升级和劳动生产率的影响也有两类观点。一类观点认为参与全球价值链是发展中国家产业升级的重要契机，进口大量材料或服务中间产品大大降低了国内企业的研发成本，价值链的技术溢出效应有利于发展中国家提高出口产品的质量，中间产品所具有的"学习效果"也将提高企业的劳动生产率（Amiti，2007）。另一类观点则怀疑全球价值链这样的分工模式会将发展中国家锁定在价值链的低端（吕越等，2018；秦兴俊和王柏杰，2014），同时挤压发展中国家国内就业，产生对中间品进口的依赖性（刘庆林和黄震麟，2020），不利于劳动生产率的提升，并由此造成发展中国家的代工企业无法实现功能升级与产业链升级（刘志彪和张杰，2007）。

基于欧盟制造业研究的 Egger（2016）发现，国际分工对劳动生产率的短期影响是负面的，但从长远来看，它对低技能工人的单位增加值产生了积极影响，如 1992—1997 年低技能工人的单位增加值中大约 6% 的增长可归因于垂直专业分工程度变化。几乎同一时期，Amiti 和 Wei（2006，2009）还发现，全球年度垂直分工至少为美国制造业生产率的提高贡献了 10%。但是，在同一框架下对其他国家的研究未能得出相似的结论。例如，Daveri 和 Jona-Lasinio（2008）使用意大利制造业数据来确认生产率增长与垂直专业化之间没有明确的相关性。Lin 和 Ma（2008）发现，国际劳动分工导致韩国制造业的生产率下降。此外，麦肯锡全球研究所（2005）的研究报告还指出，与美国的情况相反，法国和德国之间的国际分工对生产率产生了负面影响。

二　企业层面垂直专业分工对劳动生产率的影响机制

Golg 和 Hanley（2005）研究了 1990—1995 年爱尔兰垂直分工对其电子公司的影响，发现国际分工在促进电子公司的全要素生产率提升方面发挥了重要的积极作用。这种积极的促进作用在低水平的公司中体现得更加明显，这表明从海外进口材料产生的"技术外溢"和"学习效果"对于这些公司的生产率增长至关重要。与此同时，在对爱尔兰的同一研究中，Golg 等（2005，2008）发现，国际分工对该国制造业生产率的积极影响仅限于出口公司。他们将此种结论解释为参与国际分工需要更高的搜寻成本，而那些在海外市场经验丰富的出口导向型公司在寻找合适的外包对象时往往更有效率。西班牙制造业企业级数据研究的相近年份表明，国际分工与生产率之间存在正相关关系。在经济增长相对活跃的东亚，日本在过去几年中与该地区许多国家（或地区）保持着非常紧密的纵向分工关系（Ahn 等，2008；Wakasuji 等，2008）。这可能是由于地区之间要素价格的巨大差距使得国际分工形成了同样巨大的成本优势，从而大大提高了日本的生产率水平。

谢谦等（2021）基于全球生产外包模型，内生化中间投入多样性和企业创新投入，创新性引入中间品内嵌技术，在均衡情形下分析了进口中间品内嵌技术对企业生产率的影响机制并结合中国工业企业数据库和海关数据库，进行实证检验，指出中国参与国际分工，通过中间品贸易提升了企业生产率。进口中间品内嵌技术有利于提升企业生产率，进口中间品内嵌技术对加工贸易企业生产率提升效应不显著，加工贸易企业技术吸收能力较弱是其主要原因。康志勇（2015）采用企业异质性贸易模型，利用中国数据将中国出口总量增长分解为出口的扩展边际和出口的集约边际，在此基础上实证研究了中间品进口对二元边际的影响。结果显示，中间品进口对企业出口扩展边际和集约边际都具有积极的促进作用；中间品进口的促进作用更多地体现为集约边际而非扩展边际。

第九章 促进贸易与就业增长的政策

贸易的增长，尤其是出口的增加，通常会刺激国内就业的增长，如果没有发生由于收入的增长而出现向后弯曲的劳动供给。进口的增加，如果与国内的产品是竞争性或替代性的，通常会挤压国内的就业岗位；而如果是互补的，则有可能会刺激国内就业增加。因此，促进出口贸易增加的政策，往往会增加国内的就业，而促进进口增加的则在短期或长期挤压国内的就业岗位。

作为世界上人口最多的发展中国家，就业问题是关乎国计民生的基础问题，关系到民生福祉，关系到人民日益增长的美好生活需要和幸福指数的提升。在改革开放、加入世界贸易组织、进入新时代以来，中国经济发展和贸易增长及政策变化促进了就业政策的演变与发展。新中国成立七十多年来，国际形势不断变化，贸易结构和经济发展结构面临多次深刻调整，而党和政府始终把就业工作作为重要工作，把解决就业问题摆在重要位置。在经济发展与社会进步中，中国不断实践探索，积累了解决 13 亿中国人就业问题的宝贵经验，获得了诸多经验启示，为新时代创造性解决就业问题提供了借鉴。

第一节　促进贸易与就业增长的政策

一　税费政策

税收是我国公共财政收入的主要来源，也是外贸企业运营的一个重要影响因素。因此，研究税收相关政策对外贸企业的影响有利于了解税费政策是如何促进贸易的。

（一）"营改增"政策

我国对外贸易长期采取出口退税措施来促进我国的对外贸易发展，但自政策颁布以来，我国的服务贸易存在贸易逆差严重、传统的低附加值服务比例过大等问题（翟佳威，2018）。在"营改增"之前，绝大部分的服务贸易征收的是营业税，重复征税问题严重。因此，服务贸易的出口退税困难很大。

随着我国《营业税改征增值税试点方案》的正式颁布，我国已经开始了对企业跨境服务贸易增值税改革的试点工作，包括逐步实施进口增值税营业零征率优惠政策和相关免税优惠政策。从范围上，规定向在试点区的企业单位及其个人所在地提供境外国际国内交通运输服务、向境外单位提供的研发服务和设计服务适用增值税零税率。

国家税务总局于 2014 年发布公告，以上述文件为依据，对"营改增"跨境服务零税率、免税政策的具体适用范围、实施程序及合规要求等进行了详细规定。从 2014 年 10 月 1 日零时起正式生效，但具有追溯性。2016 年 5 月 1 日，"营改增"政策开始在全国各省范围内正式推行，营业税正式退出历史舞台，全面开展。

目前，我国已经实现了全面的"营改增"改革，在服务贸易上实现了跨境服务出口增值税零税率同时免征增值税的政策。然而，依然存在以下两个方面的问题。一是大多数的服务出口实施的是免增值税政策，而没有实现彻底的退税。这导致进入国际市场的产品价格中仍然包含了流转税等税费，使得产品竞争力不足。二是服务贸易仍然存在着重复征税的可能性。

（二）针对小微企业的税收优惠政策

随着经济的发展，小微企业的数量越来越多，在社会中扮演着越来越重要的角色，为推动社会产业结构优化，创造就业机会，做出了很大贡献。然而小微企业却存在着资金周转困难、用工难、税收负担重等问题。因此，财政部在 2018 年公布了关于小型微利企业进一步扩张优惠范围（财税〔2018〕77 号）的通知，针对符合《中华人民共和国企业所得税法》规定的小微企业，将其年应缴税额上限从 50 万元增加到 100 万元，对年应缴税额不超过 100 万元。小微企业的应纳税收入减少 50%。此外，财政部还颁布了一系列有关增值税小型纳税人的优惠政策，实施小型企业的普惠税收减免政策。这些举措进一步支持了小型微利企业的发展，同时发挥了小企业在促进经济发展及扩大外贸等方面的积极作用。

（三）增值税政策

通过在全国范围内实施的增值税转型改革作为政策冲击，采用倍差法识别了税收激励对企业出口国内附加值率的微观影响及其作用机制（刘玉海等，2009）。研究发现，增值税转型政策显著提高了企业出口国内附加值率，其影响效应在时间趋势上呈现先上升后下降的动态变化特征。

财政部自 2019 年 4 月 1 日起宣布，增值税一般纳税人发生增值税应税销售行为或者进口货物，原税率为 16% 的，其更改后的适用税率将调整至 13%；原税率为 10% 的，其更改后的适用税率将调整至 9%。针对出口贸易，原适用 16% 税率且出口退税率为 16% 的出口货物劳务，更改后的适用税率将调整至 13%；原税率为 10% 且出口退税率为 10% 的出口货物、跨境应税行为，出口退税率更改后将调整至 9%。税率的降低，有效增强了出口货物劳务的价格竞争力，促进了我国出口的增长。

二 口岸政策

口岸是经济贸易往来的商埠，承担了国家进出口管理、检验检疫、反恐维稳等工作。自我国改革开放以来，口岸迅速发展，对我国的改革开放现代化建设产生了深远而又广泛的影响。目前，我国改革已进入深水期，对外开放进入了新阶段，这些对口岸工作也提出了更高的要求。为适应新形势的新要求，推动外贸稳定增长、转型升级，促进经济平稳发展，国务院于2015年4月颁布了《国务院关于改进口岸工作支持外贸发展的若干意见》。这一系列政策主要内容从不断优化国际口岸管理服务、促进我国外贸贸易稳定增长、推动我国外贸转型升级、改善我国外贸快速发展、政策环境五个方面考虑和安排的。相关政策主要从推进五维国际口岸建设工作的角度推动我国外贸快速发展。这些政策对促进我国外贸发展起到了不错的效果。

提高海关物流服务效率的政策颁布后，海关物流通货时间大幅缩短。以上海海关为例，2018年第1季度上海海关的进口通关时间就比去年同期缩短了54%。近几年通关的时间大幅缩短，充分反映了精化简化通关程序政策的作用。

在国际贸易"单一窗口"建设政策出台后，我国"单一窗口"的建设工作已经基本完成。根据政策要求，各口岸开始建设电子口岸平台以及国际贸易"单一窗口"平台，推动其共享数据标准化，进一步完善和增加"单一窗口"的应用能力，逐步完善口岸监管执法程序和商品过关进程。与此同时，以上海自贸试验区"单一窗口"为试点建设，将其建设经验逐步推广至全国，并在条件成熟的地区也摸索设立和区域发展规划相匹配的"单一窗口"。此外，加强风险防控机制，推动货物运输图像监控设施的建设。促进跨境个人信息电子化，推进旅客自助式通关系统建设。

目前，"单一贸易窗口"正在全国范围内实施，已连接了 25 个相关机构的数据，16 个功能模块涵盖多个港口，以及约 600 种跨境业务。世界银行评估小组也将"单一窗口政策"视为我国营商环境优化的一项重要举措，它认为这一政策"取消行政性收费，提供透明度并鼓励竞争，压缩了跨境贸易的时间和成本"。85.8% 的被访企业认同"单一窗口"提高了通关效率、降低了贸易成本。其中 35.7% 的企业认为"单一窗口"是对自己业务产生最积极影响的改革措施。

但同时，单一窗口的建设也存在一些问题。第一，我国的通关程序涉及的单位很多，需要途经海关、检查、码头和边防等多部门，而且由于管理方式、工作模式的不同，横向连接较少，不能很好地配合，协作程度也较低。第二，据统计，目前国家海关所需验核监管的证件有 52 种，实现了联网监管的证件只有 6 种，这意味着多数监管证件尚未实现网络数据电子化，只能实现效率低的人工操作。这些问题仍需要在单个窗口政策实施后进行改善。

三 跨境电商政策

近几年来，中国的跨境电商迅速发展，占领了外贸的"风口"。2015 年，中国发展与改革委员会与外交部和商务部共同发布了《推动共建丝绸之路经济带和 21 世纪海上丝绸之路的愿景和行动》，明确规定要提出新型贸易方式和体制，促进跨境电子商业等产业实现突破性发展。在此之后，我国政府实施了一系列的政策和举措，对跨境电商给予了优惠和促进。目前，我国跨境电商产业发展势头迅猛，根据商务部的统计，2013 年我国跨境电子商业交易总额达 18 万亿元，到 2019 年为止，达到了 34 万亿元的总交易量，年均增长了 30%。可见，我国的电商市场的潜在需求和红利都十分巨大，放眼全球，我国跨境电商正在以惊人的速度成长和发展壮大起来。然而，我国的跨境电商体量仍然较小，所占比重仅占据全球份额的 9.5%，整体占比较小。

在大力推进"一带一路"建设的背景下，我国有关跨境电商的政策变化主要有以下几个方面。

（一）进出口税费政策

1. 跨境电商的出口税收政策

2013 年 12 月 30 日，财政部、国家税务总局颁布了关于电子商业零售出口税政策的通知，对电子商业企业退税、免税等情况做了规定。2015 年 12 月 18 日，财政部和国家税务总局公布了《关于中国（杭州）跨境电子商务综合试验区出口货物税收政策的通知》，从 2016 年 12 月 31 日开始，对中国（杭州）跨境电子商业综合试验区的企业进口未获得合法有效进货凭证的商品实行增值税免税政策，该政策从 2016 年 12 月 31 日开始实施，能够有力地推动跨境电商综合试验区的发展，主要针对电子商务在出口电子产品中适用的退（免税）、免税政策，可由电子产品出口企业根据现行规定，办理退税、免税申报。这一税收政策的实施极大地减轻了跨境电商企业的负担。

2. 跨境电商进口税收政策

2014 年 7 月，海关总署颁布了《关于跨境贸易电子商务进出境货物、物品有关监管事宜的公告》，指出对于普通个人申报手续的进口 B2C 业务，可以遵循进出口个人邮递物品的相关条例办理征免税手续。在这一条例下，普通个人在跨境购买物品时只用缴纳"行邮税"，50 元以下的税额可以进行免税处理，这对于我国的跨界进口 B2C 业务有着重大的利好，由此也导致了"海淘"业务的兴起和繁荣，此时又造成的赋税不公平问题却冲击了传统进口渠道和跨境 B2B 等进口业务。为体现税负公平，堵塞税收漏洞，优化跨境进口电商结构，2016 年 3 月，《关于跨境电子商务零售进口税收政策的通知》被财政部提出，规定自 2016 年 4 月起，跨境电商零售进口的商品按"货物"征收关税、增值税、消费税等，不再征收"物品"的行邮税，这是一项重要的减税新政。新政策还指出，对外交易金额≤2000 元人民币，可以进行免关税处理，增值税和消费税则仅 70%，超出限额的，则按一般对外贸易支付方式全部税额征收。

税改前后，跨境电商所面临的税费费率发生了巨大的改变，其主要改变，一是在最初"行邮税"的税额范围内的免费额，新政对其进行了税率上调；二是对于超出了原"行邮税"的免费额，部分商品的税率下调了。这一措施，防止了跨境电商通过"海淘"进行避税的操作，也在一定程度上鼓励了跨境 B2C 消费逐步向高质量消费发展。近期，我国不断对零售进口进行减税降费。2016 年 9 月，财政部、国家税务总局发布了一份通知，将化妆品消费税从 30% 下降到 15%。增值税的比例更是从 17% 下降到 16%，之后又下降到了 13%。目前，跨境电商的综合征税率已经下跌至了 9.1%。并且，根据国家出台的新规说明，从 2019 年年初开始跨境电商零售单次进口最大限额从 2000 元提高到 5000 元，人均年度最大限额从 2 万元提高到 2600 万元。这一举措进一步鼓励了国内消费者"海外淘"的购物需求，促进了跨境零售进口业务的健康持续发展。

自 2013 年以来，我国不断出台新的政策措施，逐步调整跨境电商贸易税收政策，对跨境电商的出口退税政策实行"松绑"，并且持续对零售业相关的进出口税费进行优化，有效地产生了刺激消费、扩大内需的作用，有利于通过跨境电商实现以国内大循环为主体、国内国际双循环的新发展格局。

(二) 跨境电商进出口货物监管政策

1. 正面清单制度

该制度主要针对的对象是跨境电商零售业务。很长一段时间以来，跨境电商零售商品均按照"行李/邮政包裹"的管理，商品的种类十分繁杂，安全隐患也较大，因此检验检疫的难度很大。2016 年 4 月，《关于公布跨境电子商务零售进口商品清单的公告》在财政部等 11 个部门相继发布，以及《关于公布跨境电子商务零售进口商品清单（第二批)》的公告，共发布了两种跨境电子商零售进口产品清单，一共有1293 种产品。2019 年，财政部公布的最新公告《关于调整跨境电商零售进口商品清单的公告》中将清单产品种类又上调到 1321 种。对于位列正面清单内的跨境电商商品，在进口环节中可以免除许可证。正面清单制度的建立，有效地标准和规划了我国跨界电商零售进口商品的品种和类别，提高了产品质量，对促进跨境电商进口业务发展起到了积极的鼓励作用。

2. 通关手续

海关总署发布的最新公告《关于增列海关监管方式代码的公告》对通关手续做出了新的规定，公告指出，我国在跨境进出口的货物上，须采用清单核放并汇总申报的方式来办理通关。这一政策规定，跨境电商企业可以分批或者实时将进出口产品清单发送到海关平台，并在一定时间周期内汇总成立报关单。新政的落实，迅速提升了跨境电商企业的效率和利益。帮助企业提升通关速度，从而更能迎合企业 B2C 通关业务的"小批量、多品类、高频次"的交易方式特点和个性化多样的客户需求。此外，该政策豁免了海关监管区域或保税监管场所的跨境电商零售许可证、报关单等方面的手续办理，一定程度上促进了我国跨境电商的快速发展。

2016 年"四八新政"做出新规定，指明跨境电商零售进口业务的直购商品仍然在规定中属于个人物品的范畴，而网购保税商品则是按照货物进口管理的，在"一线"进入区域时需要提供许可证、通关单等一系列的手续和单证，并根据规定进行检验检疫。这一措施拉高了跨界电商零售进口的"入关"壁垒，降低了营运效率，挫败了产业链参与者的积极力量。在新政落实不久后，国内的各大型跨境电商综合试验区都发生了单量快速下滑的状况。于是，基于现实状况，国务院批准，自2016 年 5 月 11 日开始，对跨境电商零售进口的有关监管要求实行一年的暂时过渡期，此后该过渡期政策于 2016 年 11 月、2017 年 9 月、2018 年 11 月多次延期，并于 2019 年范围扩大，延展至新获批的第三批 22 个综合试验区。

上述政策的演进与发展，一定程度上说明我国在跨境电商监管政策方面，通过"正面清单"等一系列制度在规范我国跨境电商零售进口商品类目、提升产品质量等方面都起到了很大的作用，"清单核放、汇总申报"的通关模式也有利于提升跨境电商过关办理业务的时间速度。"许可证/通关单"等相关政策正在按照"鼓励创新、包容审慎"的原则进行优化和完善，尤其是"四八新政"关于"许可证/通关单"相关监管要求的三次延缓执行，为跨境电商零售进口业务创造了稳定的政策环境。跨境电商综试区的宽松监管政策更是促进了跨境电商的繁荣发展。

四　财政政策

王文甫和王子成（2012）通过建立宏观经济模型考察到我国财政政策对宏观经济的影响表现为，财政政策在净出口方面存在着挤入的效应，即政府开支增加将导致净出口增长。类似地，邓力平和林峰（2014）也研究了中国财政开支对贸易平衡的动态影响，表明经济发展程度对财政政策和贸易政策之间的联动机制有重大影响。

2018 年 7 月国务院在常务会议上做出了重要指示，积极的财政政策要变得更加积极。聚焦减税降费，首先，要确保全年减轻市场主体税费负担 1.1 万亿元以上，并在这个基础上，把企业研发费用加计扣除的比例提高到 75% 的政策范围，由原先的科技型中小企业，进一步提升拓展到所有企业均能享受。这一政策实施后，全年可减税额将达到 650 亿元。其次，积极财政政策可以通过大规模减税降费、扩大投资、合理控制政府债务规模和地方政府债务风险、改革中央与地方财政体制和管理制度等一系列政策有序推进。新的积极财政政策的投入，有利于增强外贸企业的竞争力，推动我国企业"走出去"的进程。

第二节　贸易政策与就业政策的协调

贸易政策一般分为两个部分：一是关税政策，二是包括进口配额制、"自愿"出口限制、国家垄断进出口、进口许可证制、进口最低限价、外汇管制、海关估价制、特殊保障措施、国内支持措施、歧视性政府采购政策、特殊包装与标签规定、技术卫生安全要求与规定以及国别政策等十几类政策之多的非关税政策。贸易政策实施的程度，实际也就是贸易自由化的程度。所以，研究贸易政策与就业政策关系，也就是研究贸易自由化与就业政策的关系。

改革开放到加入世界贸易组织期间的就业政策，受到国际贸易发展和贸易政策影响较小，主要以保障就业政策为主。在党的十一届三中全会召开以后，经济体制改革和对外开放的脚步对传统"统分统包"的就业政策产生了巨大的冲击，带来了前所未有的挑战，我国对就业政策的改革也势在必行。改革开放的影响主要体现为改革传统就业体制，呈现统筹性、多元化、市场化的鲜明特征。

加入世界贸易组织，全面融入世界市场以来，中国建立起以"就业促进、就业扶持、社会保障、就业服务"为内容的就业政策体系。2002年《关于进一步做好下岗失业人员再就业工作的通知》，在积极就业政策下提出建立以城镇居民最低生活保障、基本生活保障、社会保险制度为核心的社会保障体系。

越来越多的研究发现，贸易政策与就业之间的关系不一定是理论模型中的线性关系，很有可能是非线性关系。理论上，贸易政策通过产业间的资源再分配来影响就业，从而影响就业政策的制定，而作为中间渠道的劳动力市场结构，很有可能成为影响贸易政策的因素。一些经济增长水平不同、经济富裕水平不同、国内劳动力市场结构不同的国家，尽管采取了类似的贸易政策和就业政策，但是对就业或贸易的效果不尽相同：有的有积极影响，有的却没有明显改善。例如，许多非洲国家长期以来经济增长停滞不前，国民贫困，国内劳动力市场缺少规范而显得混乱，贸易开放则导致贸易赤字激增、就业恶化，而东南亚国家却在经济稳步增长、政府对劳动力市场施加有力规范的条件下，吸纳了转移而来的劳动密集型经济（Rattso 和 Torvik，1998；Kee 和 Hoon，2005）。

贸易政策与就业政策的作用，受到不同经济环境、经济增长水平、经济富裕水平和劳动力市场结构的影响。有学者通过实证结果表明，经济增长水平在贸易政策发挥就业效应的过程中有显著的阈效应：关税壁垒的降低有助于改善就业，而非关税壁垒对于就业的作用，则对于不同国家存在不同的影响方向和力度；而经济富裕水平和劳动力市场结构则没有显著的阈效应（林凌擎，2010）。而不同的阈效应对于就业政策的制定和实施具有重要的指导意义。

多数学者认为，无论是关税比例降低还是平均税率的降低，都能有效改善就业，表明在经济全球化的背景下，贸易开放这一措施对于本国就业是利大于弊的。相比较而言，这种改善作用在高增长率样本中显得更为明显，说明在本国经济基础相对薄弱的"新兴市场"国家，关税层面的贸易开放政策能起到更好效果。在强调开放经济的背景下，经济全球化得到快速发展，以国际贸易为代表的国际经济合作不断加深，减少关税壁垒、促进国际贸易成为经济发展主基调，促进了全球经济繁荣。开放贸易对于全球经济总量和经济发展速度有着重要贡献，相应地，也在不同程度上促进了本国的就业和就业政策。发达国家的就业情况虽然有所波动，但在国际金融危机之前其失业率基本上保持在一个较低水平，故就业政策趋于稳定。开放贸易带来的就业机会使发展中国家利用经济全球化的浪潮，走外向型经济道路，充分利用本国劳动力优势发展贸易经济，对外就业政策数量和效益不断增加，从而得到快速发展，创造了大量的就业岗位。

从劳动力结构上，基于发展中国家而言，更有贸易保护的需要和冲动。发展中国家出口大多为低端的初级产品，而进口高端的、资本附加值高的产品，巨大的利差使得发展中国家扶持本国脆弱行业或进口替代产业发展，以最终实现经济结构得以优化，故国内充分就业的计划性会更强，就业政策在出口产品的产业上会提供更多的优惠和扶持力度。在发展中国家推行非关税保护，则会加剧与发达国家的贸易摩擦。发展中国家在国际经济中的弱势，导致了面对发达国家的限制和打击，不能有效应对由此带来的贸易摩擦，反而影响出口行业使就业受到冲击，因此国家必须加大政策扶持力度，但根据产品周期理论，过度扶持初级产业不利于本国的产业结构升级。因此，根据实际经济环境，审慎地实施和运用贸易政策和就业政策，是发展中国家经济政策中的重要一环。

随着经济社会的发展和就业形势的发展，积极就业政策不断完善，积极就业政策的覆盖面、力度和广度不断扩大，积极就业政策发挥着越来越重要的作用。当时，积极的就业政策以促进下岗失业人员的再就业为主要目标，以城市地区的下岗失业人员为政策目标。从积极创造就业、再就业支持、改善就业服务和改善社会保障四个方面，建立了积极的就业政策主要框架。就业促进的范围虽然相对狭窄，就业促进的手段和方法有待进一步探索，但对深化劳动就业体制改革和扩大就业具有深远的意义。

2008 年《中华人民共和国就业促进法》指出，"将经过实践检验的积极的就业政策措施上升为法律规范，使促进就业的工作机制和工作体系制度化，使促进就业的各项政策措施和资金投入法制化，有利于建立促进就业的长效机制，保障我国积极的就业政策长期有效地实施和运行"，是标志着中国就业和再就业合法化和制度化的开始。2011 年《促进就业规划（2011—2015 年)》是中央开始统筹经济结构调整和就业结构之间关系的标志。通过强调以产业带就业、以就业带创业，进而拓展就业空间。就业促进政策的目的是创造就业机会，增加就业率，从而降低失业率。包括通过调控宏观经济政策，加快经济发展，扩大内需，促进经济增长以促进就业；不断调整所有制结构和产业结构，大力发展第三产业和劳动密集型产业，全力支持中小企业和民营经济。企业的发展壮大将增加就业总量。通过加快创业精神带动就业，将开拓更大的就业空间。

党的十八大以来，以习近平同志为核心的党中央推动就业政策朝着实现更高质量和更充分就业的新目标迈进，就业工作处于六大民生工程首位。2015年《国务院关于进一步做好新形势下就业创业工作的意见》是新时期就业政策的纲领性文件，深入实施就业优先战略，着力实施大众创业、万众创新以及更加积极的就业政策，把创业和就业结合起来，以创业创新带动就业。"第十三个五年"规划再次明确实施就业优先战略，实施更加积极的就业政策，创造更多的就业机会，着力解决结构性的就业矛盾，通过创业鼓励就业，实现相对充足和高质量的就业。2017年《关于做好当前和今后一段时期就业创业工作的意见》支持新就业模式的发展，以创业促就业，关注重点群体的就业创业工作，做好教育、培训、就业和创业服务。2018年《人力资源市场暂行条例》进一步明确人力资源市场培育、人力资源服务机构、人力资源市场规范等。2018年《关于推行终身职业技能培训制度的意见》从体制机制创新、基础能力培养等方面，构建终身的职业技能培训系统。

党的十九大报告强调，要坚持就业优先战略和积极就业政策，实现更高质量和更充分就业。提供全方位的公共就业服务，并促进大学毕业生与年轻农民工的多渠道就业和创业。消除阻碍劳动力和才华的社会流动性的制度和机制的弊端，使每个人都有机会通过努力工作实现自己的发展。2020年受新冠肺炎疫情冲击，为了稳就业，国务院发布了《关于提升大众创业万众创新示范基地带动作用　进一步促改革稳就业强动能的实施意见》和《关于支持多渠道灵活就业的意见》，人力资源和社会保障部也联合国家发改委等15部门印发了《关于做好当前农民工就业创业工作的意见》，教育部、财政部等 7 部门印发了《关于进一步加强就业见习工作的通知》，使稳就业措施有效有针对性落地。在当前国内外经济形势严峻复杂的背景下，支持多渠道灵活就业就是做好"六稳"工作、落实"六保"任务。稳就业、保民生是解决低收入群体就业的有效手段，也是激发劳动者创业活力和创新潜能的重要途径。此外，国际疫情使得海外需求下降、国内经济下行压力加大，2020 年 5 月，中共中央提出"构建以国内大循环为主体，国际国内双循环相互促进的新发展格局"。双循环背景下，新一轮科技革命为新就业形态的诞生创造了机遇，产业结构的转型升级为新就业形态的产生提供了动力。而新就业形态产生的催化剂则正是社会就业观念的转变。在主要矛盾转化为人民日益增长的美好生活需要和不平衡不充分的发展之间的矛盾之后，人们倾向于在工作和生活之间寻求平衡以实现自我价值。在新时代下，选择更加自由、灵活的新就业方式，就业优先战略和积极就业政策将会不断深化和推进。

参考文献

［美］安妮·克鲁格：《发展中国家的贸易与就业》，李实、刘小玄译，
　　格致出版社、上海三联书店、上海人民出版社2015年版。

安立仁：《中国技术进步与失业关系分析》，《西北大学学报》（哲学社
　　会科学版）2010年第4期。

敖荣军、李家成、唐嘉韵：《基于新经济地理学的中国省际劳动力迁移
　　机制研究》，《地理与地理信息科学》2015年第1期。

包群、邵敏、侯维忠：《出口改善了员工收入吗?》，《经济研究》2011
　　年第9期。

包群、邵敏：《出口贸易与我国的工资增长：一个经验分析》，《管理世
　　界》2010年第9期。

包群、许和连、赖明勇：《出口贸易如何促进经济增长？——基于全要
　　素生产率的实证研究》，《上海经济研究》2003年第3期。

北京大学中国经济研究中心课题组：《中国出口贸易中的垂直专门化与
　　中美贸易》，《世界经济》2006年第5期。

蔡昉、都阳、王美艳：《中国劳动力市场转型与发育》，商务印书馆2005
　　年版。

蔡昉：《刘易斯转折点与公共政策方向的转变——关于中国社会保护的
　　若干特征性事实》，《中国社会科学》2010年第6期。

蔡昉：《人口转变、人口红利与刘易斯转折点》，《经济研究》2010 年第
　　4 期。

蔡昉：《未来的人口红利——中国经济增长源泉的开拓》，《中国人口科
　　学》2009 年第 1 期。

蔡昉：《中国经济增长如何转向全要素生产率驱动型》，《中国社会科
　　学》2013 年第 1 期。

蔡宏波、刘志颖：《出口贸易对我国民族地区与非民族地区之间收入差
　　距的影响研究》，《民族研究》2016 年第 3 期。

曹明福、李树民：《全球价值链分工的利益来源：比较优势、规模优势
　　和价格倾斜优势》，《中国工业经济》2005 年第 10 期。

曾国彪、姜凌：《贸易开放、地区收入差距与贫困：基于 CHNS 数据的
　　经验研究》，《国际贸易问题》2014 年第 3 期。

曾湘泉、杨涛：《贸易开放对城镇非正规就业的影响——基于 CHNS 数
　　据的倍差法分析》，《社会科学战线》2018 年第 12 期。

陈爱贞、刘志彪：《决定我国装备制造业在全球价值链中地位的因
　　素——基于各细分行业投入产出实证分析》，《国际贸易问题》2011
　　年第 4 期。

陈波、贺超群：《出口与工资差距：基于我国工业企业的理论与实证分
　　析》，《管理世界》2011 年第 8 期。

陈伯庚、陈承明、施镇平：《中国特色就业理论与实践》，吉林大学出
　　版社 2008 年版。

陈晨、刘冠军：《实现高质量就业与提升人力资本水平研究》，《中国特
　　色社会主义研究》2019 年第 3 期。

陈昊、刘骞文：《中国出口贸易的女性就业效应：基于筛选—匹配模型
　　的再检验》，《经济评论》2014 年第 1 期。

陈健、余翠萍：《中国服务进口技术外溢的就业效应及其就业增长技能
　　偏向性研究》，《世界经济研究》2014 年第 11 期。

陈玲：《劳动参与率对我国经济增长影响探讨》，《商业时代》2014 年第 31 期。

陈梅、李磊、郑妍妍：《中间品进口与劳动力市场性别平等》，《国际贸易问题》2020 年第 1 期。

陈明、韦琦、邝明源：《生产服务业开放对中国产业生产率的影响及其国际比较》，《广东财经大学学报》2019 年第 1 期。

陈陶然、谭之博、张慧慧：《出口变动、产业特性与失业——基于中国微观数据的实证研究》，《国际贸易问题》2018 年第 2 期。

陈维涛、严伟涛、庄尚文：《进口贸易自由化、企业创新与全要素生产率》，《世界经济研究》2018 年第 8 期。

陈怡、孙文远：《国际贸易对性别工资差距的影响：基于 CHFS 数据的研究》，《世界经济研究》2018 年第 5 期。

陈怡、孙文远：《贸易开放、出口商品结构与收入不平等——基于南北贸易模型的经验分析》，《国际贸易问题》2015 年第 10 期。

陈勇兵、李燕、周世民：《中国企业出口持续时间及其决定因素》，《经济研究》2012 年第 7 期。

陈钊、熊瑞祥：《比较优势与产业政策效果——来自出口加工区准实验的证据》，《管理世界》2015 年第 8 期。

程惠芳、刘睿倪：《全球价值链视角下中美参与国际分工分析》，《华东经济管理》2018 年第 1 期。

程连升、贾怀东：《建国初期就业政策的演变及其原因》，《天津商学院学报》2001 年第 3 期。

程中海、柴永乐：《交通基础设施、对外贸易与全要素生产率》，《华东经济管理》2021 年第 5 期。

程中海、柴永乐：《新疆对外贸易、全要素生产率与就业效应》，《石河子大学学报》（哲学社会科学版）2019 年第 4 期。

戴枫：《贸易自由化与收入不平等——基于中国的经验研究》，《世界经济研究》2005 年第 10 期。

戴翔、刘梦：《人才何以成为红利——源于价值链攀升的证据》，《中国工业经济》2018 年第 4 期。

单希彦：《中间产品进口与工资差距——以进口关税为工具变量的实证分析》，《国际贸易问题》2014 年第 10 期。

邓军、王丽娟：《贸易自由化、中间产品贸易与工资——基于中国微观企业数据的经验研究》，《当代财经》2020 年第 7 期。

邓力平、林峰：《中国财政支出对贸易平衡的动态冲击效应分析》，《财贸经济》2014 年第 9 期。

邓明、周慧：《谁从贸易中获益更大：大城市还是小城市？》《厦门大学学报》（哲学社会科学版）2021 年第 2 期。

董直庆、蔡啸、王林辉：《技能溢价：基于技术进步方向的解释》，《中国社会科学》2014 年第 10 期。

都阳、曲玥：《劳动报酬、劳动生产率与劳动力成本优势——对 2000—2007 年中国制造业企业的经验研究》，《中国工业经济》2009 年第 5 期。

杜特：《改革开放以来我国就业政策的演变及经验研究》，硕士学位论文，渤海大学，2015 年。

杜威剑、李梦洁：《出口会扩大企业内工资差距吗——基于市场进入视角的微观解释》，《财贸研究》2017 年第 2 期。

樊琦：《中国出口技术复杂度对工资差距的影响研究》，博士学位论文，中央财经大学，2018 年。

樊士德、姜德波：《劳动力流动、产业转移与区域协调发展——基于文献研究的视角》，《产业经济研究》2014 年第 4 期。

樊士德、沈坤荣：《中国劳动力流动的微观机制研究——基于传统与现代劳动力流动模型的建构》，《中国人口科学》2014 年第 2 期。

范爱军、李菲菲：《服务贸易对我国就业的影响研究——基于 1982—

2010 年数据的协整分析》,《福建论坛》(人文社会科学版)2011 年
第 9 期。

范剑勇、王立军、沈林洁:《产业集聚与农村劳动力的跨区域流动》,
《管理世界》2004 年第 4 期。

范剑勇:《产业集聚与地区间劳动生产率差异》,《经济研究》2006 年第
11 期。

方希桦、包群、赖明勇:《国际技术溢出:基于进口传导机制的实证研
究》,《中国软科学》2004 年第 7 期。

冯其云、朱彤:《贸易开放与女性劳动参与率——基于省级面板数据的
经验研究》,《南开经济研究》2013 年第 4 期。

冯其云、朱彤:《中国对外贸易对就业影响的区域差异分析——基于省
级面板数据的经验研究》,《经济问题探索》2012 年第 12 期。

冯永琦、张蓦严:《中国劳动力成本问题研究综述》,《人口学刊》2018
年第 4 期。

冯志坚:《外商直接投资、垂直专业化与企业研发投入——基于中国工
业企业数据库的实证检验》,《山西财经大学学报》2015 年第 8 期。

逢格林:《我国加工贸易产业梯度转移的产业集聚研究》,硕士学位论
文,山东财经大学,2013 年。

符宁:《人力资本、研发强度与进口贸易技术溢出——基于我国吸收能
力的实证研究》,《世界经济研究》2007 年第 11 期。

付华英:《外商直接投资、贸易开放与工业经济增长研究》,《工业技术
经济》2019 年第 11 期。

付庆伟:《中国制造业全球价值链动态演进与双循环价值链构建》,《山
东财经大学学报》2021 年第 5 期。

傅端香:《中国最低工资就业效应研究》,博士学位论文,北京交通大
学,2011 年。

盖庆恩、方聪龙、朱喜等:《贸易成本、劳动力市场扭曲与中国的劳动

生产率》，《管理世界》2019 年第 3 期。

高永惠、孔艳蓉、吴同华：《从求人倍率看大学生区域性和竞争性就业难问题》，《文化与营销》2012 年第 4 期。

高运胜、杨阳：《垂直专业化分工视角下中国出口欧盟竞争力的重新评估》，《国际商务研究》2021 年第 4 期。

郜媛莹：《中国海关推进贸易便利化的政策研究》，博士学位论文，对外经济贸易大学，2017 年。

关凤利、孟宪生：《贸易自由化对发展中国家女性就业影响研究述评》，《财经科学》2006 年第 11 期。

郭东杰、王晓庆：《经济开放对中国劳动力区域流动的影响研究》，《西北人口》2015 年第 2 期。

郭娟娟：《最低工资标准与中国制造业企业引资行为》，《世界经济研究》2019 年第 10 期。

郭庆旺、贾俊雪：《中国全要素生产率的估算：1979—2004》，《经济研究》2005 年第 6 期。

国家统计局国际统计信息中心：《国际比较表明我国劳动生产率增长较快》2016 年。

韩军、刘润娟、张俊森：《对外开放对中国收入分配的影响——"南方谈话"和"入世"后效果的实证检验》，《中国社会科学》2015 年第 2 期。

韩孟孟、袁广达、张三峰：《技术创新与企业就业效应——基于微观企业调查数据的实证分析》，《人口与经济》2016 年第 6 期。

何冰、周申：《贸易自由化与就业调整空间差异：中国地级市的经验证据》，《世界经济》2019 年第 6 期。

侯婉薇：《基于跨国数据的劳动参与率影响因素分析》，《财经论丛》2018 年第 4 期。

胡鞍钢、程永宏：《中国就业制度演变》，《经济研究参考》2003 年第

51 期。

胡超：《对外贸易与收入不平等——基于我国的经验研究》，《国际贸易问题》2008 年第 3 期。

胡翠、许召元：《人口老龄化对储蓄率影响的实证研究——来自中国家庭的数据》，《经济学》（季刊）2014 年第 4 期。

胡海峰、窦斌、王禹丹：《贸易开放能否破解技术升级难题？——基于企业生产效率视角的实证分析》，《河北经贸大学学报》2019 年第 3 期。

胡文骏：《财政支出、贸易开放与收入分配》，《财贸经济》2017 年第 12 期。

胡小娟、陈晓红：《我国中间贸易探析》，《探索与争鸣》2006 年第 22 期。

胡小娟、王娜：《我国资本品进口来源国转移的技术溢出效应分析》，《中国科技论坛》2012 年第 10 期。

胡昭玲、刘旭：《中国工业品贸易的就业效应——基于 32 个行业面板数据的实证分析》，《财贸经济》2007 年第 8 期。

胡昭玲：《国际垂直专业化对发展中国家的影响与启示》，《经济经纬》2006 年第 5 期。

胡昭玲：《国际垂直专业化分工与贸易：研究综述》，《南开经济研究》2006 年第 5 期。

黄灿、闫云凤：《我国贸易开放与收入差距——基于中国家庭住户收入调查数据的经验分析》，《经济问题》2016 年第 11 期。

黄解宇、孙维峰、杨朝晖：《创新的就业效应分析——基于中国上市公司微观数据的实证研究》，《中国软科学》2013 年第 11 期。

黄漓江：《进口竞争、企业退出和进入与全要素生产率》，《世界经济研究》2020 年第 2 期。

黄先海：《中国制造业贸易竞争力的测度与分析》，《国际贸易问题》2006 年第 5 期。

姜乾之、权衡：《劳动力流动与地区经济差距：一个新的分析框架》，
《上海经济研究》2015 年第 9 期。

蒋和胜：《贸易经济学》，电子科技大学出版社 2005 年版。

蒋建华：《我国中小外贸企业转型跨境电商存在的问题及对策分析》，
《电子商务》2020 年第 9 期。

蒋为、黄玖立：《国际生产分割、要素禀赋与劳动收入份额：理论与经
验研究》，《世界经济》2014 年第 5 期。

蒋雨桥、岑杰：《国际贸易对中国制造业工资差距的影响研究——SS 定
理的实证》，《江西社会科学》2016 年第 11 期。

焦克源、张彦雄、张婷：《"趋利性"与新生代农村劳动力供给研究——
基于哈里斯·托达罗模型的理论探析》，《西北人口》2012 年第 1 期。

金钰莹、叶广宇、彭说龙：《中国制造业与服务业全球价值链地位 GVC
指数测算》，《统计与决策》2020 年第 18 期。

康志勇：《中间品进口与中国企业出口行为研究："扩展边际"抑或
"集约边际"》，《国际贸易问题》2015 年第 9 期。

康志勇：《资本品、中间品进口对中国企业研发行为的影响："促进"
抑或"抑制"》，《财贸研究》2015 年第 3 期。

郎丽华、赵红洁：《基于比较优势的中国加工贸易重新布局研究》，《学
习与探索》2014 年第 11 期。

李冰晖、唐宜红：《资本品贸易对我国性别就业与工资差距影响的实证
研究》，《华侨大学学报》（哲学社会科学版）2017 年第 2 期。

李兵、任远：《人口结构是怎样影响经常账户不平衡的？——以第二次
世界大战为工具变量的经验证据》，《经济研究》2015 年第 10 期。

李畅：《新中国成立 70 年我国就业政策的演变与思考》，《科教导刊》
（上旬刊）2019 年第 11 期。

李谷成、郭伦、高雪：《劳动力成本上升对我国农产品国际竞争力的影
响》，《湖南农业大学学报》（社会科学版）2018 年第 5 期。

李国英、陆善勇：《新时代中国加工贸易综合优势培育的路径思考》，《中国经贸》2019 年第 4 期。

李宏、陈圳：《中国优势制造业全球价值链竞争力分析》，《审计与经济研究》2018 年第 2 期。

李宏兵、蔡宏波：《出口开放扩大了技能工资差异吗？——中国城镇住户调查数据的再检验》，《经济管理》2013 年第 11 期。

李辉、段程允、白宇舒：《我国流动人口留城意愿及影响因素研究》，《人口学刊》2019 年第 1 期。

李计广、张汉林、桑百川：《改革开放三十年中国对外贸易发展战略回顾与展望》，《世界经济研究》2008 年第 6 期。

李佳，汤毅：《贸易开放、FDI 与全要素生产率》，《宏观经济研究》2019 年第 9 期。

李佳、汤毅：《贸易自由化、技术进步与行业内工资不平等——基于中国工业企业数据的分析》，《经济研究》2019 年第 4 期。

李建萍、辛大楞：《异质性企业多元出口与生产率关系视角下的贸易利益研究》，《世界经济》2019 年第 9 期。

李杰、杜晓：《贸易自由化对我国收入分配差距的影响》，《时代金融》2018 年第 18 期。

李金昌、刘波、徐蔼婷：《中国贸易开放的非正规就业效应研究》，《中国人口科学》2014 年第 4 期。

李雷、周端明：《出口企业与全要素生产——国有企业为何具有优势？》，《安庆师范大学学报》（社会科学版）2021 年第 4 期。

李磊、刘斌、胡博等：《贸易开放对城镇居民收入及分配的影响》，《经济学》（季刊）2012 年第 11 期。

李磊、王小霞、蒋殿春等：《中国最低工资上升是否导致了外资撤离》，《世界经济》2019 年第 8 期。

李梅，柳士昌：《人力资本与国际 R&D 溢出——基于 OFDI 传导机制的实证研究》,《科学学研究》2011 年第 3 期。

李娜娜、杨仁发:《生产性服务进口复杂度与制造业全球价值链地位:
理论机制与实证分析》,《现代经济探讨》2020 年第 3 期。

李琴、朱农:《产业转移背景下的农民工流动与工资差异分析》,《中国
农村经济》2014 年第 10 期。

李苏苏、张少华、周鹏:《中国企业出口生产率优势的识别与分解研
究》,《数量经济技术经济研究》2020 年第 2 期。

李拓、李斌:《中国跨地区人口流动的影响因素——基于 286 个城市面
板数据的空间计量检验》,《中国人口科学》2015 年第 2 期。

李威、王珺、陈昊:《国际贸易、运输成本与城市规模分布——基于中
国省区数据的研究》,《南方经济》2017 年第 11 期。

李小萌、陈建先、师磊:《进出口贸易对中国就业结构的影响》,《国际
商务》(对外经济贸易大学学报) 2016 年第 3 期。

李小萌:《中国对外贸易对就业的影响分析》,对外经济贸易大学出版
社 2017 年版。

李杨、张鹏举、黄宁:《中国服务业开放对服务就业的影响研究》,《中
国人口科学》2015 年第 6 期。

李振、王开玉、向鹏飞:《贸易开放和劳动力迁移对中国地区收入不平
等的影响——基于省际面板数据的实证研究》,《宏观经济研究》
2015 年第 5 期。

梁碧波:《全球价值链参与模式的变化轨迹及其对国际分工地位的影
响——来自中国的经验证据》,《广东财经大学学报》2017 年第 6 期。

梁碧波:《中国在全球产品内分工体系中的地位及其变化动态》,《财贸
经济》2013 年第 11 期。

梁中华、余淼杰:《贸易自由化与中国劳动需求弹性:基于制造业企业
数据的实证分析》,《南方经济》2014 年第 10 期。

林理升、王晔倩:《运输成本、劳动力流动与制造业区域分布》,《经济

研究》2006 年第 3 期。

林霓裳：《我国商品贸易对就业的影响效应分析》，博士学位论文，首都经济贸易大学，2010 年。

林孝文、何陈念：《国际垂直专业化分工加剧我国经济结构失衡的实证分析》，《福州大学学报》（哲学社会科学版）2017 年第 1 期。

林原：《经济转型期最低工资标准决定机制研究 公共选择与政府规制》，北京知识产权出版社 2012 年版。

林媛媛、车璐：《中国对外贸易政策变迁研究——基于 2001—2019 年的文本计量分析》，《集美大学学报》（哲学社会科学版）2021 年第 1 期。

凌家慧：《贸易开放度、劳动力市场扭曲与全要素生产率——基于省级面板数据的实证分析》，《科技与产业》2019 年第 21 期。

刘爱华：《京津冀流动人口的空间集聚及其影响因素》，《人口与经济》2017 年第 6 期。

刘斌、李磊：《贸易开放与性别工资差距》，《经济学（季刊)》2012 年第 2 期。

刘灿雷、王永进：《出口扩张与企业间工资差距：影响与机制》，《世界经济》2019 年第 12 期。

刘杜若、邓明：《留下还是外出：贸易开放、劳动力技能水平和就业地选择》，《国际经贸探索》2017 年第 4 期。

刘洪愧，谢谦：《新兴经济体参与全球价值链的生产率效应》，《财经研究》2017 年第 8 期。

刘焕金、万广华：《最低工资标准、FDI 与出口结构》，《世界经济研究》2021 年第 6 期。

刘军、杨浩昌、崔维军：《出口贸易对就业的影响及其地区差异——基于我国省级面板数据的实证研究》，《世界经济与政治论坛》2016 年第 1 期。

刘磊：《国际垂直专业化分工与中国制造业产业升级——基于 16 个行业

净附加值比重的分析》，《经济经纬》2014 年第 2 期。

刘庆林、黄震鳞：《中间品贸易自由化对我国就业结构影响及其应对策略》，《山东社会科学》2020 年第 1 期。

刘睿倪：《全球价值链分工体系下贸易利益研究文献综述》，《经营与管理》2020 年第 9 期。

刘社建：《积极就业政策的演变、局限与发展》，《上海经济研究》2008 年第 1 期。

刘习平：《中国出口贸易、经济增长与就业关系的实证研究——基于中国 1978—2010 年数据的实证检验》，《国际贸易问题》2012 年第 11 期。

刘昕：《教育部面向 21 世纪人力资源管理系列教材劳动经济学教程》第 2 版，中国人民大学出版社 2018 年版。

刘艳、王诏怡：《全球价值链下中国制造业的国际分工地位研究——基于区分加工贸易和非加工贸易的国际投入产出表》，《国际商务研究》2018 年第 2 期。

刘玉海、张默涵：《贸易技术含量、偏向型技术进步与中国就业结构》，《国际贸易问题》2017 年第 7 期。

刘媛媛：《贸易自由化与非正规就业关系的研究述评》，《经济学动态》2012 年第 10 期。

刘志彪、吴福象：《全球化经济中的生产非一体化——基于江苏投入产出表的实证研究》，《中国工业经济》2005 年第 7 期。

刘志彪、张杰：《全球代工体系下发展中国家俘获型网络的形成、突破与对策——基于 GVC 与 NVC 的比较视角》，《中国工业经济》2007 年第 5 期。

刘志成、刘斌：《贸易自由化、全要素生产率与就业——基于 2003—2007 年中国工业企业数据的研究》，《南开经济研究》2014 年第 1 期。

卢锋：《当代服务外包的经济学观察：产品内分工的分析视角》，《世界经济》2007 年第 8 期。

卢锋：《产品内分工》，《经济学（季刊)》2004 年第 4 期。

卢锋：《产品内分工——一个分析框架》，CCER Working Paper，2005 年。

卢晶亮、冯帅章：《贸易开放、劳动力流动与城镇劳动者性别工资差
　　距——来自 1992—2009 年中国省际面板数据的经验证据》，《财经研
　　究》2015 年第 12 期。

卢晶亮、冯帅章：《贸易开放、劳动力流动与城镇劳动者性别工资差
　　距——来自 1992—2009 年中国省际面板数据的经验证据》，《财经研
　　究》2015 第 12 期。

鲁慧鑫、冯宗宪、郭根龙：《区域服务进口对中国制造业全要素生产率
　　的影响分析——基于两部门模型》，《经济问题探索》2018 年第 2 期。

鲁晓东：《我国对外开放与收入差距：基于地区和行业的考察》，《世界
　　经济研究》2007 年第 8 期。

陆菁、潘修扬、刘悦：《劳动力成本、倒逼创新与多产品企业出口动
　　态——质量选择还是效率选择》，《国际贸易问题》2019 年第 10 期。

陆旸、蔡昉：《人口结构变化对潜在增长率的影响：中国和日本的比
　　较》，《世界经济》2014 年第 1 期。

罗良文：《中国贸易深化的就业效应分析》，《中南财经政法大学学报》
　　2003 年第 5 期。

罗伟、吕越：《外商直接投资对中国参与全球价值链分工的影响》，《世
　　界经济》2019 年第 5 期。

罗长远、张泽新：《出口和研发活动的互补性及其对生产率的影响——
　　来自中国上市企业的证据》，《数量经济技术经济研究》2020 年第 7 期。

罗知：《工业品贸易、技术进步与就业》，《世界经济文汇》2012 年第
　　1 期。

吕大国、耿强：《出口贸易与中国全要素生产率增长——基于二元外贸
　　结构的视角》，《世界经济研究》2015 年第 4 期。

吕大国、耿强、简泽等：《市场规模、劳动力成本与异质性企业区位选

择——中国地区经济差距与生产率差距之谜的一个解释》，《经济研究》2019 年第 2 期。

吕建兴、孙文凯：《人口老龄化、养老金与国际资本流动：影响机制与实证研究》，《经济理论与经济管理》2015 年第 10 期。

吕亚倩：《我国制造业出口现状分析——基于产业差异的视角》，《经营与管理》2017 年第 8 期。

吕延方、王冬：《参与不同形式外包对中国劳动力就业动态效应的经验研究》，《数量经济技术经济研究》2011 年第 9 期。

吕延方、宇超逸、王冬：《服务贸易如何影响就业——行业产出与技术效率双重视角的分析》，《财贸经济》2017 年第 4 期。

吕越、陈帅、盛斌：《嵌入全球价值链会导致中国制造的"低端锁定"吗?》，《管理世界》2018 年第 34 期。

马丹、王鹏：《实际汇率变动会影响劳动力参与吗——基于跨国面板数据的实证研究》，《贵州财经大学学报》2021 年第 1 期。

马广程、许坚：《全球价值链嵌入与制造业转移——基于贸易增加值的实证分析》，《技术经济》2020 年第 7 期。

马林靖、郭彩梅：《非正规就业对居民收入的影响——基于 PSM 模型的实证分析》，《调研世界》2020 年第 3 期。

马淑琴、童银节、邵宇佳：《中间品贸易、最终品贸易与国际经济周期联动性研究——来自世界与中国的经验证据》，《国际经贸探索》2019 年第 7 期。

马述忠、房超、梁银锋：《数字贸易及其时代价值与研究展望》，《国际贸易问题》2018 年第 10 期。

马双、赖漫桐：《劳动力成本外生上涨与 FDI 进入：基于最低工资视角》，《中国工业经济》2020 年第 6 期。

马瑄：《劳动与社会保障法》，东北财经大学出版社 2015 年版。

马颖、余官胜：《贸易开放、劳动力转移和就业》，《中国人口·资源与环境》2010 年第 1 期。

毛其淋、盛斌：《贸易自由化、企业异质性与出口动态——来自中国微观企业数据的证据》，《管理世界》2013 年第 3 期。

毛其淋、许家云：《中间品贸易自由化与制造业就业变动———来自中国加入 WTO 的微观证据》，《经济研究》2016 年第 1 期。

毛日昇：《出口、外商直接投资与中国制造业就业》，《经济研究》2009 年第 11 期。

毛学峰、刘晓昀：《贸易自由化对贫困农户劳动力非农就业的影响》，《中国农村观察》2005 年第 2 期。

莫荣、刘永魁、陈云：《新中国成立 70 年就业发展历程与未来展望》，《中国劳动》2019 年第 11 期。

潘士远：《贸易自由化、有偏的学习效应与发展中国家的工资差异》，《经济研究》2007 年第 6 期。

裴长洪、刘斌：《中国对外贸易的动能转换与国际竞争新优势的形成》，《经济研究》2019 年第 5 期。

钱学锋、魏朝美：《出口与女性的劳动参与率——基于中国工业企业数据的研究》，《北京师范大学》（社会科学版）2014 年第 6 期。

秦兴俊、王柏杰：《产品内分工、加工贸易与我国对外贸易结构升级》，《国际经济探索》2014 年第 7 期。

邱斌、叶龙凤、孙少勤：《参与全球生产网络对我国制造业价值链提升影响的实证研究——基于出口复杂度的分析》，《中国工业经济》2012 年第 1 期。

瞿商：《我国计划经济体制的绩效（1957—1978）——基于投入产出效益比较的分析》，《中国经济史研究》2009 年第 1 期。

任燕：《要素价格对我国产业结构升级的影响及对策研究——基于国际垂直专业化分工的视角》，《价格理论与实践》2014 年第 12 期。

任志成、戴翔：《产品内分工、贸易自由化与中国产业出口竞争力》，

《国际贸易问题》2014 年第 4 期。

任志成、张二震：《承接国际服务外包的就业效应》，《财贸经济》2008
　　年第 6 期。

桑百川、张乃丹、任苑荣：《中国制造业外商直接投资持续下降的原因、
　　影响和对策》，《国际贸易》2015 年第 4 期。

桑百川：《外商直接投资动机与中国营商环境变迁》，《国际经济评论》
　　2019 年第 5 期。

邵敏、包群：《外资进入与国内工资差异：基于工业行业面板数据的联
　　立估计》，《统计研究》2010 年第 4 期。

邵敏、武鹏：《出口贸易、人力资本与农民工的就业稳定性——兼议我
　　国产业和贸易的升级》，《管理世界》2019 年第 3 期。

沈颖郁、张二震：《对外贸易、FDI 与中国城乡收入差距》，《世界经济
　　与政治论坛》2011 年第 6 期。

盛斌、马涛：《中间产品贸易对中国劳动力需求变化的影响：基于工业
　　部门动态面板数据的分析》，《世界经济》2008 年第 3 期。

盛斌、毛其淋：《贸易自由化、企业成长和规模分布》，《世界经济》2015
　　年第 2 期。

盛斌、牛蕊：《国际贸易、贸易自由化与劳动力就业：对中国工业部门
　　的经验研究》，《当代财经》2009 年第 12 期。

盛斌、牛蕊：《贸易、劳动力需求弹性与就业风险：中国工业的经验研
　　究》，《世界经济》2009 年第 6 期。

盛斌：《中国对外贸易政策的政治经济分析》，上海人民出版社 2002
　　年版。

盛丹、陆毅：《出口贸易是否会提高劳动者工资的集体议价能力》，《世
　　界经济》2016 年第 5 期。

施明霞、徐秋晨：《论全球价值链变革与中国对外贸易转型升级》，《价
　　格月刊》2021 年第 9 期。

施晟、沈莞尔、朱欣然：《区域分异视角下中国参与全球价值链的方式分析》，《时代经贸》2021 年第 7 期。

石峰：《国际贸易发展与就业结构协调优化研究——评〈城乡劳动力流动、国际贸易与就业效应〉》，《国际贸易》2021 年第 2 期。

史本叶、李泽润：《基于国际垂直专业化分工的中国制造业产业升级研究》，《商业研究》2014 年第 1 期。

史青、张莉：《中国制造业外包对劳动力需求弹性及就业的影响》，《数量经济技术经济研究》2017 年第 9 期。

宋涛：《政治经济学教程》（第 13 版），中国人民大学出版社 2021 年版。

宋云星、陈真玲：《劳动力成本上升对制造业国际竞争力的影响——基于时变参数状态空间模型》，《企业经济》2019 年第 4 期。

宋则：《加入 WTO 对我国居民消费需求和消费品市场的影响分析》，《财贸经济》2001 年第 11 期。

苏科伍、马小利：《中国对外开放不断扩大的辉煌历程——基于对外贸易视角的思考》，《毛泽东邓小平理论研究》2018 年第 7 期。

苏庆义、高凌云：《全球价值链分工位置及其演进规律》，《统计研究》2015 年第 12 期。

孙楚仁、田国强、章韬：《最低工资标准与中国企业的出口行为》，《经济研究》2013 年第 2 期。

孙华臣、焦勇：《贸易开放、地方政府竞争与中国城乡收入差距》，《宏观经济研究》2017 年第 12 期。

孙敬水、丁宁：《企业异质性、出口对工资溢价的影响——基于中国工业企业微观数据的经验证据》，《经济理论与经济管理》2019 年第 5 期。

孙少勤、娄曼：《进口产品多样性对全要素生产率的影响研究——基于中国制造业行业面板数据的实证分析》，《产业经济研究》2018 年第 4 期。

孙巍、刘智超：《劳动力回流与工业经济省际趋同机制研究》，《经济问题探索》2017 年第 11 期。

孙一平、许苏皓、卢仕：《贸易政策不确定性对企业工资不平等影响研究：中国经验》，《宏观经济研究》2018 年第 12 期。

孙永强、巫和懋：《出口结构、城市化与城乡居民收入差距》，《世界经济》2012 年第 9 期。

孙玉梅：《地区间工资收入差距与劳动力流动》，《中国人力资源社会保障》2019 年第 9 期。

孙中伟、舒玢玢：《最低工资标准与农民工工资——基于珠三角的实证研究》，《管理世界》2011 年第 8 期。

汤学敏：《企业出口与工资差距——来自中国制造业的证据》，《税务与经济》2021 年第 2 期。

唐东波：《垂直专业分工与劳动生产率：一个全球化视角的研究》，《世界经济》2014 年第 11 期。

唐东波：《垂直专业化贸易如何影响了中国的就业结构？》，《经济研究》2012 年第 8 期。

唐东波：《市场规模、交易成本与垂直专业化分工——来自中国工业行业的证据》，《金融研究》2013 年第 5 期。

唐俊波：《贸易开放对非正规就业影响的理论及实证研究》，《商业时代》2014 年第 1 期。

唐宜红、林发勤：《异质性企业贸易模型对中国企业出口的适用性检验》，《南开经济研究》2009 年第 6 期。

唐宜红、马风涛：《国际垂直专业化对中国劳动力就业结构的影响》，《财贸经济》2009 年第 4 期。

［加］特雷弗·汤贝，朱晓冬，张瑾玥：《贸易、劳动力转移和生产力：对中国的定量分析》，《国外社会科学》2019 年第 5 期。

滕瑜、迟睿：《服务贸易对我国异质劳动力收入差距的影响——基于服务行业面板数据的实证分析》，《经济问题探索》2016 年第 2 期。

滕瑜、朱晶：《中间产品贸易对我国熟练和非熟练劳动力收入分配的影响——基于工业部门 31 个细分行业的实证分析》，《国际贸易问题》2011 年第 5 期。

田贵贤：《最低工资对就业的影响及其作用机制——基于建筑业面板数据的分析》，《财经论丛》2015 年第 5 期。

田巍、姚洋、余森杰等：《人口结构与国际贸易》，《经济研究》2013 年第 11 期。

铁瑛、刘啟仁：《人民币汇率变动与劳动力技能偏向效应——来自中国微观企业的证据》，《金融研究》2018 年第 1 期。

童玉芬、王莹莹：《中国流动人口的选择：为何北上广如此受青睐？——基于个体成本收益分析》，《人口研究》2015 年第 4 期。

庹思伟、周铭山：《人口结构、劳动参与率与长期实际利率演变——基于女性劳动文化视角的研究》，《中国工业经济》2020 年第 12 期。

万相昱、张世伟：《我国城镇居民劳动参与率状况与成因——基于微观数据的经验研究》，《西北师大学报》（社会科学版）2008 年第 2 期。

王备、钱学锋：《贸易自由化、生活成本与中国城市居民家庭消费福利》，《世界经济》2020 年第 3 期。

王苍峰、司传宁：《经济开放、技术进步与我国制造业的工资差距》，《南开经济研究》2011 年第 6 期。

王春艳、韦晓宏、邢珺：《进口竞争与就业：服务业视角分析》，《经济管理》2014 年第 9 期。

王德文、蔡昉、高文书：《全球化与中国国内劳动力流动：新趋势与政策含义》，《开放导报》2005 年第 4 期。

王东、王新：《加工贸易：比较优势中的劳动力转移与消费不足》，《经济问题探索》2013 年第 11 期。

王芳琴：《嵌入人力资本的劳动力市场非均衡分析》，博士学位论文，吉林大学，2013 年。

王怀民、王子睿：《加工贸易、收入转移与城乡收入差距》，《赣州财经
　　大学学报》2018 年第 1 期。

王怀民：《关税减让、垂直专业化与国际贸易的非线性增长》，《青海社
　　会科学》2006 年第 2 期。

王会娟、王晓玄、雷舒娅：《人力资本：净输出还是净输入——基于对
　　外贸易中的虚拟劳动力的流动分析》，《管理评论》2008 年第 5 期。

王建国、李实：《大城市的农民工工资水平高吗？》，《管理世界》2015
　　年第 1 期。

王岚：《融入全球价值链对中国制造业国际分工地位的影响》，《统计研
　　究》2014 年第 5 期。

王立勇、胡睿：《贸易开放与工资收入：新证据和新机制》，《世界经
　　济》2020 年第 4 期。

王倩如：《基于新新贸易理论的中国企业出口与全要素生产率关系研
　　究》，《商业时代》2014 年第 19 期。

王秋红、李雅：《中国出口规模对就业及工资水平影响的地区差异研
　　究》，《西北师范大学学报》（自然科学版）2021 年第 3 期。

王少瑾：《对外开放与我国的收入不平等——基于面板数据的实证研
　　究》，《世界经济研究》2007 年第 4 期。

王涛、王晴晴、孟勇：《全球中间品贸易的网络结构特征演变分析——
　　基于世界投入产出表的研究》，《统计与信息论坛》2021 年第 1 期。

王维国、刘丰、胡春龙：《生育政策、人口年龄结构优化与经济增长》，
　　《经济研究》2019 年第 1 期。

王文甫、王子成：《积极财政政策与净出口：挤入还是挤出？——基于
　　中国的经验与解释》，《管理世界》2012 年第 10 期。

王晓英：《国际贸易理论发展的思考》，《山西财经大学学报》2002 年第
　　S2 期。

王孝成、于津平：《进口贸易、人力资本与技术进步》，《南京社会科学》
　　2010 年第 1 期。

王新梅：《衡量劳动市场供求状况的另一个指标：求人倍率》，《统计研
　　究》2012 第 2 期。

王亚星、毕一博：《生产率与国际贸易理论研究的回顾与展望》，《中国
　　物价》2020 年第 3 期。

王燕飞、蒲勇健：《中国对外贸易的劳动就业效应：贸易结构视角》，
　　《国际贸易问题》2009 年第 3 期。

王洋、李小平、张骋：《垂直专业化分工的技术溢出效应分析》，《统计
　　与决策》2013 年第 18 期。

王英、刘思峰：《国际技术外溢渠道的实证研究》，《数量经济技术经济
　　研究》2008 年第 4 期。

王有鑫、赵雅婧、金丽丽：《中国工业品贸易结构变化与国内就业波
　　动——基于一般贸易和加工贸易的研究视角》，《中国人口科学》
　　2013 年第 2 期。

王中华、梁俊伟：《国际服务外包、就业与工薪差距：基于中国工业行
　　业数据的实证分析》，《经济经纬》2012 年第 1 期。

王子成、赵忠：《农民工迁移模式的动态选择：外出、回流还是再迁
　　移》，《管理世界》2013 年第 1 期。

魏浩、耿园：《对外贸易与中国的城乡收入差距》，《世界经济研究》
　　2015 年第 7 期。

魏浩、李晓庆：《进口贸易对劳动力市场影响研究进展》，《经济学动
　　态》2017 年第 4 期。

魏浩、王浙鑫、惠巧玲：《中国工业部门进出口贸易的就业效应及其差
　　异性研究》，《国际商务——对外经济贸易大学学报》2013 年第 2 期。

魏浩、赵春明：《对外贸易对我国城乡收入差距影响的实证分析》，《财
　　贸经济》2012 年第 1 期。

魏浩：《我国纺织品对外贸易出口的就业效应研究：1980—2007 年》，《国际贸易问题》2011 年第 1 期。

魏玮、魏艺明：《中国工业部门就业量与国际贸易自由化关系研究》，《统计与决策》2016 年第 4 期。

文婕、张晓玲：《劳动力流动、出口扩大对商贸流通业影响》，《商经理论》2021 年第 14 期。

邬丽萍、柴陆陆：《基于区域、双边与部门层面的国际生产共享问题研究——以中国参与 CAFTA 制造业垂直专业化分工为例》，《财经理论与实践》（双月刊）2017 年第 3 期。

吴福象：《经济全球化中制造业垂直分离的研究》，《财经科学》2005 年第 3 期。

伍先斌：《中国贸易政策研究》，博士学位论文，中共中央党校，2022 年。

奚美君、黄乾、李蕾蕾：《最低工资政策对中国制造业企业出口的影响研究——基于 DID 与 Heckman 两步法相结合的方法》，《财贸研究》2019 年第 1 期。

夏先良：《追求最大限度充分就业——中国进口贸易宏观分析与政策选择》，《国际贸易》2002 年第 2 期。

夏怡然、苏锦红、黄伟：《流动人口向哪里集聚？——流入地城市特征及其变动趋势》，《人口与经济》2015 年第 3 期。

向鹏飞：《论进口贸易与就业增长——基于中国企业微观数据的经验研究》，《北方经贸》2015 年第 4 期。

肖智、张杰、郑征征：《劳动力流动与第三产业的内生性研究——基于新经济地理的实证分析》，《人口研究》2012 年第 2 期。

谢建国、赵锦春、林小娟：《不对称劳动参与、收入不平等与全球贸易失衡》，《世界经济》2015 年第 9 期。

谢科进、蔡云芝、包尚艳：《劳动力成本上升对我国吸引 FDI 的影响研究》，《管理世界》2018 年第 7 期。

谢莉娟、吴中宝：《刘易斯转折点、要素价格均等化与产业升级——基于中国劳动力跨地区转移的阐释》，《财经科学》2009 年第 8 期。

谢谦、刘维刚、张鹏杨：《进口中间品内嵌技术与企业生产率》，《管理世界》2021 年第 2 期。

谢秀军、陈跃：《新中国 70 年就业政策的变迁》，《改革》2019 年第 4 期。

辛相宇、郭建兵、刘静：《中国家具企业出口与企业全要素生产率关系研究》，《林产工业》2019 年第 9 期。

邢光远、史金召、路程：《"一带一路"倡议下中国跨境电商的政策演进与发展态势》，《西安交通大学学报》（社会科学版）2020 年第 5 期。

邢志平：《企业出口规模越大全要素生产率越高吗？——基于中国出口企业的经验分析》，《大连理工大学学报》（社会科学版）2018 年第 4 期。

徐蔼婷、刘波：《贸易开放对非正规就业规模影响的实证研究——来自中国省级面板数据的证据》，《商业经济与管理》2014 年第 6 期。

徐畅、程宝栋、李凌超等：《集聚和出口对中国造纸企业全要素生产率的影响》，《世界林业研究》2019 年第 4 期。

徐芳芳：《国际贸易对中部六省城乡收入差距的影响》，《中国人口资源与环境》2015 年第 S1 期。

徐康宁、王剑：《要素禀赋、地理因素与新国际分工》，《中国社会科学》2006 年第 6 期。

徐毅、张二震：《外包与生产率：基于工业行业数据的经验研究》，《经济研究》2008 年第 1 期。

徐卓、梁超、赵明君：《劳动力成本对中国制造业 GVC 分工地位的影响分析》，《宏观经济研究》2020 年第 4 期。

许和连、王艳、邹武鹰：《人力资本与国际技术扩散：基于进口贸易的实证研究》，《湖南大学学报》（社会科学版）2007 年第 2 期。

许和连、成丽红：《动态比较优势理论适用于中国服务贸易出口结构转型吗——基于要素结构视角下的中国省际面板数据分析》，《国际贸易问题》2015 年第 1 期。

许和连、亓朋、祝树金：《贸易开放度、人力资本与全要素生产率：基于中国省际面板数据的经验分析》，《世界经济》2006 年第 12 期。

许小平、汪萌：《进口贸易如何影响就业——来自中国八大经济区的经验证据》，《河北经贸大学学报》2021 年第 6 期。

阳立高、段先鹏、李玉双等：《新生代劳动力供给变化对企业出口产品质量的影响研究》，《科学决策》2020 年第 11 期。

阳立高、彭頔雯、杨崇峻等：《新生代劳动力供给变化对出口国内附加值的影响研究》，《财经理论与实践》（双月刊）2021 年第 3 期。

阳立高、赵思嘉、龚世豪等：《劳动力供给多维变化对制造业国际竞争力影响研究》，《财经理论与实践》（双月刊）2018 年第 1 期。

杨朝继：《劳动力成本上升与出口企业转型升级研究》，《河南社会科学》2018 年第 10 期。

杨春、李箐、杨秀萍：《出口贸易对我国全要素生产率的影响——基于技术溢出视角》，《商学研究》2019 年第 1 期。

杨春艳：《贸易开放与工资差距——基于中国制造业行业面板数据的实证研究》，《世界经济研究》2012 年第 7 期。

杨翠红、田开兰、高翔等：《全球价值链研究综述及前景展望》，《系统工程理论与实践》2020 年第 8 期。

杨翠迎、王国洪：《最低工资标准对就业：是促进，还是抑制？——基于中国省级面板数据的空间计量研究》，《经济管理》2015 年第 3 期。

杨浩昌、刘军、张芊芊：《中国制造业就业的影响因素研究——基于省级面板数据的实证分析》，《经济问题探索》2014 年第 12 期。

杨继军、马野青：《中国的高储蓄率与外贸失衡：基于人口因素的视角》，《国际贸易问题》2011 年第 12 期。

杨胜利、王艺霖：《流动人口就业稳定性与收入差异——基于异质性视
　　角的分析》，《重庆工商大学学报》（社会科学版）2020 年第 11 期。

杨小凯、张永生：《新贸易理论、比较利益理论及其经验研究的新成果：
　　文献综述》，《经济学》（季刊）2001 年第 1 期。

杨用斌：《外商直接投资分布中制度因子的影响研究——论引力模型在
　　FDI 分布中的应用》，《山西财经大学学报》2012 年第 S3 期。

杨用斌：《最低工资对外商直接投资企业规模的影响——基于全要素产
　　出模型》，《山西财经大学学报》2012 年第 S4 期。

杨玉华：《国际贸易对就业的影响——中国 1978—2005 年对外贸易与就
　　业关系研究》，经济管理出版社 2007 年版。

姚洋、余淼杰：《劳动力、人口和中国出口导向的增长模式》，《金融研
　　究》2009 年第 9 期。

姚战琪、夏杰长：《资本深化、技术进步对中国就业效应的经验分析》，
　　《世界经济》2005 年第 1 期。

姚枝仲、周素芳：《动力流动与地区差距》，《世界经济》2019 年第
　　4 期。

叶建亮、杨滢：《进口与企业技术进步：来自我国制造业企业的证据》，
　　《国际贸易问题》2019 年第 5 期。

叶霖莉、赵林海：《进口贸易、技术进步与就业》，《重庆科技学院学
　　报》（社会科学版）2014 年第 8 期。

易苗、周申：《经济开放对国内劳动力流动影响的新经济地理学解析》，
　　《现代财经》（天津财经大学学报）2011 年第 3 期。

易苗、周申：《开放与我国跨区域劳动力流动——一个新的理论解释》，
　　《人口与经济》2014 年第 4 期。

殷德生、唐海燕、黄腾飞：《国际贸易、企业异质性与产品质量升级》，
　　《经济研究》2011 年第 2 期。

尹伟华：《中日制造业参与全球价值链分工模式及地位分析——基于世界投入产出表》2016 年第 5 期。

尹文耀、白玥：《当代劳动力参与水平和模式变动研究》，《中国人口科学》2012 年第 1 期。

尹希果、印国樱、李后建：《国际贸易对就业影响研究评述》，《经济学动态》2009 年第 8 期。

尹正、倪志伟：《出口贸易、技术进步与工资差距》，《工业技术经济》2018 年第 4 期。

于津平、黄真：《"一带一路"倡议对我国地区收入差距的影响》，《河海大学学报》（哲学社会科学版）2021 年第 23 期。

余官胜、马颖：《贸易开放、要素禀赋与就业增长——基于中国省际面板协整的实证研究》，《人口与经济》2011 年第 1 期。

余淼杰：《中国的贸易自由化与制造业企业生产率》，《经济研究》2010 年第 12 期。

俞会新、薛敬孝：《中国贸易自由化对工业就业的影响》，《世界经济》2002 年第 10 期。

宇宸：《科技进步、贸易条件指数和贸易平衡对全要素生产率的影响》，《辽宁大学学报》（哲学社会科学版）2018 年第 4 期。

喻美辞、熊启泉：《中间产品进口、技术溢出与中国制造业的工资不平等》，《经济学动态》2012 年第 3 期。

喻美辞：《工业品贸易对中国工业行业人口就业的影响——基于 34 个工业行业面板数据的实证分析》，《中国人口科学》2008 年第 4 期。

喻美辞：《国际贸易、技能偏向性技术进步与中国的相对工资差距》，中国经济出版社 2016 年版。

喻美辞：《进口贸易、R&D 溢出与中国制造业的就业变动》，《国际商务研究》2013 年第 2 期。

喻美辞：《资本品进口、资本技能互补与中国的相对工资差距》，《商业经济与管理》2013年第3期。

袁冬梅、陈晓佳、信超辉：《贸易开放与产业升级对我国区域就业的协
    同影响——基于分区域省级面板数据的分析》，《湖南师范大学社会
    科学学报》2018年第5期。

袁志刚：《非瓦尔拉均衡理论》，上海三联书店、上海人民出版社1994
    年版。

袁志刚：《失业经济学》，上海人民出版社1997年版。

原磊、邹宗森：《企业异质性、出口决策与就业效应——兼论中美贸易
    战的应对》，《经济学动态》2018年第9期。

原新、金牛、刘旭阳：《中国人口红利的理论建构、机制重构与未来结
    构》，《中国人口科学》2021年第3期。

原新、周平梅：《中国第二次人口红利之窗正在开启》，《江苏行政学院
    学报》2018年第5期。

[奥]约瑟夫·熊彼特：《资本主义、社会主义与民主》，吴良健译，商
    务印书馆1999年版。

占华、于津平：《贸易政策、扩大进口与失业》，《世界经济文汇》2016
    年第1期。

张彬、桑百川：《中国制造业参与国际分工对升级的影响与升级路径选
    择——基于出口垂直专业化视角的研究》，《产业经济研究》（双月
    刊）2015年第5期。

张超：《地理和禀赋的梯度变化与出口产业集聚的空间调整》，《财经研
    究》2012年第9期。

张车伟：《失业率定义的国际比较及中国城镇失业率》，《世界经济》
    2003年第5期。

张川川：《出口对就业、工资和收入不平等的影响——基于微观数据的
    证据》，《经济学》（季刊）2015年第4期。

张传勇：《劳动力流动、房价上涨与城市经济收敛——长三角的实证分

析》，《产业经济研究》2016 年第 3 期。

张二震：《中国外贸转型：加工贸易、"微笑曲线"及产业选择》，《当代经济研究》2014 年第 7 期。

张广婷、王陈无忌：《主动变革、开放包容与制度创新：新中国 70 年吸引外资的内在逻辑》，《世界经济研究》2019 年第 12 期。

张华初、李永杰：《论我国加工贸易的就业效应》，《财贸经济》2004 年第 6 期。

张杰、陈志远：《出口与工资不平等——基于中国工业部门的经验证据》，《产业经济研究》2015 年第 5 期。

张军、吴桂英、张吉鹏：《中国省际物质资本存量估算：1952—2000》，《经济研究》2004 年第 10 期。

张丽、刘铁斌、刘玉海：《中国出口企业的生产率优势及其来源识别》，《经济与管理研究》2021 年第 5 期。

张全红：《进口贸易、人力资本与技术溢出》，《世界经济研究》2008 年第 11 期。

张瑞红、朱俊生：《人口老龄化对我国劳动参与率影响研究》，《价格理论与实践》2021 年第 2 期。

张世伟、贾朋：《最低工资标准调整的收入分配效应》，《数量经济技术经济研究》2014 年第 3 期。

张同斌：《从数量型"人口红利"到质量型"人力资本红利"——兼论中国经济增长的动力转换机制》，《经济科学》2016 年第 5 期。

张卫：《人口结构变化如何影响对外直接投资》，《华东经济管理》2019 年第 2 期。

张文武：《集聚与扩散：异质性劳动力和多样化贸易成本的空间经济效应》，《财经研究》2012 年第 7 期。

张五常：《没有必要实行最低工资制》，《商界·中国商业评论》2006 年第 10 期。

张先锋、陈婉雪：《最低工资标准、劳动力素质与 FDI》，《工业技术经济》2017 年第 2 期。

张小蒂、孙景蔚：《基于垂直专业化分工的中国产业国际竞争力分析》，《世界经济》2006 年第 5 期。

张心怡、纪月清：《贸易开放对中国收入差距影响研究综述》，《世界农业》2019 年第 4 期。

张学鹏、曹银亮：《"一带一路"愿景下经济开放与西部地区生产率增长——基于中国西部省际面板数据的历史经验与前景预测》，《财经理论研究》2019 年第 1 期。

张懿：《中国对外开放与区域收入差距——基于省际面板数据的实证研究》，《技术经济与管理研究》2017 年第 7 期。

张原：《中国劳动力为何跨出国门？——基于 1995—2015 年国际劳务合作面板数据的分析》，《西北人口》2018 年第 4 期。

张志明、周彦霞、张建武：《嵌入亚太价值链提升了中国劳动生产率吗？》，《经济评论》2019 年第 5 期。

张志明、崔日明：《服务贸易、服务业 FDI 与中国服务业工资水平——基于行业面板数据的经验研究》，《国际贸易问题》2015 年第 8 期。

张志明、代鹏、崔日明：《中国增加值出口贸易的就业效应及其影响因素研究》，《数量经济技术经济研究》2016 年第 5 期。

章元、万广华：《国际贸易与发展中国家的城市化：来自亚洲的证据》，《中国社会科学》2013 年第 11 期。

赵春明、贺彩银：《贸易开放对我国城镇化进程影响的理论机制与实证分析——基于劳动力流动视角》，《新视野》2016 年第 5 期。

赵春明、李宏兵：《出口开放、高等教育扩展与学历工资差距》，《世界经济》2014 年第 5 期。

赵瑾：《贸易与就业：国际研究的最新进展与政策导向——兼论化解中美贸易冲突对我国就业影响的政策选择》，《财贸经济》2019 年第

3 期。

赵珂馨：《劳动力成本上涨对中国服务业出口的影响实证分析》，《商业经济研究》2018 年第 23 期。

赵璐、邹明：《建国以来我国工业劳动生产率的变化》，《现代经济信息》2019 年第 20 期。

赵宁、李永杰：《贸易全球化对女性劳动参与率的影响》，《中国人口科学》2015 年第 4 期。

赵伟、汪全立：《人力资本与技术溢出：基于进口传导机制的实证研究》，《中国软科学》2006 年第 4 期。

赵伟、古广东、何元庆：《外向 FDI 与中国技术进步：机理分析与尝试性实证》，《管理世界》2006 年第 7 期。

赵晓霞、鲍观明：《国际贸易与收入差距关系研究理论回顾与评析——从传导机制角度梳理》，《国际经贸探索》2008 年第 12 期。

赵莹：《中国的对外开放和收入差距》，《世界经济文汇》2003 年第 4 期。

郑国姣、杨来科：《国际贸易利益分配与风险分担研究述评——基于全球价值链的视角》，《技术经济与管理研究》2016 年第 2 期。

郑玉、姜青克：《前向、后向参与价值链分工的生产率效应差异研究》，《产经评论》2018 年第 6 期。

郑玉、姜青克：《全球价值链双向参与下的生产率效应——基于 WIOD 数据库的实证研究》，《财贸研究》2019 年第 8 期。

中国经济增长与宏观稳定课题组、张平、刘霞辉等：《劳动力供给效应与中国经济增长路径转换》，《经济研究》2007 年第 10 期。

钟晓凤：《中间产品贸易对中国工业部门劳动力需求的影响研究》，硕士学位论文，广东外语外贸大学，2019 年。

周丽萍、杨波：《跨境数字贸易与收入不平等关系研究新动态》，《经济评论》2020 年第 2 期。

周玲、胡俊华：《城乡收入差距、政府干预与对外贸易发展的关系分析》,《商业经济研究》2021 年第 14 期。

周露昭、贾倩:《对外贸易视角下我国流通企业劳动效率的提升策略》,
《商业经济研究》2019 年第 18 期。

周末、高方澍、张宇杰:《劳动力供给变化会影响中国工业企业的生产率和利润率吗?》,《财经研究》2017 年第 8 期。

周庆行、孙慧君:《我国女性劳动参与率的变化趋势及效应分析》,《经济经纬》2006 年第 1 期。

周申、何冰:《贸易开放、最低工资标准与中国非正规就业——基于面板门槛模型的实证研究》,《经济问题探索》2018 年第 3 期。

周申、何冰:《贸易自由化对中国非正规就业的地区效应及动态影响——基于微观数据的经验研究》,《国际贸易问题》2017 年第 11 期。

周申、李春梅:《工业贸易结构变化对我国就业的影响》,《数量经济技术经济研究》2006 年第 7 期。

周申、廖伟兵:《服务贸易对我国就业影响的经验研究》,《财贸经济》2006 第 11 期。

周申、王奎倩、李可爱:《外包对劳动力需求弹性的影响》,《中央财经大学学报》2014 年第 3 期。

周申、武汉祥:《贸易开放对就业结构影响的研究述评》,《现代管理科学》2014 年第 10 期。

周申、杨传伟:《国际贸易与我国就业:不同贸易伙伴影响差异的经验研究》,《世界经济研究》2006 年第 3 期。

周申、易苗、王雨:《外商直接投资、外包对中国制造业劳动需求弹性的影响》,《经济经纬》2010 年第 1 期。

周申:《贸易自由化对中国工业劳动需求弹性影响的经验研究》,《世界经济》2006 年第 2 期。

朱超、张林杰:《人口结构能解释经常账户平衡吗》,《金融研究》2012 年第 5 期。

朱世婧、陈志斌:《制造业全球价值链参与度测度和对外出口表现》,《合作经济与科技》2021 年第 8 期。

朱轶、熊思敏:《技术进步、产业结构变动对我国就业效应的经验研究》,《数量经济技术经济研究》2009 年第 5 期。

邹薇、代谦:《技术模仿、人力资本积累与经济赶超》,《中国社会科学》2003 年第 5 期。

邹文英,陈爱贞:《国际贸易与企业生产率关系研究新进展》,《经济学动态》2017 年第 8 期。

Acemoglu D. , et al. , "Import Competition and the Great US Employment Sag of the 2000s", *Journal of Labor Economics*, 2016.

Acemoglu D. , "Patterns of Skill Premia", *Review of Economic Studies*, Vol. 70, 2003, pp. 199 – 230.

Akhter N. , Ali A. , "Does Trade Liberalization Increase the Labor Demand Elasticities? Evidence from Pakistan", University Library of Munich MPRA Paper, 2007.

Albert M. , Meckl J. , "Efficiency – Wage Unemployment and Intersectoral Wage Differentials in a Heckscher – Ohlin Model", *German Economic Review*, Vol. 2, No. 3, 2001, pp. 287 – 301.

Albornoz F. , et al. , "Sequential Exporting", *Journal of International Economics*, 2012, pp. 17 – 31.

Alessia A. , "China in the Iinternational Fragmentation of Production: Evidence from the ICT Industry", *The European Journal of Comparative Economics*, 2, 2005, pp. 203 – 219.

Ana R. , "Employment and Wage Effects of Trade Liberalization: The Case of Mexican Manufacturing", *Journal of Labor Economics*, 15, 1997, S20 – S43.

Anderton B. , Brenton P. , "Outsourcing and Low – Skilled Workers in the UK", CSGR Working Papers Series, 51, 1998, pp. 267 – 285.

Antràs P. , "Firms, Contracts, and Trade Structure", *Quarterly Journal of Economics*, 118, 2003, pp. 1375 – 1418.

Antràs P. , Helpman E. , "Global Sourcing", *Journal of Political Economy*, 112, 2004, pp. 552 – 580.

Arbache J. S. , "Wage Differentials in Brazil: Theory and Evidence", *Journal of Development Studies*, 38, 2001, pp. 109 – 130.

Autor D. , D. Dorn, G. Hanson, "The China Syndrome: Local Labor Effects Import Competition in the United States", *American Economic Review*, 103, 2013, pp. 21 – 68.

Autor D. H. , Katz L. F. , Krueger A. B. , "Computing Inequality: Have Computers Changed the Labor Market", *Quarterly Journal of Economics*, 113, 1998, pp. 1169 – 1213.

Bahar, Dany, Rapoport, et al. , "Migration, Knowledge Diffusion and the Comparative Advantage of Nations", *The Economic Journal*, 2018.

Balassa B. , "Trade Liberalization among Industrial Countries", *Journal of Economic Issues*, 2, 1968, pp. 349 – 351.

Bayoumi T. , Coe D. T. , Helpman E. , "R&D Spillovers and Global Growth", *Journal of International Economics*, 47, 1999, pp. 399 – 428.

Berman E. , Machin S. , "Skill – biased Technology Transfer around the World," *Oxford Review of Economic Policy*, Vol. No. 3, 2000, pp. 12 – 22.

Bernard A. B. , J. B. Jensen, "Export, Jobs and Wages in U. S. Manufacturing: 1976 – 1987", *Brookings Papers on Economic Activity: Macroeconomics*, 1995, pp. 67 – 119.

Bernard A. B. , J. B. Jensen, "Why Some Firms Export", *The Review of*

Economics and Statistics, 86, 2004, pp. 561 – 569.

Beyer H. , Rojas P. , Vergara R. , "Trade Liberalization and Wage Inequality", *Journal of Development Economics*, 1, 1999, pp. 103 – 123.

Bhagwati J. , Panagariya A. , Srinivasan T. N. , "The Muddles over Offshoring", *Journal of Economic Perspectives*, 4, 2004, pp. 93 – 114.

Biesebroeck J. V. , "Exporting Raises Productivity in Sub – Saharan African Manufacturing Plants", *Journal of International Economics*, 67, pp. 373 – 391.

Biscourp P. , Kramarz F. , "Employment, Skill Structure and International Trade: Firm – level Evidence for France", *Journal of International Economics*, 72, 2007, pp. 22 – 51.

Blyde J. S. , "Trade and Technology Diffusion in Latin America", *The International Trade Journal*, 2004.

Borjas G. J. , "Self – Selection and the Earnings of Immigrants", *The American Economic Review*, 77, 1987, pp. 531 – 553.

Brandt L. , Thun E. , "The Fight for the Middle: Upgrading, Competition, and Industrial Development in China", *World Development*, 38, 2010, pp. 1555 – 1574.

Brandt L. , Biesebroeck J. V. , Zhang Y. , "Creative Accounting or Creative Destruction? Firm – Level Productivity Growth in Chinese Manufacturing", *Journal of Development Economics*, 97, 2012, pp. 339 – 351.

Brecher A. R. , "Minimum Wage Rates and the Pure Theory of International Trade", *The Quarterly Journal of Economics*, Vol. 88, No. 1, 1974, pp. 98 – 116.

Bruce R. , Lyons, "Specific Investment, Economies of Scale, and the Make – or – Buy Decision: A Test of Transaction Cost Theory", *Journal of Economic Behavior & Organization*, 26, 1995, pp. 431 – 443.

Brussevich M. , "Does Trade Liberalization Narrow the Gender Wage Gap? The Role of Sectoral Mobility", *European Economic Review*, 109, 2018, pp. 305 – 333.

Campa J. , Linda S. Goldberg, "The Evolving External Orientation of Manufacturing Industries : Evidence from Four Countries", NBER Working Paper, 1997.

Castellani D. , et al. , 2010, "Firms in International Trade: ' Importers and Exporters' Heterogeneity in Italian Manufacturing Industry", *World Economy*, 33, 2010, pp. 424 – 457.

Castellani D. , Fassio C. , "Export Innovation: The Role of New Imported Inputs and Multinationality", Freit Working Paper, 2016.

Chen Y. , Ishikawa J. , Yu Z. , "Trade Liberalization and Strategic Outsourcing", *Journal of International Economics*, 63, 2004, pp. 419 – 436.

Connell J. , Conway D. , "Migration and Remittances in Island Microstates: A Comparative Perspective on the South Pacific and the Caribbean", *International Journal of Urban and Regional Research*, 24, 2000, pp. 52 – 78.

Damijan J. , P. Kostevc, "Learning from Trade through Innovation", *Oxford Bulletin of Economics and Statistics*, 77, 2015, pp. 408 – 436.

Dauth W. , et al. , "The Rise of the East and the Far East: German Labor Markets and Rrade Integration", *Journal of the European Economic Association*, Vol. 12, No. 6, 2014, pp. 1643 – 1675.

Dauth W. , S. Findeisen, J. Suedekum, "The Rise of the East and the Far East: German Labor Markets and Trade Integration", *Journal of the European Economic Association*, 12, 2014, pp. 643 – 1675.

Daueri F. , Jona-Lasinio C. , "Off-shoring and Productivity Growth in the

Italian Manufacturing Industries", *CESifo Economic Studies*, Vol. 54, No. 3, 2008, pp. 414 – 450.

Davidson C., Martin L., Matusz S., "Trade and Search Generated Unem Ployment", *Journal of International Economics*, Vol. 48, 1999, pp. 271 – 299.

Davidson C., Martin M., Matusz S. J., "The Structure of Simple General Equilibrium Models with Frictional Unemployment", *Journal of Political Economy*, 1988, Vol. 96, pp. 1267 – 1293.

Davidson C., Martin L., Matusz S., 1988, "The Strcture of Simple General Equilibrium Models with Frictional Unemployment", *Journal of Political Economics*, Vol. 96, No. 6, Aug., 1988, pp. 1267 – 1293.

Davidson C., Martin L., Matusz S., "Trade and Search Generated Unemployment", *Journal of International Economics*, 1999.

Davis R. D., "Does European Unemployment Prop up American Wages? National Labor Markets and Global Trade", *The American Economic Review*, Vol. 88, No. 3, 1998, pp. 478 – 494.

Davis R. D., Harrigan H., "Good Jobs, Bad Jobs, and Trade Liberalization", *Journal of International Economics*, Vol. 84, No. 1, 2011, pp. 26 – 36.

Davis D., Mishra P., "Stolper – Samuelson is Dead: And Other Crimes of Both Theory and Data", *Globalization and Poverty*, 2007.

Davis D., "Trade Liberalization and Income Distribution", Harvard Institute of Economic Research Working Papers, 1996, p. 5693.

Dixit A., Grossman G., "Trade and Protection With Multistage Production", *The Review of Economic Studies*, 49, 1982, pp. 583 – 594.

Duda-Ngczak M, Viegelahn C., "Exporters, Importers and Employment: Firm-level Evidence from Africa", *The Indian Journal of Labour Econom-*

ics, 59, 2016, pp. 309 – 341.

Dutt P. , Mitra D. , Ranjan P. , "International Trade and Unemployment: Theory and Cross – National Evidence", Economics – Faculty Scholarship, 2008, p. 68.

Eaton J. , et al. , "Export Dynamics in Colombia: Firm – Level Evidence", NBER Working Paper, 2007, p. 13531.

Ebenstein A. , A. Harrison, M. McMillan, et al. , "Estimating the Impact of Trade and Offshoring on American Workers Using the Current Population Surveys", *Review of Economics and Statistics*, 96, 2014, pp. 581 –595.

Ebenstein A. , M. McMillan, C. Zhang, et al. , "Understanding the Role of China in the 'Decline' of US Manufacturing", Unpublished Manuscript, 2011.

Egger H. , Egger P. , Markusen R. J. , "International Welfare and Employment Linkages Arising from Minimum Wages", *International Economic Review*, 53, 2012, pp. 771 –790.

Egger H. , Etzel D. , "The Impact of Trade on Employment, Welfare, and Income Distribution in Unionized General Oligopolistic Equilibrium", *European Economic Review*, 56, 2012, pp. 1119 –1135.

Egger H. , Kreickemeier U. , "Fairness, Trade, and Inequality", World Entific Book Chapters, 2017.

Egger H. , Egger P. , Markusen J. R. , "International Welfare and Employment Linkages Arising from Minimum Wages", *International Economic Review*, 53, 2012, pp. 771 –790.

Ernesto Aguayo – Téllez. , "Globalization and Formal Sector Migration in Brazil", *World Development*, 2010.

Ethier W. , "Globalization, Globalisation: Trade, Technology, and Wages (Second Version)", *SSRN Electronic Journal*, 2002.

Fajnzylber P. , Fernandes M. , "International Economic Activities and the Demand for Skilled Labor: Evidence from Brazil and China", World Bank Working Paper, 2004.

Falk M. , Koebel B. , "A Dynamic Heterogeneous Labor Demand Model for German Manufacturing", *Applied Economics*, 33, 2001, pp. 339 – 348.

Feenstra C. Hanson H. , "Foreign Direct Investment and Relative Wages: Evidence from Mexico's Maquiladoras", *Journal of International Economics*, 1997.

Feenstra C. , Gordon H. , "Globalization, Outsourcing, and Wage Inequality", *American Economic Review*, 86, 1996, pp. 240 – 245.

Felbermayr G. , Prat J. , Schmerer H. – J. , "Globalization and Labor Market Outcomes: Wage Bargaining, Search Frictions, and Firm Heterogeneity", *Journal of Economic Theory*, Vol. 146, No. 1, 2011, pp. 39 – 73.

Feliciano, Zadia, M. , "Workers and Trade Liberalization: the Impact of Trade Reforms in Mexico on Wages and Employment", *Industrial & Labor Relations Review*, 55, 2001, pp. 95 – 115.

Francisco Galrão Carneiro, "The Impacts of Trade on the Brazilian Labor Market: A CGE Model Approach", *World Development*, 31, 2003, pp. 1581 – 1595.

Friedman, Milton, "The Role of Monetary Policy", *American Economic Review*, 58 March, 1968, pp. 1 – 17.

Galiani S. , Sanguinetti P. , "The Impact of Trade Liberalization on Wage Inequality: Evidence from Argentina", *Journal of Development Economics*, 72, 2003, pp. 497 – 513.

Gaston N. , Trifler D. , "The Role of International Trade and Trade Policy in the Labor Markets of Canada and the United States", *The World Economy*, 17, 1994, pp. 45 – 62.

Ghosh A. , Paul S. , "Opening the Pandora's Box? Trade Openness and In-
formal Sector Growth", *Applied Economics*, Vol. 40, No. 15, 2008,
pp. 1995 – 2007.

Glass A. J. , Saggi K. , "Innovation and Wage Effects of International Out-
sourcing", *European Economic Review*, 45, 2001, pp. 67 – 86.

Goldberg P. , Pavcink N, "The Response of the Informal Sector to Trade
Liberalization", *Journal of Development Economics*, Vol. 72, No. 2,
2003, pp. 463 – 496.

Goldberg P. , P. Sanguinetti, N. Pavenik, "Trade, Wages, and Political
Economy of Trade Protection: Evidence from the Colombian Trade Re-
forms", *Journal of International Economics*, 66, 2005, pp. 75 – 105.

Gopinath G. , Neiman B. , "Trade Adjustment and Productivity in Large Cri-
ses", *American Economic Review*, 104, 2014, pp. 793 – 831.

Greenaway D. , Hine R. C. , Wright P. A. , "An Empirical Assessment of
the Impact of Trade on Employment in the United Kingdom", *European
Journal of Political Economy*, Vol. 5, No. 3, 1999, pp. 485 – 500.

Greenaway D. , et al. , "An Empirical Assessment of the Impact of Trade on
Employment in the United Kingdom", *European Journal of political Econo-
my*, Vol. 15, No. 3, 2004, pp. 855 – 866.

Griliches Z. , "The Review of Economics and Statistics", *Capital – skill
Complementarity*, 1969.

Grossman Gene M. , "Heterogeneous Workers and International Trade", *Re-
view of World Economics*, 2013.

Grossman G. M. , E. Helpman, "Growth, Trade, and Inequality", *Econo-
metrica*, 86, 2018, pp. 37 – 83.

Grossman G. , "The Employment and Wage Effects of Import Competition in
the United States", *NBER Working Paper*, 1982.

Grossman G. , Helpman E. , "Outsourcing in a Global Economy", *The Review of Economic Studies*, 72, 2005, pp. 135 – 159.

Grossman S. J. , Hart O. D. , "The Costs and Benefits of Ownership: A Theory of Vertical and Lateral Integration", *Journal of Political Economy*, 94, 1986, pp. 691 – 719.

Guillermo Perry, Marcelo Olarreaga, "Trade Liberalization, Inequality and Poverty Reduction in America", *Transition Newsletter*, 29, 2007.

Hanson F. G. H. , "Foreign Direct Investment and Relative Wages: Evidence from Mexico's Maquiladoras", *Journal of International Economics*, 42, 1997, pp. 371 – 393.

Hanson G. H. , Harrison A. , "Trade Liberalization and Wage Inequality in Mexico", *Industrial & Labor Relations Review*, 52, 1999.

Hansson P. , N. Lundin, "Exports as an Indicator on or Promoter of Successful Swedish Manufacturing Firms in the 1990s", *Review of World Economics*, 140, 2004, pp. 415 – 445.

Haouas I. , Yagoubi M. , "Trade Liberalization and Labor – Demand Elasticities: Empirical Evidence from Tunisia", IZA Discussion Papers, 2004.

Haroon Bhorat, "The Impact of Trade and Structural Changes on Sectoral Employment in South Africa", *Development Southern Africa*, 17, 2000, pp. 437 – 466.

Harrigan, James, Rita A. Balaban, "U. S. Wage Effects in General Equilibrium : The Effects of Prices, Technology and Factor Supplies", NBER Working Paper, 1999, p. 6981.

Hasan R. , Mitra D. , Ramaswamy K. V. , "Trade Reforms, Labor Regulations and Labor – Demand Elasticities: Empirical Evidence from India", *The Review of Economics and Statistics*.

Haskel J. , Slaughter M. , "Trade, Technology and U. K. Wage Inequality", *The Economic Journal*, 111, 2001, pp. 163 – 187.

Head K. , Ries J. , "Offshore Production and Skill Upgrading by Japanese Manufacturing Firms", *Journal of International Economics*, 58, 2002, pp. 81 – 105.

Helpman E. , Gene M. Grossman. , "Managerial Incentives and the International Organization of Production", NBER Working Paper, 2002, p. 9403.

Helpman E. , Melitz M. , Yeaple, "Exports vs. FDI with Heterogeneous Firms", *American Economic Review*, Vol. 94, No. 1, 2004, pp. 300 – 316.

Helpman E. , Itskhoki O. , "Labor Market Rigidities, Trade and Unemployment", *Review of Economic Studies*, Vol. 77, No. 3, 2010, pp. 1100 – 1137.

Hicks J. R. , *The Theory of Wages*, New York: St. Martin's Press, 1963.

Hijzen A. , Swaim P. , "Offshoring, Labour Market Institutions and the Elasticity of Labour Demand", *European Economic Review*, 2010.

Hine R. , Wright P. , "Trade with Low Wage Economies, Employment and Productivity in UK Manufacturing", *Economic Journal*, 108, 1998, pp. 1500 – 1510.

Hsieh C. , Woo T. , "The Impact of Outsourcing to China on Hong Kong's Labor Market", *American Economic Review*, 2005.

Hummels D. L. , Rapoport D. , Yi K. M. , "Vertical Specialization and the Changing Nature of World Trade", *Economic Policy Review*, 4, 1998, pp. 79 – 99.

Humphrey J. , Schmitz H. , "How does Insertion in Global Value Chains Affect Upgrading in Industrial Clusters?", *Regional Studies*, 36, 2002, pp. 1017 – 1027.

Ishii, Jun, Kei – Mu Yi. , "The Growth of World Trade. Federal Reserve

Bank of New York", Research Paper, 1997, p. 9718.

Janet C. , Ann H. , "Sharing the Costs: The Impact of Trade Reform on Capital and Labor in Morocco", *Journal of Labor Economics*, 15, 1997, pp. S44 – S71.

Jean S. , "The Effect of International Trade on Labour Demand Elasticities: Intersectoral Matters", *Review of International Economics*, 2000, pp. 504 – 516.

Jenkins R. , Sen K. , "International Trade and Manufacturing Employment in the South: Four Country Case Studies", *Oxford Development Studies*, Vol. 34, No. 3, 2006, pp. 299 – 322.

John Giles, Ren Mu. , "Elderly Parent Health and the Migration Decisions of Adult Children: Evidence From Rural China", *Demography*, 2007.

Johnson W. R. , Skinner J, "Labor Supply and Marital Separation", *American Economic Review*, 76, 1986, pp. 455 – 469.

Jonathan E. Haskel, Matthew J. Slaughter, "Have Falling Tariffs and Transportation Costs Raised US Wage Inequality?", *Review of International Economics*, 2003.

Jones R. W. , "A Framework for Fragmentation", Tinbergeu Iustitute Discussion Paper, 2000.

Kaiser B. , Siegenthaler M. , "The Skill – biased Effects of Exchange Rate Fluctuations", *Economic Journal*, 126, 2016, pp. 756 – 780.

Kamei K. , "International Trade, Unemployment, and Firm Owners in a General Equilibrium with Oligopoly", MPRA Paper, 2014.

Kasahara H. , Lapham B. , "Productivity and the Decision to Import and Export: Theory and Evidence", *Journal of International Economics*, 89, 2013, pp. 297 – 316.

Kasahara H. , Rodrigue J. , "Does the Use of Imported Intermediates Increase Productivity? Plant – level Evidence", *Journal of Development Economics*, 87, 2008, pp. 106 – 118.

Keith H. , John Ries, "Offshore Production and Skill Upgrading by Japanese Manufacturing Firms", *Journal of International Economics*, 58, 2002, pp. 81 – 105.

Kirishna P. , Devashish M. and Sajjid C. , "Trade Liberalization and Labor Demand Elasticities: Evidence from Turkey", *Journal of International Economics*, 2001.

Kletzer L. G. , *International Trade and Job Displacement in U. S. Manufacturing*, 1979 – 1991, *In Imports, Exports, and the American Worker*, Washington D. C. : Brookings Institution Press, 1998.

Kramarz F. , "Wages and International Trade", CEPR Discussion Paper, 2003, p. 3936.

Kreickemeier U. , Nelson D. , "Fair Wages, Unemployment and Technological Change in a Global Economy", *Journal of International Economics*, Vol. 70, No. 2, 2006, pp. 451 – 469.

Krueger A. O. , *Trade and Employment in Developing Countries*, Chicago: University of Chicago Press, 1983.

Laura Hering, Sandra Poncet, "Income Per Capita Inequality in China: The Role of Economic Geography and Spatial Interactions ", *World Economy*, 2010.

Leitner S. M. , Stehrer R. , "Do Exporters Share Part of their Rents with their Employees? Evidence from Austrian ", Wiiw Working Paper, 2011, p. 73.

Lewis J. I. , "Technology Acquisition and Innovation in the Developing World: Wind Turbine Development in China and India", *Studies in Comparative International Development*, 42, 2007, pp. 208 – 232.

Lin F. , "Estimating the Effect of the Internet on International Trade", *Journal of International Trade and Economic Development*, 24, 2015, pp. 409 – 428.

LoTurco A. , Maggioni D. , "Imports, Exports and the Firm Product Scope: Evidence from Turkey", *World Economy*, 38, 2015, pp. 984 – 1005.

Lucas R. , "Making a Miracle", *Econometrica*, 61, 1993, pp. 251 – 272.

Maiti D. , Marjit S. , "Trade Liberalization, Production Organization and Informal Sector of the Developing Countries", *Journal of International Trade and Economic Development*, Vol. 17, No. 3, 2008, pp. 453 – 461.

Marin D. , "A New International Division of Labor in Europe: Outsourcing and Offshoring to Eastern Europe", *Journal of the European Economic Association*, 4, 2006, pp. 612 – 622.

Marjit S. , Acharyya R. , "Trade Liberalization, Skill-linked Intermediate Production and the Two-sided Wage Gap", *The Journal of Policy Reform*, 3, 2006, pp. 203 – 217.

Matthieu Crozet. , "Do Migrants Follow Market Potentials? An Estimation of a New Economic Geography Model", *Journal of Econometrics*, 2004.

Matusz J. S. , "International Trade Policy in a Model of Unemployment and Wage Differentials", *The Canadian Journal of Economics*, Vol. 27, No. 4, 1994, pp. 939 – 949.

Matusz J. S. , "International Trade, the Division of Labor, and Unemployment", *International Economic Review*, Vol. 37, NO. 1, 1996, pp. 71 – 84.

Matusz S. , "International Trade Policy in a Model of Unemployment and wage Differentials", *Canadian Journal of Economics*, Vol. 74, No. 3, 1994, pp. 433 – 444.

Maurice S. , "Trade, Migration, and Welfare: The Impact of Social Capital", IZA Research Reports from the Institute for the Study of Labor, 1999.

Mayer T. , M. J. Melitz, G. I. P. Ottaviano. , " Marketsize, Competition, and the Product Mix of Exporters", *American Economic Review*, 104, 2014, pp. 495 – 536.

Mayer T. , M. J. Melitz, G. I. P. Ottaviano, "Product Mix and Firm Productivity Responses to Trade Competition", CEP Discussion Paper, 2016, p. 1442.

Mclaren J. , S. Hakobyan, "Looking for Local Labor Market Effects of NAFTA", NBER Working Paper, 2010, p. 16535.

Melitz J. M. , Redding J. S. , "Heterogeneous Firms and Trade", *Handbook of International Economics*, 2014.

Melitz M. , "The Impact of Trade on Intra – Industry Reallocations and Aggregate Industry Productivity", *Econometrica*, Vol. 71, No. 6, 2003, pp. 1695 – 1725.

Messerlin P. , "The Impact of Trade and Capital Movements on Labour: Evidence on the French Case", *OECD Economic Studies*, Vol. 24, No. 24, 1995, pp. 89 – 124.

Mirza D. , Pisu M. , "Trade and Labour Demand Elasticity in Imperfect Competition: Theory and Evidence", *Leverhulme Center for Research on Globalisation and Economic Policy (GEP)*, 2009.

Mitra D. , Shin J. , "Import Protection, Exports and Labor – demand Elasticities: Evidence from Korea", *International Review of Economics & Finance*, 2012.

Nam C. , "Does Trade Expansion Still Promote Employment in Korea", *The World Economy*, 2008.

Nicita A. , Razzaz S. "Who Benefits and how much? How Gender Affects

Welfare Impacts of Abooming Textile Industry InMadagascar", World Bank Policy Research Working Paper, 2003, p. 3029,

Paul – Majumder P. , Begum A, "The Gender Imbalances in the Export Oriented Garment Industry in Bangladesh", Washington, DC: World Bank, Deueolpment Research Group/Poverty Reokcction and Economic Management Network, 2000.

Pavcnik G. N. , "Trade Reforms and Wage Inequality in Colombia", *Journal of Development Economics*, 2004.

Pissarides A. C. , "Learning by Trading and the Returns to Human Capital in Developing Countries", *The World Bank Economic Review*, Vol. 11, No. 1, 1997, pp. 17 –32.

Rashid A, Akram M. , "Trade Competitiveness and Employment: Job Creation or Job Destruction", *International Economic Journal*.

Revenga A. , "Exporting Jobs: The Impact of Import Competition on Employment and Wages in U. S. Manufacturing", *Quarterly Journal of Economics*, 1992.

Robert C. Feenstra, Barbara J. Spencer, " Contractual Versus Generic Outsourcing: The Role of Proximity ", NBER Working Paper, 2005, p. 11885.

Rodrik D. , *Has Globalization Gone too Far*, Washington, D. C. : Institute for International Economics, 1997.

Romer M. , "Human Capital and Growth: Theory and Evidence", Carnegie – Rochester Conference Series on Public Policy, 1990.

Romer P. , "Endogenous Technological Change", NBER Working Papers, 1989, pp. 1 –41.

Russell S. S. , " Teitelbaum M. S. International Migration and International Trade", World Bank Discussion Paper, 1992.

Samuelson P. , "Where Ricardo and Mill Rebut and Confirm Arguments of Mainstream Economists Supporting Globalization", *Journal of Economic Perspectives*, Vol. 18, No. 3, 2004, pp. 134 – 146.

Sanyal K. K. , Jones R. W. , "The Theory of Trade in Middle Products", *American Economic Review*, 72, 1982, pp. 16 – 31.

Schumacher D. , "North – South Trade and Shifts in Employment: A Comparative Analysis of Six European Community Countries", *International Labor Review*, 123, 1984, pp. 333 – 348.

Seker M. , "Importing, Exporting, and Innovation in Developing Countries", *Review of International Economics*, 20, 2012, pp. 299 – 314.

Senses M. Z. , "The Effects of Offshoring on the Elasticity of Labor Demand", *Journal of International Economics*, 2010.

Shang – Jin Wei, Zhiwei Zhang, "Firm Exports and Multinational Activity under Credit Constraints", *Review of Economics and Statistics*, 2015.

Shapiro C. , Stigilitz J. , "Equilibrium Unemployment as a Worker Control Device", *American Economic Review*, Vol. 74, No. 3, 1984, pp. 433 – 444.

Slaughter M. J. , "International Trade and Labor Demand Elasticities", *Journal of International Economics*, 2001.

Spencer B. , Qiu L. , "Keiretsu and Relationship – Specific Investment: A Barrier to Trade?", *International Economic Review*, 42, 2001, pp. 871 – 901.

Stoyanov, Andrey, Cai, et al. , "Population Aging and Comparative Advantage", *Journal of International Economics*, 2016.

Sven W. , Arndt, "Globalization and the Open Economy", *North American Journal of Economics & Finance*, 8, 1997, pp. 71 – 79.

Thoenig D. , Verdier T. , "A Theory of Defensive Skill – biased Innovation and Globalization", *The American Economic Review*, Vol. 93, No. 3, 2003, pp. 709 – 728.

Tombazos G. , "US Production Technology and the Effects of Imports on the Demand for Primary Factors", *Review of Economics & Statistics*, 3, 1998, pp. 480 – 483.

Tomiura E. , "The Impact of Import Competition on Japanese Manufacturing Employment", *Journal of the Japanese and International Economies*, 17, 2003, pp. 118 – 133.

Topalova P. , "Factor Immobility and Regional Impacts of Trade Liberalization: Evidence on Poverty from India", *American Economic Journal: Applied Economics*, 2, 2010, pp. 1 – 41.

Uysal P. , Yotov Y. , "Trade Liberalization, Firm Heterogeneity, and Labor Layoffs: An Empirical Investigation", Center for Fiscal Policy Working Paper Series, 2011.

Verhoogen E. , "Trade, Quality Upgrading, and Wage Inequality in the Mexican Manufacturing Sector", *Quarterly Journal of Economics*, 123, 2008, pp. 489 – 530.

Weber R. H. , "Digital Trade in WTO – Law – Taking Stock and Looking Ahead", *Asian Journal of WTO and International Health Law and Policy*, 5, 2010, pp. 1 – 24.

Wood A. , "The Factor Content of North South Trade in Manufactures Reconsidered", *Weltwirtschaftliches Archiv*, 127, 1991, pp. 719 – 743.

Wood A. , "How Trade Hurt Unskilled Workers?", *Journal of Economic Perspectives*, 1995, pp. 57 – 80.

Xing Z. , "The Impacts of Information and Communications Technology (ICT) and Ecommerce on Bilateral Trade Flows", *International Economics and Economic Policy*, 15, 2018, pp. 565 – 586.

Xu B. , Li W. , "Trade, Technology, and China's Rising Skill Demand", *Economics of Transition*, Vol. 16, No. 1, 2008, pp. 59 – 84.

Xu B. , and Li W. , "Trade, Technology, and China's Rising Skill Demand", *Economics of Transition*, 16, 2010, pp. 59 – 84.

Yakita A. , "Different Demographic Changes and Patterns of Trade in a Heckscher – Ohlin setting", *Journal of Population Economics*, 25, 2012, pp. 853 – 870.

Yaohui Zhao, "The Role of Migrant Networks in Labor Migration: The Case of China", *Contemporary Economic Policy*, 2008.

Yi K. , "Can Vertical Specialization Explain the Growth of World Trade?", *Journal of Political Economy*, 111, 2003, pp. 52 – 102.

Zhang K. H. , Song S, "Rural – urban Migration and Urbanization in China: Evidence from Time – series and Coss – section Analyses", *China Economic Review*, 14, 2003, pp. 386 – 400.

Zhao Y. , "Leaving the Countryside: Rural – to – urban Migration Decisions in China", *American Economic Review*, 89, 1999, pp. 281 – 286.